CW01496882

LES SECRETS DE VICHY

Du même auteur
en poche

Les Français au quotidien, 1939-1945, avec Éric Alary et Gilles Gauvin,
    Paris, Perrin, tempus n° 267, 2009.
La bataille de Verdun, Paris, Perrin, tempus n° 613, 2015.
Les vichysto-résistants, Paris, Perrin, tempus n° 655, 2016.
Pétain, Paris, Perrin, tempus n° 742, 2018.

collection tempus

Bénédicte VERGEZ-CHAIGNON

LES SECRETS
DE VICHY

PERRIN

Secrétaire générale de la collection :
Marguerite de Marcillac

© Perrin, un département d'Édi8, 2015
et Perrin, un département de Place des Éditeurs, 2019
pour la présente édition revue et augmentée

12, avenue d'Italie
75013 Paris
Tél. : 01 44 16 09 00
Fax : 01 44 16 09 01

ISBN : 978-2-262-08315-1
Dépôt légal : octobre 2019

Mise en pages : Nord Compo
Imprimé en France par NRI s.a.s (1905447)

tempus est une collection des éditions Perrin.

Pour Constance,
et pour la chère équipe

Avant-propos

De 1940 à 1944, la ville de Vichy se trouva transformée en capitale censément provisoire d'un État français aux formes juridiques mal définies. Le gouvernement, dirigé par le maréchal Philippe Pétain, étendait sa fragile souveraineté sur un tiers du pays. Toutes les régions septentrionales et la côte atlantique étaient devenues zones occupée, réservée, interdite ou annexée par le vainqueur allemand. La zone libre disparut elle aussi en novembre 1942.

Vichy est devenu le synonyme de ce régime, de ces années et même d'un certain traumatisme français.

Pendant cette période, la vie en France fut conditionnée par une occupation accommodée à sa guise par l'Allemagne nazie, qui multipliait les exigences et les abus en fonction de ses impératifs : contributions à la guerre totale, maintien de l'ordre, élimination des opposants, ségrégation, puis destruction des Juifs, remodelage de l'Europe.

L'Allemagne habilla ces contraintes et ces exactions du prétexte de la « collaboration » que le gouvernement de Vichy s'obstina à considérer comme un espace de négociation qui lui permettrait, croyait-il, d'alléger les souffrances de l'occupation, de préserver la souveraineté française, d'entamer la rénovation du pays et de ménager une place décente à la France dans l'« Europe nouvelle ». De cette erreur et de cette tension naquit une suite incessante d'avanies, d'humiliations, de lâchetés, de drames et de crimes.

Ce livre n'est pas une nouvelle histoire de Vichy, même s'il utilise des sources inédites ou essaie de renouveler les angles d'approche. Il ne prétend qu'à présenter quelques épisodes curieux, significatifs, polémiques ou tragiques survenus entre l'installation du gouvernement à Vichy en 1940 et les procès de certains de ses plus fameux représentants en 1945.

Il y est souvent question de mort. Attentats, assassinats, actions de commando, exécutions : tout témoigne d'une violence politique qui se déroule sur fond de guerre mondiale. Il y est aussi beaucoup question de propagande, de mensonges, de manipulations et de séduction, dirigés vers l'opinion publique ou s'exerçant entre factions ou personnalités concurrentes dans la conquête du pouvoir.

Ces épisodes montrent, au milieu d'événements considérables qui bouleversèrent l'existence de millions d'Européens, la prégnance des choix humains, dans leur bassesse ou leur grandeur.

1

Vichy, une capitale improbable

1940-1944

Après la signature de l'armistice, le 22 juin 1940, le gouvernement français doit évacuer Bordeaux, ville où il s'était réfugié et dorénavant située en zone occupée. Les grandes villes de la toute nouvelle « zone libre » définie par la convention d'armistice sont exclues, en vertu de considérations partisanes ou dans la crainte de réactions hostiles. La ville de Vichy est choisie comme siège du gouvernement, sans grande réflexion et par défaut, après un bref et décevant passage à Clermont-Ferrand. En faveur de la célèbre et élégante ville d'eaux parlent ses aménagements matériels (trois cents hôtels, dont certains de grand luxe, l'autorail la reliant à Paris, un important central téléphonique, des magasins et équipements en tous genres) et sa réputation de bon goût et de calme. Elle a, depuis Napoléon III, l'habitude d'accueillir têtes couronnées et célébrités. Pierre Laval milite d'ailleurs pour cette localisation heureusement située à proximité de sa propriété de Châteldon. Les inconvénients de ce choix à courte vue sont d'autant plus facilement ignorés que, selon l'opinion unanime, le séjour à Vichy ne dépassera pas quelques semaines, au plus quelques mois, d'ici à ce qu'aboutissent de nouvelles négociations avec les Allemands et la signature d'un traité de paix.

Ce qui demeure de l'État fait donc son entrée, en ordre dispersé, le 1er juillet 1940 en fin d'après-midi, dans une ville encombrée de réfugiés et de curistes. On constitue les cabinets ministériels dans la même improvisation, au hasard des retrouvailles. Bizarrement règne un certain optimisme entretenu par l'impression de repartir à zéro.

L'hôtel du Parc

Le maréchal Pétain s'installe à l'hôtel du Parc, vaste établissement de prestige dédié à une clientèle internationale fortunée. L'entrée principale s'ouvre sur l'étendue élégante et fleurie du parc des Sources. Mais l'hôtel donne en fait sur trois rues. Le Maréchal se voit attribuer quatre pièces lumineuses en angle au deuxième étage (desservi par ascenseur) : une chambre avec sa salle de bains, un bureau, un vaste salon-bureau (trois portes-fenêtres, une cheminée) où il reçoit, une salle à manger privée. Il est entouré des membres de ses cabinets civil et militaire (vingt-deux chambres en tout). Aux autres étages se sont installés les ministres les plus entreprenants ou les mieux en cour : vice-présidence du Conseil, Information, Justice et surtout Affaires étrangères. Des personnalités ou des hauts fonctionnaires occupent bien des chambres, avec famille et domesticité. En outre, des clients de l'hôtel ont gardé leurs chambres et continuent leur cure ou leurs vacances comme si de rien n'était. Ou presque, puisque Vichy est devenu en quelques jours le lieu où il faut être absolument pour assister au spectacle du pouvoir et en récolter les miettes. Ainsi affluent sans désemparer tous ceux qui ont quelque chose à y faire, ainsi que les quémandeurs de toutes espèces, les curieux et les mondains incorrigibles. La convocation des parlementaires pour la séance de l'Assemblée nationale achève de transformer la ville en une fourmilière sans plus un abri vacant.

Pendant des semaines, la cohabitation entre les organes gouvernementaux, le personnel administratif, les touristes et les solliciteurs se poursuit sans discrétion ni sécurité. À peine le chef de l'État prend-il ses repas au restaurant Chantecler à l'abri très relatif d'un paravent. On va et on vient dans les couloirs, on s'installe à sa guise dans le hall de l'hôtel du Parc jusqu'à la tardive instauration de laissez-passer, à la fin août. Ce n'est qu'en décembre, après les émois suscités par le renvoi de Pierre Laval, que les clients ordinaires sont exclus de l'hôtel et la sécurité renforcée. Les locaux dépendent dorénavant du commandant de la place de Vichy. La garde personnelle du chef de l'État, portant vestes de cuir, gants et casques, prend position autour de l'hôtel.

Pour autant, les guerres de territoires s'y prolongent au rythme des remaniements, chaque conquête ou perte d'espace indiquant l'évolution de l'influence du ministre ou du service concernés.

Flandin s'installe avec sa clientèle. Quel remue-ménage à l'entresol et au premier étage du Parc ! Quelle chasse aux bureaux ! À peine dans sa chambre, celui-là en découvre une meilleure, plus près de son ministre, plus en vue ou, au contraire, en retrait, où il pourra ne rien faire sans être dérangé [...]. On fabrique en hâte des affichettes qu'on accroche avec des punaises sur les portes des chambres : Service de..., Direction de..., Secrétariat de... le lendemain, tout est à recommencer[1].

C'est en février 1942 que sont chassés les services de l'Information et de la Radiodiffusion (trente-deux pièces). Avec le retour au pouvoir de Laval, en avril 1942, l'occupation de l'hôtel est encore révisée. Le deuxième étage est réservé au chef de l'État. Le premier et l'entresol vont au vice-président du Conseil, ministre des Affaires étrangères, et le troisième au commandant en chef. Le garde des Sceaux doit libérer les deux pièces qu'il occupait encore[2].

Les pièces dévolues au Maréchal sont meublées simplement, mélangeant le mobilier « Empire tendance boudoir » de l'hôtel aux habitudes de la vie militaire. Sous son lit de cuivre est glissée la cantine qui ne quitte jamais l'officier prêt au départ. Sa table de travail est petite, presque nue, ce que ses thuriféraires interprètent comme la traduction de son goût pour l'ordre, mais qui peut aussi se comprendre comme la manifestation de sa modeste implication pratique dans le travail gouvernemental.

Le chef de l'État dispose en outre du pavillon Sévigné (autre ancien palace), où se tiennent des réceptions officielles et certains Conseils des ministres.

C'est aussi là que fonctionne, midi et soir, la popote des personnels travaillant à l'hôtel du Parc qui n'ont pas accès à la table du Maréchal.

Dans les premiers temps, Philippe Pétain travaille au pavillon Sévigné dans un bureau du rez-de-chaussée donnant sur les jardins. Puis il le délaisse et, pour des raisons inexpliquées, le transfert des bureaux et appartements du chef de l'État et de ses plus proches collaborateurs, prévu pour avril 1941, n'a jamais lieu, alors qu'il aurait procuré cohérence, espace et apparat en supplément[3].

La Maréchale, de surcroît, fait hôtel à part, logeant à l'hôtel Majestic mitoyen qu'elle gagne par la rue donnant sur l'arrière de l'hôtel du Parc. Peut-être Philippe Pétain, en dépit de son mariage religieux intervenu dans le plus grand secret et par procuration en mars 1941, ne s'est-il pas départi des habitudes du temps où Eugénie-Annie était sa maîtresse. D'ailleurs, depuis qu'ils s'étaient mariés (civilement) en 1920, M. et Mme Pétain faisaient aussi appartement à part, boulevard des Invalides.

De toute façon, la Maréchale est le plus souvent dans leur propriété de Villeneuve-Loubet ou même à Paris. Lorsqu'elle réside à Vichy, elle prend part aux repas, aux cérémonies religieuses, toujours à l'arrière-plan. Elle reçoit peu et ne fait parler d'elle dans la presse – très modestement – qu'en présidant quelques œuvres caritatives pour lesquelles les causes ne manquent pas : prisonniers de guerre, réfugiés, sinistrés, familles nombreuses.

Versailles, terre promise

En juin 1940, Philippe Pétain a choisi de demander l'armistice pour limiter l'effondrement de la France et la mettre sur les rangs pour les négociations de paix, avant l'inévitable défaite anglaise. Tous autour de lui, Laval en tête, font ce même calcul qui se compte en semaines. Dans ces conditions, les projets de retour dans la capitale sont presque aussitôt à l'ordre du jour. Les premiers documents gouvernementaux l'envisageant sont datés du 25 juillet[4]. Le Maréchal y fait allusion dans des discours d'août et octobre 1940 pour assurer les habitants de la zone occupée qu'ils ne sont pas délaissés, et incite la délégation française auprès de la commission d'armistice à insister. « Nous gouvernons depuis une petite bourgade, loin du cœur du pays, déplore-t-il. En un mot, notre gouvernement n'est pas en France[5]. »

Au milieu des contacts tour à tour inexistants ou difficiles avec les Allemands, le déménagement est longuement ajourné par l'occupant, pour de prétendues raisons techniques. Les SS, qui se sont implantés subrepticement à Paris en parallèle de l'administration militaire, se montrent les plus accommodants, discutant avec les services de sécurité de Vichy sous prétexte d'organiser les indispensables mesures de sûreté[6]. Vers la fin novembre 1940, on semble être sur le point d'obtenir du Reich l'autorisation de rentrer à Paris, tout en bénéficiant d'une sorte d'extraterritorialité. On commence à prendre date pour les manifestations parisiennes auxquelles participerait le Maréchal à l'occasion des fêtes de fin d'année. Le chef de l'État compte s'installer mi-décembre à Versailles, dans un hôtel particulier récemment construit pour une actrice, la résidence Hartog. La dévolution des espaces laisse quand même songeur, avec là encore l'intrication des services administratifs, de la sécurité (les gardes cantonneront dans le jardin d'hiver) et des appartements privés de Pétain qui se résument à une salle à manger, une chambre et deux bureaux. Absolument rien n'est prévu pour la Maréchale.

Les services du chef de l'État prendraient possession du Trianon Palace, un luxueux hôtel en bordure du parc du château, comptant quatre-vingt-neuf chambres sur quatre niveaux. Le pli est pris... Instruits néanmoins par les calamiteux débuts vichyssois, les services de police prévoient d'établir des barrages et de contrôler les allées et venues. Des enquêtes de moralité sont menées sur tous les habitants des belles propriétés environnantes, domestiques compris. On se désole toutefois en constatant que, si la supérieure des sœurs franciscaines veut bien ouvrir un passage privé pour le Maréchal dans son jardin, afin de lui permettre de gagner le Trianon Palace sans passer par la rue, il n'en va pas de même de l'autre voisine concernée, la veuve du célèbre pionnier de l'aéronautique, Gordon-Bennett, une « excentrique millionnaire américaine » dont on déplore le « manque de courtoisie ».

Tout de même, la capitale d'Ancien Régime, préfecture d'un très vaste département et riche de services divers de l'Armée, ne manque pas de bâtiments publics et de bureaux. Les ministres regagneront les immeubles parisiens non réquisitionnés et feront la navette par le chemin de fer des Invalides. Certains sont très réticents, d'autres enchantés, selon les avis collectés par le cabinet du Maréchal. La vide majesté de l'ancienne capitale de Louis XIV et l'insondable ennui versaillais, dans sa respectabilité, devraient permettre de restaurer la dignité de l'État. Philippe Pétain est d'autant plus convaincu qu'il espère que le séjour envisagé comme temporaire pourra se prolonger par l'octroi progressif de concessions de l'occupant. Il compte à la fois renouer avec les plaisirs de sa vie parisienne passée et établir des contacts étroits et efficaces avec les différents services allemands. Il choisit, pour arriver à Versailles, la date du jeudi 19 décembre au matin. Il a prévu de se faire accompagner par les directeurs de ses cabinets, le secrétaire d'État à la présidence du Conseil, une douzaine d'autres proches collaborateurs, une compagnie de gendarmerie d'élite chargée de sa garde, une légion de gardes mobiles pour maintenir l'ordre à Versailles, les policiers de son service de sécurité, une quinzaine de dactylos, secrétaires et téléphonistes et une quinzaine de domestiques (y compris les chauffeurs). Les ministres – qu'on ne sait pas encore où loger – suivront avec un échelon réduit. L'espoir est soutenu par l'apparition de pancartes en allemand aux anciens octrois de Versailles : « Zone réservée au gouvernement français. Entrée interdite à tout membre de la Wehrmacht », par la discussion avec la Kommandantur sur le périmètre d'une zone réservée et même par la disparition des militaires allemands des rues de Versailles… pendant deux jours[7].

Le renvoi de Pierre Laval et la crise politique qui s'ensuit mettent un brusque terme au projet, dont il apparaît d'ailleurs qu'il n'était qu'une carotte agitée par les Allemands. En effet, les archives révèlent que, si les projets français se sont multipliés, il n'existe sur le sujet que deux documents allemands de quelque consistance émanant de la commission d'armistice. Encore ne s'agit-il que des longues énumérations de conditions logistiques et de restrictions[8].

L'exercice de l'État... en chambres

On demeure donc cloué à Vichy, dont les mois qui passent et les rigueurs de l'hiver ne font que démontrer les défauts. Dans des hôtels, même de standing, la vie quotidienne et plus encore le travail s'exercent dans un cadre étriqué et malcommode. Les conditions matérielles, passables en été, deviennent inutilement pénibles en hiver puisque les hôtels, généralement fermés hors saison, n'ont pas de chauffage. Le secrétaire général au ministère des Colonies, qui avait été le premier à évoquer des attributions de charbon, s'était fait éconduire au motif qu'on aurait quitté Vichy avant les premiers frimas. On fut fort dépourvu quand la bise fut venue. Dans la nuit du 16 au 17 janvier 1941, le thermomètre tombe à − 23 °C. L'Allier charrie des glaçons. Durant l'hiver 1941-1942, c'est une tempête de neige qui isole la ville. Le 9 janvier, il fait − 13 °C. Aussi, alors que le Maréchal est privilégié, les fonctionnaires en sont-ils réduits aux empilements de couvertures et manteaux et aux chauffages d'appoint illicites. Les résistances électriques font une apparition subreptice. Déjà interdits en temps ordinaire dans les chambres, les appareils dont on dispose tirent en outre sur une électricité contingentée. Ailleurs, des tuyaux de poêle sortent par des orifices découpés dans les fenêtres. L'amiral Darlan est intervenu en personne pour qu'obligation soit faite aux propriétaires d'hôtel de les installer dans les chambres réquisitionnées. Il faut dire que, lorsque les ministères cherchent de quoi s'abriter, les discussions se focalisent âprement sur la proportion de chambres chauffées dans les hôtels proposés...

Plus globalement, les locaux sont ridiculement inadéquats et sous-dimensionnés. En effet, si ce chef-lieu de canton possède la capacité d'héberger près de 150 000 personnes et de les distraire, il n'offre ni bâtiments administratifs ni bureaux en quantité. En conséquence, tandis qu'on fait un peu de place aux excellences, les fonctionnaires se retrouvent installés dans des chambres d'hôtel qui, sans avoir été du tout converties en bureaux, puisqu'il s'agit, en principe, d'une phase transitoire, en font office. Le lit est poussé au fond de la pièce. Le lavabo est dissimulé sous une planchette qui sert de table d'appoint ou d'étagère. Une table quelconque devient le bureau. Selon la surface, on case une, deux, voire trois ou quatre personnes. Certains travaillent dans un fauteuil. L'armoire renferme les dossiers, derrière lesquels le titulaire de la chambre dissimule pudiquement ses effets et ses provisions. Le soir venu, c'est ici qu'il dormira et fera une petite cuisine clandestine sur un réchaud qui l'est tout autant. En 1941, l'agglomération compte 120 000 habitants, dont 45 000 fonctionnaires mal équipés, mal nourris et mal contents. L'usure se voit sur les vêtements comme il se devine dans les esprits. Dès l'automne 1941, les hôtels ne peuvent plus fournir d'eau chaude à leurs résidents que trois jours par semaine. La lessive et la toilette deviennent des exercices délicats.

> Lever. Le savon ne fait pas de mousse. Le dentifrice : une pâte dure qui sort au bout de cinq minutes de son tube écrasé et qui ne peut se tenir sur la brosse, qui ne blanchit ni ne nettoie. Les vieilles lames ne trouvent pas de repasseur, les nouvelles ne rasent pas. Le café ? De l'eau noire qui ressemble à tout, sauf à du café. Enfin, je m'installe à ma table et contemple mon poignet qui s'effiloche : les chemises neuves sont introuvables. On ne répare plus les stylos ; le capuchon est fendu ; la plume gratte le papier. L'encre manque, soyons bref[9].

Le secrétaire général du chef de l'État donne l'ordre à ses subordonnés d'économiser le papier, les enveloppes et les imprimés. Et voici le chef du cabinet civil qui quémande humblement auprès de l'économe, « d'extrême urgence », 3 000 enveloppes, douze blocs sténo et six corbeilles à courrier : « Quoique j'aie scrupule à vous déranger et que j'aie essayé de me procurer quelques fournitures de papeterie sans vous mettre à contribution[10]. » On comprendra que la création, en août 1941, d'un Comité supérieur pour l'amélioration des conditions d'existence des fonctionnaires repliés à Vichy ait laissé les intéressés songeurs...

La journée, on travaille donc plutôt mal que bien. Et le soir, pour se consoler, les distractions sont rationnées elles aussi. Pour lutter contre le froid, on se couche de bonne heure. Pour lutter contre la faim aussi. Le ravitaillement, comme partout en France, constitue l'écueil majeur.

En temps de paix, Vichy était une vitrine du luxe et, nonobstant tant de foies malades, de la gastronomie.

Les pâtisseries, confiseries et restaurants disputaient les pas-de-porte aux succursales des grandes enseignes parisiennes. Autant dire que l'on tombe de haut. Pourtant, l'organisation du rationnement a été rapide et soignée : les cartes d'alimentation ont été distribuées dès le 29 septembre 1940. Mais il faut un contrôle tatillon pour faire régner un minimum de calme entre les différentes catégories de consommateurs rivaux : particuliers, restaurateurs, popotes des ministères (6 000 consommateurs par jour). On ne s'étonnera pas de voir les fonctionnaires parcourir les campagnes environnantes à vélo ou à pied, pendant le week-end, à la recherche de provisions ou d'une auberge aux menus généreux. Les bruits de fraude et de favoritisme sont continuels, et pas tous fantasmés. Les collaborateurs de l'amiral Darlan sont décrits comme des accapareurs sans vergogne et quand l'amiral déserte Vichy en novembre 1942, la fouille de sa villa révèle, dit-on, des provisions en masse (dont sept jambons) et des cigares à profusion. Comme l'écrit pudiquement le directeur de l'Intendance militaire, « les susceptibilités sont à l'affût ». Il vient lui-même de se faire rappeler à l'ordre pour avoir été invité par ses adjoints à la popote de l'Intendance à un repas où chaque convive a consommé six huîtres, des légumes froids en salade avec tranches de saucisson et garniture de jambon, volaille et pommes de terre, un gâteau et un fruit. Le ministère de la Justice donne consigne à ses procureurs de faire preuve de discrétion sur les irrégularités commises par les popotes ministérielles pour ne pas détériorer leur réputation déjà exécrable[11].

La dignité de l'État est bafouée par cette vie d'hôtel et par l'étroitesse de la ville, où l'on se croise sans cesse, toutes caractéristiques qui réduisent à rien les règles élémentaires de la confidentialité accompagnant l'exercice du pouvoir. La faible surface du centre-ville, l'entassement des bureaux et des logements dans un périmètre restreint, s'ils paraissent commodes pour les rencontres et les déplacements, multiplient les frictions et exacerbent les inimitiés. On compte 165 bâtiments de tailles diverses occupés par des services officiels, depuis les ministères jusqu'à l'agence comptable des timbres-poste coloniaux, le bureau national de répartition des œufs d'importation ou le comité central du ravitaillement de l'industrie des confitures et des conserves de fruits au sucre... Les allées et venues sont exacerbées par la proximité et par l'éclatement des bureaux : le ministère de l'Information est réparti sur plus de vingt hôtels ou villas, les ministères de la Production industrielle ou de l'Intérieur occupent jusqu'à dix sites, celui de la Marine neuf ou les Affaires étrangères six...

Les bruits de couloir, les ragots et les rumeurs sont incessants : il suffit de regarder les allées et venues ou de jauger les groupes qui se forment pour échafauder de nouvelles combinaisons ministérielles ou pronostiquer une disgrâce ou un tournant politique. La Maréchale vit dans le seul hôtel de luxe qui n'a pas été entièrement réquisitionné et où l'on trouve des parlementaires, des entrepreneurs de tous ordres, des rentières en quantité, des membres d'ambassades neutres ou ennemies, des journalistes allemands, quelques hauts fonctionnaires et même le pianiste Alfred Cortot ou, pendant un temps, Jean

Gabin. On s'en tiendrait là que les dommages seraient limités. Mais les espions et les mouchards pullulent autant que les curieux : les propos de table comme les conversations tenues dans les « bureaux » sont épiés et rapportés, le téléphone est sur écoute. René Bousquet, secrétaire général à la Police, estime qu'un micro a été placé dans sa chambre et fait marcher un phonographe à fond pendant ses entretiens confidentiels.

Le secrétaire général du chef de l'État rappelle ses troupes à la discrétion, comme si la fatalité matérielle pouvait être vaincue par la prudence. Et comme si une partie non négligeable des visiteurs n'étaient pas à la solde des Allemands. Aussi suggère-t-on l'excellent palliatif consistant à faire répandre de fausses informations par les ministres et les collaborateurs de Pétain...

> Certaines fuites, reconnaît-il, sont consécutives à l'installation précaire du gouvernement à Vichy et, plus particulièrement à l'hôtel du Parc. L'hôtel du Parc est extrêmement « sonore ». D'une porte à l'autre, et surtout d'un étage à l'autre, on entend souvent parfaitement les conversations, surtout téléphoniques.
>
> Vichy est une petite ville, un microcosme. Autour du Parc rôdent des chasseurs de nouvelles qui, avec quelques observations, peuvent recouper et reconstituer une information importante[12].

Philippe Pétain, déjà secret par nature, se barricade dans son silence calculé et ses propos abscons. Dès lors que les contacts se sont établis, puis multipliés avec l'occupant, les ministres passent leur temps entre Vichy et Paris, démontrant par leurs absences l'insuffisance des liaisons ferroviaires. Les séjours dans la capitale se prolongent, car la centralisation française et les exigences et interventions incessantes des occupants rendent difficile l'administration du pays depuis l'Allier. L'amiral Darlan en vient à exiger que les membres du gouvernement soient à Vichy au moins les jeudis, vendredis et samedis, grâce au train spécial qui arrive de Paris le jeudi à 12 h 30 et repart le samedi soir[13]. De fait, les quatre heures et demie de trajet deviennent une gêne à force de se répéter. Quand les restrictions, les sabotages et les alertes auront produit leurs effets sur la circulation des trains, il faudra jusqu'à deux jours pour rallier Paris. Les excellences abandonneront le train pour la voiture, et Vichy pour Paris.

D'ailleurs, les chefs du gouvernement successifs montrent le mauvais exemple. Les réalités des discussions avec les Allemands étant ce qu'elles sont, les ministres et les principaux échelons de leurs services seront à peu près réinstallés à Paris en 1944, laissant à Vichy une coquille presque vide et le Maréchal presque seul.

Malgré le déploiement de bienséance (interdiction des shorts et des pantalons pour les femmes, des attroupements, des cris, des chants, des chiens non tenus en laisse, des mendiants…) et le renforcement de la sécurité policière, le décorum nécessaire à l'exercice du pouvoir ne survit que dans quelques vestiges, obligeant le Maréchal à puiser une dignité ostentatoire dans ses ressources personnelles. Sa froideur, sa prestance, sa réserve, son habitude de la représentation publique doivent suppléer à elles seules les maigres apparences fournies par le renfort d'uniformes d'une armée anéantie, la garde personnelle du chef de l'État, la musique militaire. Aussi la propagande devient-elle un appoint indispensable pour prouver aux Français la grandeur et l'efficacité du chef de l'État jusque dans sa vie quotidienne.

La journée du Maréchal

Le discours sur l'âge du Maréchal est ambigu. Il est tentant de faire valoir l'expérience et la sagesse traditionnellement attachées au grand âge. Mais la vieillesse contredit les valeurs de renouveau et de dynamisme en principe portées par la Révolution nationale et incarnées par Philippe Pétain. Rien, en outre, ne doit donner l'impression qu'il n'est pas à tout moment à la barre, lucide et prompt à la décision. Les consignes de la censure interdisent donc de le désigner comme « vieillard », fût-il noble, illustre ou magnifique. Son anniversaire (le 24 avril) passe à l'arrière-plan au profit de sa fête (le 1er mai). Il n'est question que de sa vigueur, de son endurance, de son allure, quitte à forcer le trait. « Le Maréchal est resté debout une heure sans fatigue ; comme s'il avait trente ans[14]. » Au cas où les rédacteurs en chef seraient trop obtus, on leur fournit même des phrases types : « Le Maréchal avance d'un pas alerte et rapide », « Il prend le plus vif intérêt aux explications qui lui sont données ».

Dans ce contexte, ce que le chef de l'État (et chef du gouvernement jusqu'en 1942) fait de ses journées pose à la fois le problème de ses capacités et celui de la réalité de son pouvoir. Comme le dit poliment son directeur de cabinet, pour définir l'une des facettes de sa tâche, il s'agissait de « maintenir en état d'alerte et de fraîcheur la mémoire d'un chef de l'État fort âgé[15] ».

Pour la propagande, Pétain est un bourreau de travail. Il ne connaît pas la fatigue, en dépit d'interminables journées. De ce point de vue, il ne démérite pas en comparaison des dictateurs et autres hommes forts contemporains dont la lumière ne s'éteint jamais…

Selon cette version, il s'éveille à 5 heures, car il n'a besoin que de cinq ou six heures de sommeil pour être parfaitement dispos. À son chevet il trouve déjà de hautes piles de dossiers. Il profite de ce moment de silence et de concentration pour étudier longuement les sujets du moment, puis trancher personnellement. À 8 h 30 apparaissent les membres de ses cabinets, qui lui communiquent de nouveaux documents, dont un choix prélevé dans les 1 500 à 2 000 lettres journellement reçues[16].

Deux heures plus tard commencent les rendez-vous. D'une extraordinaire largeur d'esprit et disposant apparemment d'un temps illimité, Pétain ouvre sa porte à tous pour prendre le pouls du pays. À 12 h 45, il fait une promenade apéritive d'une demi-heure, par tous les temps, évidemment « d'un pas de chasseur ». À 13 h 15, le voilà à table parmi de nombreux commensaux, nouvelle occasion de contacts avec l'opinion. À 14 h 30, « après un bref repos », il reçoit ses collaborateurs. À 18 h 30 se tiennent les cérémonies ou, si possible, il effectue une seconde promenade à pied. Le dîner commence à 20 heures, simplement en présence de sa femme et de ses proches collaborateurs. Ensuite, il se tient au courant de l'actualité, lisant revues et livres nouvellement parus. Avant de s'endormir, il contemple des reproductions de tableaux pour apaiser son esprit[17]. Les jours succèdent aux jours, sans congé ni vacances. « Depuis deux ans, révèle un hebdomadaire, le Maréchal n'a pu passer [dans sa résidence secondaire] que douze jours[18]. »

Confrontons à présent le discours de la propagande à ce que révèlent les archives et les témoignages.

À l'issue de sept ou huit heures de sommeil, Philippe Pétain est réveillé à 8 heures par son valet qui lui apporte des quotidiens de la zone libre. Tous les deux jours, il se fait masser, prend un bain d'air chaud ou reçoit une piqûre d'oxygène. Il prend dans sa salle à manger privée un solide petit déjeuner de café au lait, tartines beurrées et confiture. Les événements les plus graves n'autorisent à écourter ni son sommeil ni son repas. Avertis en début de nuit, le 8 novembre 1942, du débarquement anglo-américain en Afrique du Nord française, ministres et collaborateurs du Maréchal sont tombés d'accord pour le laisser dormir jusqu'à 7 heures, moment auquel son médecin personnel a été délégué pour le réveiller avec ménagement. Lorsqu'en août 1944, les Allemands font une démonstration de force pour lui faire quitter Vichy en direction de l'Est, placent des chars devant l'hôtel du Parc et envoient les SS pour dégonder la porte de sa chambre, Pétain refuse de se lever avant 7 heures et prend normalement son petit déjeuner.

Ce n'est qu'à 9 h 30 que débute réellement le travail. Pétain prend connaissance de son emploi du temps et des demandes d'audience. Son secrétaire général, qui est un militaire, lui fait un résumé des opérations de guerre de la veille et une petite revue de presse. Le directeur du cabinet civil lui remet les parapheurs contenant les documents à signer, nombreux puisque le Maréchal détient à la fois le pouvoir exécutif, le pouvoir législatif, le pouvoir financier et une partie du pouvoir judiciaire. Il se fait lire les textes qui l'intéressent, comme ceux concernant l'agriculture. Le secrétaire particulier lui présente un échantillon de la correspondance reçue. Le ou les ministres qui ont demandé un rendez-vous, les hauts fonctionnaires, les personnalités de passage sont reçus à partir de 10 heures ou 10 h 30. Les entrevues s'enchaînent au pas de quinze ou trente minutes. Mais, en dehors des moments de crise majeure, il n'y a en général qu'un ou deux rendez-vous par matinée, quatre au grand maximum. Une fois par semaine intervient à 10 h 30 ou 11 heures un Conseil des ministres et, plus souvent, un Conseil de cabinet ou un conseil restreint. À 12 h 15 ou 12 h 30, le Maréchal part pour une demi-heure de promenade faite en compagnie de son secrétaire particulier et médecin, le docteur Bernard Ménétrel, ou de son officier d'ordonnance.

Le déjeuner compte facilement une bonne douzaine de convives. Entouré de son épouse, de ses principaux collaborateurs et de membres des cabinets civil et militaire qui se relaient, le Maréchal profite du déjeuner pour recevoir à la fois ceux qu'il veut honorer et ceux dont il veut se débarrasser sans tête-à-tête. Les amis personnels se mêlent aux préfets en visite, aux diplomates ou aux Allemands qui s'imposent plus ou moins selon les moments. Ces invitations très mêlées créent parfois une tension palpable. Pétain bavarde volontiers, fait de l'esprit, raconte des souvenirs et assène des sentences. Il a des apartés avec ses voisins. Il garde quelques élus auprès de lui pour prendre le café à l'écart.

En ces temps de rationnement et de pénuries, la composition des menus est évidemment un sujet brûlant. Le Maréchal est gourmand et gros mangeur. Il ne conçoit pas de repas sans viande (dans une ville où les boucheries sont fermées trois jours par semaine) et boit du vin coupé d'eau (y compris les fameux « jours sans »). Les menus, documents hautement confidentiels, sont, dit-on, détruits aussitôt après usage. Les journaux ont l'interdiction formelle d'y faire allusion. Il en subsiste d'ailleurs peu dans les archives.

Pour un déjeuner de décembre 1941 sont servis un consommé brunoise, des filets de bar sauce hollandaise, des tournedos à la périgourdine aux petits pois et cœurs de laitue, un pudding ambassadeur et des desserts. Deux menus datant de février 1942 sont connus : soupe à l'oignon gratinée, filets de sole normande, poulet rôti aux primeurs et pommes château, salade Lorette, glace Madeleine, fromage et fruits pour l'un ; suprême de turbot à la Mireille, côtelettes d'agneau bergère et petits pois à la française, poularde en gelée, salade Lorette, fromages, boules de neige et fruits pour l'autre. En 1944, le régime n'est pas en baisse : suprême de colin princesse, filets de bœuf sauce financière, petits pois à la française, poularde à la Mireille, cœurs de laitue mimosa, fromages, bombe Coppélia, fruits. On doit à la vérité de dire que Laval n'est pas en reste.

Cette succession de plats, ce déploiement de protéines et de lipides n'empêche pas les inconditionnels de vanter la frugalité du Maréchal : « Tu m'as vu emporter le pain et le menu. Fétichisme peut-être, mais aussi... ? Avant de rentrer chez moi, j'ai été au comité médical des PTT, dont je suis médecin.

— Vous avez dû avoir un déjeuner épatant.

— Voilà le pain. Voilà le menu. Le chef mange comme nous. Pas plus. Pas mieux.

Impression[19]. »

Tandis que d'autres admirateurs, comme l'académicien Henry Bordeaux, se montrent plus réalistes : « Le déjeuner était simple et excellent : œufs pochés avec une jardinière de légumes, côtelettes de porc sur purée de pommes de terre, gâteau à l'ananas. Il mange abondamment. Il reprend de chaque plat. À la fin du repas, sa pâleur rosit un peu. Il me semble que son médecin devrait le surveiller mieux. Sa femme n'est jamais là et n'a sur lui aucune action. Sans quoi, elle le prierait de dîner seul, le soir, avec elle et de se reposer. Mais précisément, il s'ennuie tellement qu'il veut du monde autour de lui. Il a sans cesse besoin de distraction[20]. » Encore Bordeaux n'a-t-il pas assisté aux plantureux banquets par lesquels les autorités locales rivalisent pour honorer le chef de l'État de spécialités régionales lors de ses visites des villes de la zone libre.

Après une sieste de trente à quarante-cinq minutes, Philippe Pétain monte en voiture pour une promenade dans les environs de Vichy, ce qui constitue encore un privilège inutile alors que les carburants sont sévèrement rationnés. Il ne revient à son bureau que vers 16 heures ou 16 h 30. Après quelques signatures, il accorde de nouvelles audiences. Il écoute avec toutes les marques d'attention, distille des confidences intéressées et dit à la plupart de ses interlocuteurs ce qu'ils veulent entendre. Mais si les rendez-vous sont trop nombreux, il se fatigue et n'en garde qu'un souvenir embrouillé. Il peut arriver que le Conseil des ministres se tienne plutôt en cette fin d'après-midi.

Deux jeudis par mois se déroulent à cette heure les audiences publiques par lesquelles le Maréchal distingue tels Français méritants, telles professions, telles régions, après de soigneux préparatifs de ses cabinets. Le 17 septembre 1942 défilent par exemple une délégation de mineurs du Nord-Pas-de-Calais, une délégation de gantiers de Chaumont, un prisonnier de guerre rapatrié, dix enfants tourangeaux rentrant de colonie de vacances, un faïencier marseillais, le propriétaire d'un laboratoire pharmaceutique, un chef des scouts de France, le délégué de la propagande dans les Côtes-du-Nord[21]. Les délégations professionnelles remettent des cadeaux parfois très appréciés (canadienne fourrée, chaussures, maroquinerie et objets de bureau...). D'autres font des présents moins utiles et dans un registre décoratif peu courant. Beaux ou affreux, touchants ou futiles, Pétain les reçoit sans un mot de remerciement, le visage impassible. On remarque au passage, parmi les heureux élus, des amis des collaborateurs du chef de l'État, des groupes issus d'organismes paragouvernementaux, des fonctionnaires, des contractuels de l'administration de Vichy, toutes participations qui sentent le remplissage. C'est lors d'une de ces occasions que fut prise la photo où l'on voit François Mitterrand, qui travaillait alors au commissariat au reclassement des prisonniers de guerre, échanger quelques mots avec Philippe Pétain. C'est aussi un de ces jeudis d'audience que le Maréchal expédia la visite de son demi-frère, venu du Pas-de-Calais en compagnie de quelques ecclésiastiques.

Sa journée au bureau s'arrête au plus tard à 19 heures, après un ultime entretien avec les directeurs de cabinet, ce qui représente une moyenne quotidienne de cinq ou six heures de travail. Dès lors, les ministres ont toujours un temps d'avance sur lui, même Laval, qui n'est pourtant ni un bourreau de travail ni un homme organisé.

Il s'accorde un moment de détente avec des familiers avant le dîner qui est pris à 20 heures, en plus petit comité que le déjeuner. Dans la soirée, il se retire avec quelques proches dans ses appartements. La lecture et le bavardage sont ses activités de prédilection. Il arrive que des réjouissances soient inscrites au programme, telles que des séances de cinéma privées au pavillon Sévigné, des concerts, des récitals ou des pièces dans la salle du Casino. Étrangement, le chef de l'État lira en direct pour la radio, le 12 août 1941, un long discours énumérant des mesures de répression pendant l'entracte de *Boris Godounov* joué au théâtre de Vichy.

Le dimanche, les activités s'allègent encore : lever des couleurs en musique et (courte) messe en fin de matinée, promenade l'après-midi et thé avec la Maréchale s'il n'y a pas moyen d'y échapper. L'été se passe dans des propriétés voisines, Vichy étant réputée pour son climat étouffant. En 1941, pendant que Pétain séjourne au château du Bost, à Bellerive, on installe la climatisation dans ses appartements du Parc. En 1942 et 1943, le choix se porte sur le très confortable château de Charmeil. Mais en 1944, ce sont les

Allemands qui imposent le château du Lonzat, pour
des raisons de sécurité, instituant même une surveillance continue sur la route et le covoiturage avec les
collaborateurs du chef de l'État qui font la navette
depuis Vichy.

Durant ces quatre années vichyssoises, le Maréchal
passe dans son domaine de Villeneuve-Loubet quatre
brefs séjours en 1941 et trois semaines en 1942. La
presse n'est autorisée à en parler qu'*a posteriori* et
en termes choisis, pour ne pas donner l'impression
que le chef de l'État prend des vacances au lieu de
diriger la France. Cependant, Philippe Pétain est bel
et bien dans sa propriété pendant que l'amiral Darlan est convoqué par Hitler à Berchtesgaden afin de
discuter de l'ouverture de l'Empire colonial français
à la Wehrmacht et contribuer ainsi au combat contre
la Grande-Bretagne.

En 1943, l'interdiction qui lui est faite par les Allemands de se rendre sur la Côte d'Azur le contrarie
au point de lui faire multiplier les demandes auprès
des diplomates allemands, du commandement de la
Wehrmacht et des autorités italiennes qui occupent
désormais la région. En vain. Pourtant, il aurait alors
pu utiliser ses revenus, multipliés par douze depuis
1939, pour améliorer et agrandir enfin sa propriété
qui avait été, jusqu'à la guerre, sa « danseuse[22] ».

Après la crise majeure de la fin de l'année 1943,
les journées du Maréchal sont à peu près vidées de
leur substance. D'abord à cause de l'étroite surveillance exercée jusque dans ses appartements par des
policiers et d'omniprésents « diplomates » allemands.
Plus fondamentalement parce qu'il a été dessaisi de
la réalité du pouvoir. Ses agendas de 1944 révèlent

la vacuité de son emploi du temps, signe de son isolement, avec deux ou trois rendez-vous (la plupart
arrangés), des déjeuners comptant deux fois moins
de convives, le rappel évident, pour créer le mouvement, des fidèles insubmersibles et des amis que la
désaffection de l'opinion n'a pas effarouchés. Parfois,
il faut asseoir à la table du chef de l'État un renfort de membres du cabinet pour faire le nombre.
Les femmes des ministres qui sont encore à Vichy à
l'été 1944 présentent soudain un attrait inédit pour
remplir les chaises au dîner. Le visiteur le plus assidu
est hélas le consul allemand, doublé du général représentant le commandant de la Wehrmacht sur le front
ouest.

Cette fiction d'activité ne sert pas seulement à
démontrer aux Français que le chef de l'État dirige
toujours le pays. Elle sert aussi à occuper ce maréchal
de 88 ans qui ne craint rien tant que l'ennui. On en a
la démonstration lorsque les Allemands lui imposent,
en mai 1944, de résider au château de Voisins, près
de Rambouillet. Pétain se désole dans cette propriété
pourtant confortable et jolie, mais très isolée, et se
prête donc sans discernement au tourbillon des visites
faites et reçues, visites d'amis, de notabilités locales,
mais aussi d'Allemands et de collaborationnistes
grand teint.

La fin

En janvier 1944, le chef de la Milice, Joseph Darnand, est entré au gouvernement en tant que secrétaire général au Maintien de l'ordre. Cet ordre sera

maintenu essentiellement *contre* des Français, dans toute la zone Sud et à Vichy même. La Gestapo, elle aussi, est installée boulevard des États-Unis, les bâtiments qu'elle occupe encadrant celui du ministère de la Justice. Le général SS Oberg supervise l'action des miliciens, autorisant les opérations au préalable et recevant les comptes rendus *a posteriori*. Lorsque les Renseignements généraux passent à leur tour sous l'emprise milicienne, pour intensifier la lutte contre les opposants, une conférence quotidienne réunit leur nouveau chef, Jean Degans, et les gestapistes de Gessler. À Vichy même, la brigade du commissaire Poinsot procède à plusieurs centaines d'arrestations, y compris de policiers et de fonctionnaires[23]. Il devient difficile de démêler qui arrête, qui emprisonne et qui torture dans la capitale de ce qui reste de l'État français où se multiplient les centres de détention, à commencer par le principal centre milicien, le château des Brosses, ancienne garderie de plein air des enfants des fonctionnaires repliés à Vichy, maintenant de sinistre réputation. Si sinistre, mais si notoire que Pierre Laval lui-même se rend un jour aux Brosses pour obtenir une libération, ce qui n'empêche pas le chef du gouvernement de couvrir des miliciens d'éloges, d'avantages et de citations au *Journal officiel*, et de renforcer les pouvoirs de la Milice jusqu'à lui donner la possibilité de noyauter la haute administration.

La Gestapo comme la Milice entrent à leur gré dans les ministères et y arrêtent sans autre forme de procédure. Les Allemands enlèvent les émetteurs radio du ministère de l'Intérieur, tant est faible leur confiance dans les employés. La Milice perquisitionne à l'hôtel Thermal qui abrite les reliefs du ministère de la Guerre et le contrôle technique qui espionne le courrier des Français[24]. On arrête au sein du cabinet du Maréchal, dans ses locaux mêmes, sans le prévenir. Les protestations et les demandes de renseignements finissent par devenir l'une des tâches principales de ceux qui restent. Sans aucun résultat. Le 6 août, dans une lettre où il exige de Laval la cessation et la sanction des abus de la Milice, le chef de l'État cite à plusieurs reprises ce qui se passe à Vichy, comme « l'interrogatoire de fonctionnaires, même à mon cabinet personnel, interrogatoire fait dans des conditions qui relèvent plus de la provocation que de l'information objective », ou « les tortures infligées à des victimes souvent innocentes dans des locaux qui, même à Vichy, ressemblent moins à des prisons de l'État français qu'à des tchékas bolcheviques ». Mais, à cette date, Laval lui-même redoute un attentat de la Milice contre lui et renforce ses mesures de sécurité[25]. C'est peu dire que l'atmosphère, dans la ville, est contrainte, défiante, voire apeurée. Le permis de séjour est devenu obligatoire même pour les autochtones. Dès que Pétain s'abstient de paraître en public, on le dit prisonnier. Le 20 août 1944, il est effectivement emmené sous escorte allemande « vers l'Est ». La veille, l'ordre de repli général des miliciens a été lancé à la radio depuis Vichy. La Milice brûle ses archives, libère ou exécute ses prisonniers – dont elle ne veut pas s'encombrer –, tourne et explore partout pour se procurer des véhicules, du carburant, des matériels de tous ordres et de l'argent. À sa grande consternation, la population voit affluer les miliciens en fuite de la région « Clermont-Ferrand » et tremble pour sa sécurité et la sûreté de ses biens. Le 25 août, enfin, la Milice quitte Vichy, qui se trouve ainsi « libérée ».

Ce même jour, revenant à Paris après quatre années d'exil, le général de Gaulle choisit de s'installer au ministère de la Guerre. Il découvre avec surprise et émotion que le décor est demeuré intact :

> Pas un meuble, pas une tapisserie, pas un rideau n'ont été déplacés. Sur la table, le téléphone est resté à la même place et l'on voit, inscrits sous les boutons d'appel, exactement les mêmes noms [...]. Rien n'y manque, excepté l'État. Il m'appartient de l'y remettre[26].

2

Les discours du Maréchal
en quête d'auteur(s)

1940-1944

Un homme d'étude

En 1888, le lieutenant Philippe Pétain, âgé de 32 ans, décide de préparer l'École de guerre, estimant que, depuis sa sortie de Saint-Cyr, il a par trop relâché ses efforts. De ce moment, il devient un étudiant studieux et brillant. Par la suite, presque neuf années de sa carrière d'officier sont consacrées à des tâches d'enseignement. Il ne rechigne donc ni à l'étude, ni à l'effort intellectuel. Il est bon lecteur, curieux de se tenir au courant des nouveautés. En littérature, ses préférences vont à Corneille, Racine et Bossuet, ainsi qu'à Jules Lemaître, Anatole France, Jules Verne ou George Sand.

Les cours qu'il professe à l'École de guerre sont réputés pour leur clarté, en dépit d'une certaine sécheresse. Il attire les auditeurs par l'originalité de ses positions et par sa clarté d'exposition. Il s'est ainsi gagné des admirateurs et des partisans, y compris parmi ses pairs.

Après le déclenchement de la Première Guerre mondiale et son accession à des commandements de plus en plus élevés, le général Pétain se fait remarquer par la longueur et la minutie de ses ordres écrits. Cette obsession du détail, qui est une composante de sa réputation grandissante, n'exclut pas un sens parfois heureux de la formule : « La percée est possible, mais le moment est fugitif » ; « Nous nous battons parce que ce serait un crime de trahir, par une honteuse défaillance, tout à la fois nos morts et nos enfants ».

Néanmoins, l'augmentation de ses responsabilités et de sa charge de travail l'amène à déléguer ses travaux d'écriture pour ne plus en assurer que la correction. Ainsi l'un de ses officiers d'état-major est-il l'auteur de la formule passée à la postérité par laquelle se conclut l'ordre du jour du 2 août 1916 à Verdun : « On les aura ». Il a d'ailleurs tiqué sur cette expression qu'il juge familière et même argotique. Son succès est pourtant immense dans la presse tant française qu'internationale qui y voit l'expression même du tempérament du général Pétain[1].

En représentation

Devenu maréchal de France en novembre 1918, doté d'éminentes fonctions telles que la vice-présidence du Conseil supérieur de la guerre, l'inspection générale de l'Armée ou de la défense aérienne, puis la direction du ministère de la Guerre, Philippe

Pétain est pourvu, pendant toutes ces années, d'un copieux état-major au sein duquel il choisit les officiers qui préparent et rédigent ses textes, qu'il s'agisse de documents de travail aussi bien que de livres, d'articles ou de discours. Entre les deux guerres, il prononce en effet plus d'une centaine d'allocutions d'importance diverse, généralement pour des commémorations, des inaugurations, des célébrations, des hommages, des obsèques, des visites à l'étranger. L'un des sommets de cette activité est son discours de réception à l'Académie française, qui l'occupe (et ses collaborateurs avec lui) de juin 1929 (date de son élection) à janvier 1931 (date de sa réception).

Il procède en répartissant les tâches de documentation et d'écriture, après avoir donné les grandes lignes de son propos. Les projets peuvent être mis en concurrence et faire plusieurs allers-retours entre leurs auteurs et l'éminent correcteur, qui a parfois la dent dure. Dans une page célèbre de ses souvenirs, Georges Loustaunau-Lacau, qui appartint au cabinet entre 1935 et 1938, a résumé la doctrine stylistique du Maréchal : construction simple et lisible, style dépouillé, économe en adjectifs, adverbes, superlatifs et mots de liaison[2].

Bien qu'il ait bénéficié, à tous les sens du terme, d'une « élection de maréchal » à l'Académie française, Philippe Pétain est extrêmement fier tant de son style que de ses (rares) livres, qu'il n'a pourtant pas écrits à proprement parler. Il prend les hommages adressés au Maréchal pour des compliments destinés à l'écrivain Philippe Pétain. Il interprète les sollicitations des éditeurs pour republier sa *Bataille de Verdun* comme une reconnaissance de ses vertus littéraires. Il s'est réjoui en apprenant que Paul Valéry répondrait à son discours. « Je vais me remettre à écrire, annonce-t-il alors. Je n'y réussissais pas trop mal. Comme c'est Paul Valéry qui me répondra, je ne serai pas fâché de mettre mon style, dépouillé à vif, en opposition avec le sien où la pensée disparaît sous l'amoncellement des fioritures[3]. » On lui déconseille d'utiliser le commandant de Gaulle, qui offre les services de sa plume, parce qu'il se vanterait d'avoir été le véritable auteur. La première rupture entre les deux hommes interviendra d'ailleurs, en 1938, pour une querelle d'auteurs.

Quand, le grand âge venant, les activités professionnelles de Pétain se réduisent en intensité et en importance, ses discours se mettent à revêtir un intérêt croissant à ses yeux, comme manifestations du maintien de son statut. Il prend alors l'habitude d'en asséner la lecture à haute voix ou d'en adresser des exemplaires à ses amis plus ou moins consentants, sous prétexte de recueillir leurs critiques[4]. Sans être un orateur remarquable, il connaît d'indéniables succès, dus en grande partie, sans doute, à ce qu'il est, à ce qu'il représente, à son sens de la dignité et du décorum, rarement pris en défaut. La reproduction de ses discours engagés sur l'éducation ou l'organisation de l'armée dans des revues prestigieuses ou dans des journaux non seulement représente des satisfactions d'amour-propre, mais prouve qu'il peut rencontrer un certain écho dans l'opinion.

Fierté d'auteur

Évidemment, le phénomène change de dimension et de rythme à partir de 1940, quand le maréchal Pétain devient le chef de l'État et le recours suprême du pays.

Plus que jamais, Philippe Pétain manifeste la fierté que lui inspirent ses discours comme objets littéraires et comme recueils de philosophie politique. Entre 1940 et 1944, il y a près de quatre-vingts éditions de ses discours. Éditions thématiques ou chronologiques, exhaustives ou partielles, illustrées, luxueuses, courantes, officielles ou non. Il a ses préférées, qu'il destine, comme un présent de choix, aux personnalités qu'il veut honorer. Ainsi juge-t-il très nécessaire d'en faire parvenir un exemplaire dédicacé au président Roosevelt[5]. Bien entendu, il les considère également comme des actes politiques majeurs – ce qu'ils sont pour certains d'entre eux – et même comme les éléments d'une véritable philosophie politique. À l'été 1944, il soutient que la somme de ses messages représente ni plus ni moins que cette Constitution nouvelle que l'Assemblée nationale lui a demandée le 10 juillet 1940 :

> Ce que l'on m'a demandé, je l'ai fait. Les messages que j'ai adressés aux Français ont préparé l'opinion pour créer des habitudes, des coutumes, des mœurs nouvelles. Mon travail est là[6].

Il affiche encore la certitude que l'avenir leur rendra justice :

> C'est la doctrine de base du pays. Bon gré, mal
> gré on y reviendra [...]. Mes messages, c'est mon
> enseignement ! [...] Et je continue à travailler pour
> l'avenir[7].

On peut ajouter qu'après des débuts hésitants, le
Maréchal s'est persuadé d'être bon orateur et de bien
« passer » à la radio. Il se montre d'ailleurs prêt à
faire bénéficier ses ministres intimidés de son retour
d'expérience.

> Ce n'est pas facile de parler à la radio. Si l'on veut
> que la voix porte sans confusion, il est nécessaire de
> lui ménager des temps d'arrêt en plus indépendam-
> ment de ce qu'indique la ponctuation. Il y a là deux
> ou trois phrases un peu longues dont il importe, si
> vous désirez qu'elles soient distinctement comprises,
> de soigner tout particulièrement les coupures et l'arti-
> culation. Et puis, ce n'est point parce que, au micro,
> l'auditoire est invisible, qu'il faille omettre sa présence
> et négliger ses susceptibilités[8].

Philippe Pétain, effectivement, s'applique. Il lit
à partir d'exemplaires à la dactylographie aérée,
dont le texte est entièrement scandé de traits ver-
ticaux, simples ou doubles, marquant les virgules
et les points. Aux élèves d'une école primaire de
l'Allier devant lesquels va être enregistrée la lecture
de son discours pour la rentrée 1941, il explique :
« L'émission doit être faite sans erreur. Par consé-
quent, il y a tout intérêt à écrire ce que l'on veut
dire[9]. » Il lui arrive d'ajouter de sa main, à la dernière
minute, quelques corrections de forme. Non sans

conséquences surprenantes, comme dans un discours sur la corporation paysanne où il renverse totalement le sens d'une phrase, sans que l'on sache si c'est par intention ou par inadvertance : « *Mais* la Corporation paysanne *n'*est *pas* une réalisation temporaire, faite seulement pour passer un moment particulièrement difficile[10]. »

Rédacteurs et correcteurs

Pour autant, il n'est pas plus qu'auparavant l'auteur de ses discours, ou du moins pas leur seul auteur. Comme avant guerre, ses textes continuent à être issus d'un processus composite auquel prennent part des intervenants variés et changeants. Une fois le propos global arrêté (annoncer une décision, énumérer les éléments des réformes, réagir à un événement…), sont mis en chantier des projets, parfois uniques, le plus souvent concurrents. Pétain les lit, le crayon à la main, et d'autres lecteurs (ministres, conseillers habituels ou occasionnels) donnent également leur avis, avec d'autant plus d'alacrité qu'ils sont des rédacteurs potentiels. Yves Bouthillier, premier ministre des Finances de Vichy, conseiller très apprécié du Maréchal, annote un projet qui prévoyait la disparition des assemblées parlementaires : « On met la charrue avant les bœufs. Bien taillé, mon fils, mais savez-vous coudre ?, dira le Français amateur de proverbes et de citations. Le Maréchal démolit et ne reconstruit pas. » Le général Laure, secrétaire général du chef de l'État, commente un autre brouillon : « Le projet ci-joint présente à mon avis l'inconvénient de faire encaisser par le Maréchal, "seul arbitre... seul chef", l'entière responsabilité de ce qui se passe en ce moment. Au point où nous en sommes, il me paraît nécessaire de préparer un message expliquant et légitimant les concessions auxquelles on se prépare. C'est d'ailleurs d'une extrême difficulté : je l'ai tenté ce matin, mais sans succès[11]. »

Comme avant guerre, Pétain apporte un soin tatillon aux corrections de pure forme, substituant par exemple « transmets » à « donne », « française » à « nationale », « demeure » à « suis »...

« À ses messages, le Maréchal consacrait trop de temps, témoigne son directeur de cabinet. Il les limait, les corrigeait, les polissait indéfiniment, s'assurant dans un Larousse du sens précis d'un mot, essayant sur des interlocuteurs de circonstance l'effet d'un passage, méditant au cours de ses promenades, de l'intérêt d'un raccord ou de la valeur d'une transition, mais ne sacrifiant que rarement la pensée à l'expression[12]. »

Il évite les citations, barre celles qu'on lui suggère, considérant probablement suffire à lui seul pour fournir des aphorismes et des mots historiques. D'ailleurs, il supprime beaucoup avec des commentaires dans la marge, tels que « mauvais » ou « si l'on veut ».

Les rédacteurs travaillent souvent avec enthousiasme et fierté, persuadés – et le Maréchal avec eux – de faire œuvre d'histoire. Tout ce monde croit fermement que ces discours sont des actes fondateurs et sont en prise directe avec la sensibilité et les attentes des Français. Ils se voient investis d'une mission et s'accordent des marges de manœuvre plus ou moins larges, selon leur tempérament :

J'ai hésité, explique l'un d'eux en remettant son projet, entre la courte exhortation et le message de doctrine. Puis j'ai pensé que, tant qu'à faire parler le Maréchal, il fallait que cela en valût la peine et qu'il serait bon que ce 1er mai rouvrît la série interrompue des grands messages doctrinaux.

Pour le fond, j'ai opté selon mon cœur pour la plus grande hardiesse et la plus grande netteté. Je suis convaincu que si le Maréchal pouvait dire quelque chose de ce genre, cela aurait le plus grand et le plus utile retentissement[13].

D'où de grandes déceptions quand on n'est pas retenu : « Quand je pense que j'espérais lui faire dire ce qu'il fallait dire pour ramener les Français derrière lui et, à nouveau, enfin, rendre à la France un visage pur[14] ! » Et d'amères humiliations quand on ne plaît pas : « Ce discours assez plat de M. Demaison a été refoulé[15]. » Mais bientôt apparaîtront dans les discours les reproches, puis les semonces adressés aux Français qui, « ayant la mémoire courte », n'entendent pas, ne comprennent pas et n'obéissent pas quand on veut faire leur bien malgré eux.

On constate que le nombre de personnes sollicitées pour présenter des projets est finalement élevé et les versions multiples. Le summum du nombre des projets est sans doute atteint pour l'important discours programme de l'automne 1940, mais il existe aussi cinq projets différents pour le discours de Noël[16].

En 1940 se crée une sorte de noyau dur, composé de proches collaborateurs du Maréchal : les ministres préférés Yves Bouthillier et, dans une moindre mesure, Paul Baudouin ; le chef du cabinet civil Henry du Moulin de Labarthète ; René Gillouin, Lucien Romier ou Henri Massis, que Pétain s'attache comme conseillers ; l'amiral Fernet, secrétaire général à la présidence du Conseil ; par la suite, le général Laure, secrétaire général du chef de l'État, qui a été l'une des plus prolifiques plumes depuis vingt-cinq ans. Y sont adjoints, au gré des sujets, tel membre d'un des cabinets, civil ou militaire, ou tel ministre (le ministre de l'Agriculture contribue pendant un an et demi à tous les discours ayant trait au monde paysan), mais aussi tel homme qui a su se placer au bon moment ou est réputé spécialiste d'une question. Robert Loustau, ingénieur catholique issu du PPF (Parti populaire français), planche ainsi sur la réforme de l'organisation du travail. Mais l'exemple le plus fameux est sans doute le député Gaston Bergery qui, au milieu d'un concours d'une dizaine de projets simultanés ou successifs (dont le message garde trace), est finalement le principal inspirateur et auteur du très long message définissant la Révolution nationale et souhaitant la collaboration. Comme cette paternité est, à Vichy, de notoriété publique, on s'empresse de souligner combien grande est la rupture de ton avec les propos habituels du chef de l'État, le décalage existant avec la courte allocution de la veille (dont l'auteur est probablement Bouthillier) et qu'il est significatif que ce message ait été lu à la radio par le secrétaire général à l'Information (alors qu'il s'agit d'épargner à Pétain un trop long effort, choix qui fut répété pour le message du 25 juin 1941, lu par du Moulin).

Souvent, les projets sont remis pour des motifs d'opportunité politique. Il existe par exemple un brouillon de réaction à l'attaque anglaise sur la flotte à Mers el-Kébir, que Pétain commence à corriger, puis abandonne, probablement après avoir considéré qu'il est inutile de risquer une escalade militaire[17]. Le très long message énonçant le programme de la Révolution nationale est prévu à l'origine pour le début, puis pour la mi-septembre 1940. Il est finalement lu le 10 octobre. Entre-temps, il subit des modifications considérables, mais des formules apparues dans divers projets sont travaillées et recyclées dans des discours ultérieurs : « Si je me suis tu, c'est que j'ai horreur de la parole pour la parole » ; « Si le Gouvernement s'est tu, c'est qu'il a travaillé »[18].

À la fin de l'explication de la mise en place des retraites, en mars 1941, le Maréchal annonce un prochain discours sur les problèmes du logement. Mais rien de tel n'a jamais été prononcé ou publié, même si les archives en conservent trois versions, dont l'une est entièrement barrée[19]. Au même moment, Pétain rédige lui-même le projet d'une allocution qui flétrit de Gaulle et les « déserteurs » de la France libre. Il s'arrête net au bout de cinq pages, alors qu'il aborde la rumeur qui prétend que lui et de Gaulle sont liés, soit par des liens familiaux, soit par un accord secret[20]. Ce projet éminemment personnel est remplacé par un discours, difficilement mis au point, fustigeant ceux qui mettent en péril l'unité nationale et l'intégrité de l'Empire colonial, sans jamais les nommer. Avec un succès mitigé puisque la note d'orientation officielle qui le commente en est réduite à spécifier qu'il faut bien y voir une condamnation de l'« agitation gaulliste[21] ».

L'auteur en action

La rédaction, entièrement manuscrite et plusieurs fois corrigée par le chef de l'État lui-même, du projet originel sur le gaullisme est tout à fait exceptionnelle. Si exceptionnelle que ce document figurera parmi les pièces à charge lors de son procès, en 1945. Très rares sont en effet les discours dont on peut penser qu'ils ont eu Philippe Pétain pour auteur principal ou unique. Au nombre de ces éventuelles exceptions, on peut s'interroger sur deux textes particulièrement importants, puisqu'il s'agit du tout premier appel (la demande d'armistice) et du message par lequel il déclare choisir la collaboration avec l'Allemagne.

L'appel du 17 juin 1940 constitue un tournant majeur dans la vie de Philippe Pétain, en même temps qu'un des principaux événements de l'histoire française au xxe siècle. Ce texte est bref (il représente deux ou trois minutes de lecture à haute voix), très personnel : écrit en grande partie à la première personne du singulier, il joue très largement sur le ressort affectif. Il comporte une énorme maladresse puisqu'il ordonne de cesser le combat de façon unilatérale (« C'est le cœur serré que je vous dis aujourd'hui qu'il faut cesser le combat »). Son plan est illogique, suggérant que des paragraphes indépendants ont été accolés sans fil directeur. Le registre est celui de la conviction, et non de l'argumentation. Ces caractéristiques laissent penser que le Maréchal a pu en être l'auteur principal, dans la lancée des idées qu'il ne cessait de défendre depuis deux semaines, qu'il a pu aussi récupérer telle partie d'un texte antérieur ou proposé par un collaborateur, que la rédaction a été rapide, peut-être même hâtive, et qu'il y a eu peu de relecteurs avant l'enregistrement. Il est possible que Pétain ait recopié lui-même son texte pour disposer d'un exemplaire très clair et le lire au mieux, ce qui confirme l'idée d'une certaine improvisation*. Il a fait tout de même un petit lapsus, se reprenant après avoir dit « pendant ces heures », au lieu de « pendant ces dures épreuves ».

Est-ce l'insatisfaction devant les imperfections de ce premier texte et la nécessité d'en faire diffuser, toutes affaires cessantes, une version corrigée et quelque peu controuvée (« il faut *tenter de cesser* le combat ») ? Est-ce la découverte de la portée de ce nouveau moyen d'action ? Dans les jours suivants, Philippe Pétain multiplie les discours et fait appel à de nouveaux porte-plume, dont le plus connu (et le plus troublant) est peut-être le journaliste juif et radical Emmanuel Berl, qui ne s'est pas caché d'être l'auteur de certaines des plus emblématiques formules du régime à naître : « Je hais les mensonges qui vous ont fait tant de mal », « La terre, elle, ne ment pas ». Il aurait suppléé un certain commandant Minart, membre du cabinet militaire, à la demande des ministres les plus proches du Maréchal. Berl ne rencontra jamais Pétain, ce qui montre la distance qui pouvait exister entre le Maréchal et ses « nègres » et,

---

* En 2008, une copie, de la main de Pétain, a été mise en vente. Elle ne présente aucune rature ou correction, si bien qu'il est peu probable qu'il s'agisse d'un brouillon, mais plutôt d'une mise au propre. La preuve matérielle continue donc à faire défaut (vente Galileo du 18 juin 2008. Autographes et Militaria).

plus généralement, ce qu'on pouvait lui faire faire ou dire à son insu[22].

Autre exception à l'usage des porte-plume par le chef de l'État : le discours qui suit sa rencontre avec Hitler à Montoire en octobre 1940. Évoquée par des communiqués sibyllins, cette entrevue suscite dans l'opinion une vive anxiété. Or le Maréchal s'abstient sur le moment de tout commentaire – n'ayant en réalité que fort peu à dire –, ce qui avive les inquiétudes. Il lui faut se résoudre à sortir du silence. Pour ce discours – qui sera finalement l'un des plus cruciaux de ces quatre années –, il ne s'accorde que quatre jours de préparation, ce qui est une performance eu égard à ses habitudes de travail. Comme il a été économe de confidences sur ce qui s'est dit à Montoire, il travaille avec peu de collaborateurs. Cette rapidité a pour résultat un texte court, simple dans sa construction et sa formulation, c'est-à-dire répondant à ses critères idéaux. Des phrases prélevées dans divers brouillons du message du 10 octobre trouvent ici leur place : « Je me suis adressé jusqu'ici à vous comme un père. Aujourd'hui, c'est le chef qui parle », « Rendre possible dans l'honneur la collaboration politique et économique en Europe ». Les corrections que le Maréchal porte sur un projet intermédiaire montrent qu'il cherche la fermeté et même une certaine sécheresse, mais aussi une grande véracité. Ainsi barre-t-il « concrète » à la suite de « [le chancelier Hitler] m'a proposé une collaboration », ce qui est plus conforme à la réalité[23].

Cohabitation gouvernementale

Sur ses discours, le Maréchal consulte généralement ses ministres, à commencer par le premier d'entre eux. L'amiral Darlan, devenu vice-président du Conseil, participe à la rédaction des allocutions qui engagent l'action gouvernementale. Il est lui-même un rédacteur facile et prolixe, alignant les rapports et les notes, ce qui convient très bien aux habitudes de travail de Pétain. Mais si les deux hommes s'entendent sur la nécessité de rechercher une collaboration, ils ont des divergences en politique intérieure. Une rivalité parfois acrimonieuse s'instaure entre Darlan et les cabinets du Maréchal, bien conscient que sa parole constitue une de ses plus précieuses prérogatives. Divers épisodes acrobatiques se produisent, visant à faire parler le chef de l'État à l'insu de son principal ministre. La satisfaction des proches collaborateurs de Pétain est à son comble quand ils réussissent à lui faire dire, pour le 1er janvier 1942, qu'il est en « exil partiel » et en « demi-liberté »[24].

Avec le retour au pouvoir de Laval, en avril 1942, sa désignation comme chef du gouvernement et la délégation de pouvoir qu'il a reçue, la coordination devient impérative sur le contenu des discours du chef de l'État, qui doivent s'insérer dans les marges étroites des exigences allemandes. La radio n'est plus accessible sans l'accord de Laval. Les textes auxquels il ne consentirait pas n'accéderaient pas à la publicité. L'entourage du Maréchal en est alors réduit à découvrir les voies pleines d'aléas de la diffusion clandestine.

Les messages deviennent l'objet de mises au point millimétrées, où chaque phrase est pesée et discutée, chacun cherchant éperdument dans des nuances infimes à faire prévaloir son opinion. Évidemment, ces subtilités échappent aux Français, qui sont convaincus que leur pays est sous l'emprise de l'occupant, avec le concours du traître Laval et, dans la meilleure des hypothèses, le consentement obligé du Maréchal impuissant.

Après le débarquement anglo-américain de novembre 1942 et l'invasion par la Wehrmacht de la zone libre, la succession précipitée des messages tente à la fois de réagir aux événements et de garder un contrôle sur des enjeux qui peuvent commander le sort de la France, voire celui de la guerre. Or ces discours constituent autant de faux pas et de revers, au milieu d'incohérents conciliabules. Même si tout le monde donne sans cesse son avis, la marque de Pétain ne disparaît pas tout à fait. Dans la conclusion de sa condamnation du général Giraud (15 novembre 1942), il réplique les propos tenus après le renvoi de Laval (14 décembre 1940) : « Je suis et je reste votre seul chef. » Ou dans l'appel aux populations des colonies à ne pas rejoindre la dissidence, le Maréchal barre toutes les formules qui mettaient en valeur les initiatives locales, mais ajoute : « Vous resterez fidèles à *mes ordres*[25]. » Parce qu'il a été ulcéré par le ton du communiqué des services de l'Information annonçant qu'il déléguait à Laval tous les pouvoirs gouvernementaux, il tient à maintenir sa figure de chef.

Dès l'hiver 1943-1944, les Allemands exigent que le chef de l'État enregistre un appel à l'obéissance en cas de débarquement allié en France. Ainsi, si l'événement survenait, Pétain n'aurait aucun prétexte pour se dérober et tarder. Il est finalisé le 19 février et c'est cet enregistrement vieux de presque quatre mois qui fut diffusé le 6 juin à 14 h 15.

Le discours, si compromettant, du 28 avril 1944 est pour sa part le résultat d'une suite de chantages. Les Allemands imposent une condamnation sans ambiguïté de la Résistance (« cette prétendue libération »), une mise en garde à ceux qui n'obtempéreraient pas assez promptement, aux réfractaires au Travail obligatoire et à leurs familles. C'est Philippe Henriot, secrétaire d'État à l'Information choisi par eux et collaborationniste acharné, qui produit finalement le texte que Pétain redoutait tant et qui paraît lui convenir.

Enfin, les « diplomates » allemands installés à côté du bureau du Maréchal mettent eux aussi la main à la pâte pour apporter les précisions nécessaires. Quand, après le débarquement, on juge bon d'appeler les militaires de carrière à s'abstenir absolument d'aider les Alliés, au nom de l'obéissance au chef de l'État, le consul allemand Renthe-Fink se charge lui-même des corrections et fait entériner l'ensemble, de sa main, par Pétain[26].

Celui-ci est toutefois amené à improviser beaucoup plus qu'il ne l'avait jamais fait, à l'occasion de visites aux villes bombardées que les Allemands sponsorisent en constatant que le Maréchal est réellement scandalisé par les attaques alliées. Ces improvisations révèlent que, conscient de se trouver dans une impasse, le chef de l'État ne se résout pourtant à renoncer ni à sa légitimité ni à son pouvoir.

Diffusion et censure

Les discours du maréchal Pétain ne sont pas seulement de la communication. Ce sont, pour certains d'entre eux, des événements qui déterminent l'histoire du pays. Leur nombre joue aussi dans cet impact. Cette pratique intensive est en rupture avec celle des hommes politiques de la IIIe République qui s'adressaient plutôt au pays au travers du Parlement. Il y a eu 120 discours, entre le 17 juin 1940 et le 20 août 1944, ce qui représente tout de même plus de deux interventions par mois (sans oublier toutefois que le rythme est très irrégulier). Les prises de parole officielles du chef de l'État ponctuent la vie publique, à tel point qu'on ne peut plus concevoir qu'il s'en dispense.

L'importance de ces discours se trouve établie et entretenue par leur diffusion. La moitié d'entre eux ont été radiodiffusés, en direct ou après enregistrement. Cette radiodiffusion est de surcroît annoncée par avance, ce qui en accroît la valeur. Toutefois, ce moyen de diffusion connaît des limites. Tous les Français sont loin de posséder un récepteur (il y en a 5 millions). Les contraintes techniques (la faiblesse des émetteurs en particulier) tout comme les interdictions faites par les Allemands restreignent la portée des émissions de la radio de Vichy à la seule zone libre.

Il faut donc compter avec la reproduction des discours par les quotidiens, ainsi que dans des brochures ou des recueils, voire sur des affiches. L'ampleur de cette diffusion peut être stupéfiante. Le discours de

Pétain sur le monde du travail, prononcé le 1ᵉʳ mars 1941 en public à Saint-Étienne, est radiodiffusé en direct et répété plusieurs fois dans la semaine qui suit. Il est imprimé à 1,1 million d'exemplaires dans le mois et vendu même en zone occupée : « Il faut que tous les ouvriers puissent le lire et le relire ; c'est un chef-d'œuvre qui fera mieux connaître le Maréchal. Il sera pour beaucoup le seul discours du Maréchal qui leur parviendra et qu'ils pourront conserver[27]. »

La diffusion et l'impression, quels qu'en soient les supports, impliquent un passage de la censure. En effet – et cela peut surprendre dans un régime autoritaire si identifié à son chef –, les propres discours de Pétain n'échappent pas à la censure. Une censure préalable à la diffusion, qui va en augmentant après que Laval a pris la haute main sur l'Information, puis après que l'occupant s'est installé à Vichy. C'est ainsi que l'allocution par laquelle le chef de l'État doit annoncer ses projets constitutionnels et tenter de reprendre l'intégralité du pouvoir gouvernemental, dans la soirée du 13 novembre 1943, est remplacée au débotté, après l'annonce solennelle du message, par la diffusion de l'opérette *Dédé*. Pendant ce temps, des soldats allemands occupent l'imprimerie du *Journal officiel*. À la fin de cette charmante retransmission, on déclare que le Maréchal n'a pas pu parler « pour des raisons imprévues ». Si la musique légère laisse évidemment les auditeurs étonnés, la courte information qui suit ouvre la porte à toutes les conjectures.

Une censure aussi de la reproduction écrite s'exerce par plusieurs canaux, pas tous convergents. En ce sens, les Français ont le plus souvent connaissance des discours de Pétain dans une version remaniée, résumée, édulcorée, voire réécrite par différentes censures qui se transforment ainsi en « auteurs » secondaires.

Le Maréchal n'est pas – nous y reviendrons – un grand improvisateur. S'il doit parler sans préparation, il cherche ses mots, commet des lapsus, éventuellement perd un peu le fil. Aussi son cabinet civil ou militaire, son secrétariat particulier et aussi les services de l'Information interviennent-ils pour corriger au moins les maladresses. En visite en Avignon, au mois d'octobre 1942, il répond *ex abrupto* au message de bienvenue de la Légion française des combattants (LFC). Le secrétariat particulier arrange ce qui pouvait paraître trop critique ou vindicatif.

> C'est moi, moi-même qui ai créé la Légion et pourquoi l'ai-je créée ? C'est pour avoir près de moi des amis fidèles ; ces amis fidèles me sont nécessaires à chaque instant et ils me sont nécessaires pourquoi ? D'abord pour infuser dans le pays ma pensée, cette pensée qui vous est communiquée en général et elle doit être reproduite intégralement. Il ne faut pas que de votre propre autorité vous changiez quoi que ce soit à mes intentions sinon nous finirions par ne plus nous entendre ensemble tout à fait. Par conséquent, si vous voulez que je continue à m'intéresser à vous et je le désire sincèrement… sincèrement… […]. Je sens que vous en avez besoin, que plus le temps avance, plus la séparation se fait risque de se faire entre vous et moi ; il ne **le** faut pas que cette séparation s'accentue ; je le sens très bien et je promets de tout faire pour cela[28].

De même, lorsque Philippe Pétain, recevant un train de prisonniers de guerre rapatriés d'Allemagne,

noie son message de bienvenue dans un flot de considérations pratiques, le texte est remanié avant publication, sur un ton plus soutenu et avec une portée
plus générale. Dans ses improvisations, le Maréchal
a du mal à démarrer, à « se chauffer ». Ses propos
peuvent être trop familiers ou trop décousus. Ce qui
passe dans l'ambiance du discours en public, ponc-
tué d'applaudissements ou d'acclamations, semble
parfois incongru lors d'une lecture à froid et suscite
des remaniements. Mais, de ce fait, même l'émotion
authentique – comme celle qui a fait verser à Pétain
des larmes et empêche la fin de son allocution à Épinal le 27 mai 1944 – disparaît sous la convention. Ce
contrôle tatillon n'empêche pas les bourdes puisque,
pour le premier anniversaire du 17 juin 1940, on
choisit d'intégrer dans le discours commémoratif du
Maréchal l'enregistrement de l'appel original, comprenant ce fameux « Il faut cesser le combat ».

Bien entendu, les modifications les plus signifi-
catives et les plus systématiques ont des motifs
politiques, éventuellement différents selon que les
censeurs sont français ou allemands. Le ministère de
l'Information peut avoir la main lourde, si bien que
le chef du cabinet civil a pris la peine de conserver
une copie corrigée du discours prononcé pour le premier anniversaire de la Légion française des combattants, avec cette précision signée de sa main : « Copie
faite par les services de M. Marion. Les rectifications
manuscrites ont été faites par moi pour rétablir le
texte du Maréchal[29]. »

La censure française veille aussi à la forme des
reproductions. Les consignes indiquent sur combien
de colonnes doit être présenté le texte, *in extenso* ou

non, avec quelle taille de caractères et d'interligne, en gras ou non, avec ou sans photo, sous quel titre, quelles phrases seront mises en exergue, quelles mesures seront rassemblées dans un tableau, quelles informations pourront (ou non) figurer sur la même page, s'il faut ajouter la signature du Maréchal pour authentifier le message. Mais aussi dans quel sens, sur combien de jours, sous quelle forme il sera commenté (ou pas), ce qui contribue à infléchir parfois substantiellement le propos initial. Il est spécifié si la version écrite officielle ou la retranscription de l'émission radio serviront de base à la reproduction et aux commentaires. Au printemps 1944, sur ordre allemand, on aboutit même à la reproduction au minimum des discours de Pétain. Sa personne et ses déplacements sont instrumentalisés sous la forme de photos et de titres. Ses allocutions sont à peine citées, de toute façon résumées de manière plus ou moins véridique, suppléées par les discours résolument collaborationnistes du secrétaire d'État à l'Information Philippe Henriot.

Consigne n° 1534 : Les journaux publieront obligatoirement [...] 6° sur trois colonnes, en tête de colonnes, le communiqué de la délégation générale du gouvernement français à Paris (titre : « Le maréchal de France, chef de l'État, s'est installé provisoirement en zone Nord » ; sous-titre : « Il prépare le programme des visites qu'il désire faire dans les villes dévastées ») ; 7° sous la précédente information, également sur trois colonnes, le texte de l'allocution prononcée par M. Philippe Henriot (surtitre : « Après l'installation du maréchal en zone Nord » ; titre : « M. Philippe Henriot souligne la haute signification de ce déplacement » ; sous-titre : « Le maréchal, a-t-il déclaré, démontre qu'il est vraiment le chef de la France. Sa personne, plus que jamais, devient le symbole de notre unité »)[30].

Quant à la censure allemande, elle se caractérise par sa simplicité. La radiodiffusion des discours est rare, subordonnée à une censure préalable et jamais en direct. Dans les reproductions publiées par les journaux de zone occupée, tout ce qui ne convient pas est coupé, généralement remplacé par des résumés orientés, tandis que des citations tronquées peuvent être montées en épingle. Vichy découvre *a posteriori* les résultats, qui peuvent aller jusqu'au *black-out* pur et simple, comme dans le cas du discours du 30 novembre 1940 sur l'expulsion de 70 000 Alsaciens et Lorrains.

Le verbe et l'image

En dépit de toutes ces manipulations, les discours de Pétain constituent – pour certains – des moments importants et sont – en majorité – présentés comme des événements. Bien des formules qui en sont extraites font l'objet de répétitions et de déclinaisons par les services de la propagande : « Je fais à la France le don de ma personne pour atténuer son malheur », « La patience est peut-être aujourd'hui la forme la plus nécessaire du courage », « Vous n'êtes ni vendus, ni trahis, ni abandonnés », « J'ai été avec vous dans les jours glorieux, je resterai avec vous dans les jours sombres »… Quitte à extrapoler quelque peu comme pour l'usage intensif que les collaborationnistes font de « C'est dans l'honneur [...] que j'entre aujourd'hui dans la voie de la collaboration » ou de « La vie n'est pas neutre », qui constituent leurs moyens de prédilection pour persuader les Français que le chef de l'État lui-même leur commande de s'engager aux côtés de l'Allemagne. Le Maréchal est rattrapé par sa vanité de se vouloir auteur de maximes[31].

Les discours sont donc les marqueurs de la nouvelle politique et définissent l'ambiance générale. Ils contribuent à la mise en scène du personnage de Pétain. Certains de ses déplacements servent de prétextes à un discours thématique. La construction du mythe se poursuit dans l'acte même du discours. Les commentaires utilisent toujours les mêmes ressorts, vantant la voix du Maréchal (pourtant fort peu propre à l'exercice), la magie du contact établi, les auditeurs groupés autour du poste, comme ceux qui se massent sur son passage, pendus à ses lèvres, convaincus, rassurés, séduits invariablement. La censure des photos illustrant la lecture des discours exclut les clichés où il figure chaussé de lunettes (erreur commise à l'été 1940). Tout doit traduire l'aisance et la gravité pour fonder l'autorité.

Mais, à l'inverse, ce public criblé de messages, de recommandations et d'ordres ne peut faire entendre sa voix, privé de la possibilité de voter, de manifester, d'exprimer ses opinions ou d'en lire la traduction véridique. Le Maréchal ne résiste guère à l'attrait du micro, mais il ne s'établit aucun dialogue et cette communication factice demeure décevante pour les deux parties.

Des faux authentiques

À certains moments, la question de la signature de ces textes se pose avec acuité. Il se dit de plus en plus, surtout à partir de 1942, que le Maréchal a été « obligé » d'endosser telle ou telle déclaration qui étonne ou choque. Au début, personne ne s'est demandé si Pétain écrivait lui-même le texte de ses interventions, au ton de surcroît très personnel. Le commentaire est alors tout entier au panégyrique de ses discours et de leur merveilleuse adéquation avec sa personnalité et sa pensée. Le lien direct avec les Français, déclinés même en diverses catégories, devient un poncif de la louange, puis de la propagande.

C'est à propos de certains messages écrits que l'authenticité est d'abord sujette à caution. Selon toute apparence, le texte « remis » à l'amiral Darlan en partance pour les colonies africaines (23 octobre 1942) est en fait écrit par l'amiral lui-même et « approuvé par le Maréchal, chef de l'État, et par le chef du gouvernement », selon la formule apposée sur une copie conservée par le cabinet[32]. Plus significatif est l'épisode ayant trait à la lettre aux volontaires français contre le bolchevisme pour laquelle l'ambassadeur Brinon aurait obtenu l'auguste signature presque par surprise[33]. Encore plus compromettants sont les télégrammes adressés, l'un au commandement allemand en France, l'autre à Hitler, pour féliciter les troupes allemandes d'avoir fait échouer le débarquement anglais sur Dieppe en août 1942. Leur existence même et certaines des formules qu'ils contiennent

(« le nettoyage rapide du sol français ») contribue-ront à motiver la condamnation à mort de Pétain en 1945. Pendant l'instruction, celui-ci utilise à plusieurs reprises l'argument de la manipulation, avec d'autant plus de sincérité que sa mémoire est devenue extrê-mement défaillante. « J'ai vu en effet ce message, mais il n'est pas de moi et l'on a dû surprendre ma signature sous un prétexte quelconque, à moins qu'on ne l'ait imitée. Tous mes messages figurent dans deux petits volumes imprimés[34]. » Lors du procès, le télé-gramme à Hitler donnera lieu à une exégèse effrénée entre accusateurs et avocats, pour le faire reconnaître comme un faux attribué au très collaborationniste secrétaire d'État Jacques Benoist-Méchin.

C'est en 1943 qu'il devient évident pour les audi-teurs que Philippe Pétain prononce des allocutions dont il n'est ni l'auteur ni même l'inspirateur principal. Chacun interprète alors les paroles qui le troublent ou le scandalisent comme une faiblesse ou une forfaiture du Maréchal. Cette divergence d'opinions reflète l'in-time conviction des auditeurs, mais aussi l'ambiguïté fondamentale du chef de l'État. Le discours diffusé le 25 avril 1944 choque les Français par sa violence contre « cette prétendue libération » et son soutien à la cause allemande. Pétain l'a esquivé, arguant qu'il risque de « mettre la France en révolte[35] ». Finale-ment, il accepte un texte préparé par Philippe Henriot et prononce des paroles si évidemment collaboration-nistes que nul ne peut s'y tromper. D'ailleurs, aucune copie n'en figure dans la collection « témoin » des dis-cours constituée par le cabinet. Ce message suscite bien de l'étonnement, voire de la révolte. Il consterne même des partisans du Maréchal, qui leur répond par un mélange de plaintes et de convictions devenu la manière de ses derniers mois au pouvoir :

> — J'y ai été obligé. Les Allemands m'ont assiégé pendant des semaines. À la longue, j'ai dû capituler. Mais, d'ailleurs, que me reproche-t-on ?
> — Avant tout d'avoir dit que les Allemands protégeraient la France.
> — Mais c'est ce que je pense[36].

C'est pourtant durant cette période que Pétain prononce le plus grand nombre d'allocutions improvisées. Elles sont censurées *a posteriori*, par remaniements ou remplacements. L'exemple le plus caricatural est sans doute le petit discours qu'il fait dans l'inspiration du moment, devant les Parisiens, lors d'une visite elle aussi presque impromptue. Une version mise au point par la censure allemande est substituée au texte original, moins pour évacuer ce qui a été dit que pour imposer ce qui ne l'a pas été. La version authentique a depuis lors été à peu près impossible à reconstituer.

Pendant ces quelques semaines, le maréchal Pétain ne tient pourtant pas de propos subversifs. Il s'efforce de livrer, avec prudence, le fond de sa pensée : il est et restera le chef, malgré son état de demi-captivité, il condamne les raids aériens alliés qui frappent la France, il appelle les Français à demeurer neutres et disciplinés. Le ton et la manière de s'exprimer doivent, autant que le fond, retenir l'attention.

Les circonstances exceptionnelles du printemps 1944 et son isolement croissant permettent à Philippe Pétain de s'exprimer sans préparation, en restant toutefois contraint par son autocensure dont l'effet inhibiteur est puissant. Résignés à limiter les dégâts et préférant voir venir plutôt que d'essayer de disputer le dernier mot avec les « diplomates » allemands faisant à Vichy fonction de garde-chiourme du chef de l'État, les débris des cabinets renoncent à préparer des discours pour les apparitions publiques du Maréchal. Celui-ci n'est pas devenu un orateur inspiré. Mais ce ne sont pas tant ses talents rhétoriques qui retiennent l'attention que ce qui est révélé de son état psychique. Sa mémoire, tout d'abord, lui fait constamment défaut. Il procède par association d'idées, s'abandonnant à quelque anecdote sans intérêt qui donne toutefois un air familier et sympathique à sa relation avec l'auditoire. Il lui faut un temps de plus en plus long pour digérer les émotions provoquées en lui par le spectacle des ruines de la guerre. Elles le poussent à exposer son impuissance et la vacuité de ses conceptions de l'action, y compris face à des problèmes essentiellement matériels (« Est-ce qu'on pourra reconstruire toute la ville sur les mêmes emplacements ? C'est une question qui me dépasse et dont je n'ai pas à m'occuper »). Encore impressionné par la détresse des habitants d'Épinal bombardée, auxquels il n'a su offrir que quelques bonnes paroles (« Je me mets à la disposition de votre préfet, du maire pour qu'ils continuent à m'intéresser au redressement de cette ville »), il ne peut parler d'autre chose aux Dijonnais venus le voir à la gare quelques heures plus tard. Il leur confie même sa difficulté à reprendre ses esprits : « Je vous présente quelqu'un qui était en train de dormir lorsque nous avons accosté à la gare. »

Or ces défaillances ne sont pas apparues seulement en 1944. Pendant les voyages qui ont tant fait, en

1941, pour son succès, sa fatigue est parfois bien visible. Ses propos publics désordonnés, ses conversations privées décousues laissent planer le doute sur sa lucidité. Georges Villiers, maire de Lyon, raconte que, lors de son passage dans un des hôpitaux de la ville, Pétain eut un moment de panique, ayant oublié où il se trouvait et ce qu'il était supposé faire. Un autre jour, improvisant un discours devant les habitants de Châteauroux, il retrouve peu à peu ses thèmes de prédilection, mais précédés d'hésitations, d'enfantillages, et présentés avec un manque de modestie prêtant à sourire. La presse est évidemment priée de s'abstenir de reproduire certains passages et d'arranger les autres, pour un résultat sensiblement différent de la transcription authentique établie par le cabinet.

> Allô… Allô… L'administration m'a tendu un guet-apens ! Je n'étais pas prêt à parler, je ne savais pas ce que je voulais vous dire, d'abord, et puis, j'ai trouvé ici des micros. Je suis bien obligé de vous dire quelque chose […]. J'ai passé une journée ici où je suis allé de surprise en surprise, à commencer par les exercices militaires que j'ai vus sur ce plateau ce matin. Quelques-uns d'entre vous sont venus et je crois qu'ils l'ont apprécié… C'est une armée qui revit. Je n'en dis pas davantage sur ce sujet. Il paraît que l'on n'a pas le droit de parler beaucoup de l'armée, parce que ça fait peur aux voisins…
> (Applaudissements.)
> […] On m'avait dit que j'allais prendre le train, mais vous n'êtes pas tous prêts à prendre le train, ce n'est pas possible, on ne pourrait pas vous emmener… Bon ! Eh bien, ce n'est pas la première fois que je viens à Châteauroux. Mais, la première fois, j'étais venu en

passant. Je croyais que Châteauroux était un grand village, tout simplement, mais que ça n'avait pas beaucoup d'importance et je me suis aperçu aujourd'hui que je m'étais complètement trompé. J'ai vu ici, ne fût-ce que le Centre social que je viens de voir qui est une perfection. Vous avez la chance de pouvoir vous instruire sur place, de faire des voyages dans les possessions françaises comme je viens de le faire maintenant, de vous instruire en toutes choses, d'avoir des ateliers à votre disposition ; véritablement, votre jeunesse est heureuse de pouvoir s'instruire sur place et elle doit être reconnaissante à ceux qui ont organisé de pareils foyers, de pareils centres d'instruction.

Les amis, je ne vous connais pas assez. Je suis surpris... Si je vous connaissais davantage, je pourrais vous raconter de petites histoires qui pourraient vous intéresser. Je pourrais vous parler de la manière de reconstruire la France. Eh bien, elle se reconstruit difficilement, parce que tout le monde n'y met pas toujours la bonne volonté qu'il faudrait.

(Applaudissements.)

On vient me demander de temps en temps : « Mais, qu'est-ce qu'il faut faire pour reconstruire la France ? » Vous avez tous un métier, eh bien, faites votre métier le mieux possible. Si chacun de vous, dans sa situation, quelle qu'elle soit, travaillait pour le mieux, certainement la France se relèverait d'elle-même, comme si elle était portée par toutes les volontés des habitants. Si j'ai une recommandation à vous faire, il y a une chose à laquelle je pense souvent : je pense à la fin de la guerre. Naturellement, je la désire la plus proche possible, mais si je pense au traité de paix qui surviendra, si nous avons l'union entre tous les Français, je peux vous promettre que le traité de paix ne sera pas désavantageux pour la France.

(Applaudissements.)

Mais, si vous voulez arriver à cette vérité que j'énonce maintenant, eh bien, il faut vous souvenir de ce que je vous dis : « Soyez unis entre vous. » Les Nations qui ne sont pas unies, je crois me rappeler, ça doit être dans l'Évangile et je dis beaucoup de choses qui sont dans l'Évangile sans m'en douter... les Nations qui ne sont pas unies périront.

[...] Si vous voulez que cette union se fasse par la volonté d'un seul, je représente assez la France pour que vous puissiez me suivre... Suivez-moi !

(Applaudissements.)

Même quand les instructions que je vous fais parvenir ne vous plaisent pas beaucoup, réfléchissez à leur portée et si vous les trouvez acceptables, si vous trouvez qu'elles sont dans le sens de l'intérêt français, n'hésitez pas, allez-y. J'ai confiance en vous, vous me suivrez...

(Applaudissements.)

(La foule chante « Maréchal, nous voilà ! ».)

Mes amis, vous venez de faire appel au Maréchal. Le Maréchal est avec vous. Il emporte de cette visite un souvenir inoubliable. Je peux dire que, jamais, dans le parcours que j'ai fait à travers la France, je n'ai été reçu d'une façon aussi émouvante... Mes amis, merci[37].

Cette très longue allocution montre les difficultés ressenties au début par Philippe Pétain pour se situer et mobiliser ses idées. Au fil des minutes, il parvient toutefois à se concentrer et à s'exprimer. Il n'est donc pas dépourvu de moyens intellectuels, même s'ils ne sont pas comparables à sa stupéfiante vigueur physique et à son évidente prestance. Plus généralement, nombre de ses interlocuteurs notent qu'il a de brèves mais profondes absences, que le chef de son cabinet civil nomme poliment « flottements ». Des rumeurs courent sur le temps limité durant lequel il peut soutenir son attention et les uns et les autres s'accusent mutuellement de profiter de ces affaiblissements cycliques pour chercher à obtenir une décision, une nomination ou… une signature. La mascarade de la charte du travail, durant laquelle huit versions profondément différentes, voire contradictoires, de la loi sont acceptées, puis rejetées par le chef de l'État en l'espace de quelques semaines, au gré des interventions, en est l'exemple caricatural. Les protagonistes finirent par se surveiller mutuellement à l'imprimerie du *Journal officiel* pour s'empêcher de publier ou pour mutiler une version concurrente…

Le 20 août 1944, les Allemands emmènent Philippe Pétain hors de Vichy, en direction de l'Est. Dans les heures précédentes ont été préparés une lettre de protestation à Hitler et un message d'adieu aux Français. Ils ont été dactylographiés pendant que les SS, chargés de faire démonstrativement la preuve de l'emploi de la force, pénétraient dans l'hôtel du Parc. À la première halte, ils sont ronéotés à la hâte à la préfecture de Moulins. Les quelques proches qui accompagnent le Maréchal se font fort de les semer sur leur passage pour prouver que Pétain est emmené contre son gré et demeure, malgré tout, la seule autorité légitime. Mais ni l'un ni l'autre de ces tracts improvisés, à la frappe peu soignée, ne porte de mention d'auteur ou de signature. Personne, dans l'entourage du chef de l'État, ne paraît avoir douté que tout Français comprendrait immédiatement qu'il s'agissait d'un message du Maréchal. Quelques années plus tard, l'auteur du message, Henri Massis, déposait aux Archives nationales le manuscrit autographe du texte[38].

Ainsi se concluent ces quatre années ouvertes par un appel – celui du 17 juin 1940 – qui était un acte politique créateur d'un événement historique majeur. Le maréchal Pétain a cherché à maintenir et renouveler cet impact de la parole, supposé aussi établir un lien essentiel avec les Français, d'autant plus fort que le chef de l'État paraissait le détenteur suprême du verbe et de l'autorité. Mais ces messages ont été minés par la prolifération des auteurs et des censeurs, par leurs contradictions internes, par leur éloignement avec les préoccupations et les convictions de leurs destinataires, par leur exploitation, leur banalisation ou leur détournement par la propagande, jusqu'à n'en faire plus qu'un exercice formel et sans portée.

3

Qui a écrit le premier statut des Juifs ?

Octobre 1940

En octobre 2010, à l'occasion du soixante-dixième anniversaire du premier statut des Juifs, Serge Klarsfeld et le Mémorial de la Shoah révélaient l'existence d'un brouillon, corrigé de la main du maréchal Pétain, très proche de la version définitive de la loi du 3 octobre 1940. Ce document, qui prouvait l'implication personnelle et la sévérité de Pétain, contredisait les affirmations de ses thuriféraires qui proclamaient depuis 1945 que le Maréchal avait limité les ravages de la Solution finale en France. Était-il, finalement, l'auteur de ce premier statut des Juifs dont personne, après la guerre, n'avait plus voulu endosser la responsabilité, alors que son adoption avait donné lieu, sur le moment, à une apparente unanimité gouvernementale ?

Les silences du Maréchal

Sur les opinions de Philippe Pétain à l'égard des Juifs avant 1940, on sait très peu de chose. Non seulement il n'en parle pas dans ses interventions publiques, mais le sujet est également absent de sa correspondance privée. Quant aux témoignages, ils sont à peu près muets à ce propos, si ce n'est pour préciser que le Maréchal avait des amis juifs, ce qui est vrai, mais ne revêt pas de signification politique ou idéologique.

Pétain s'est abstenu de prendre position au moment de l'affaire Dreyfus. S'il a bel et bien été choqué par les divisions qu'elle a suscitées dans l'armée, il n'a rien révélé de ce qu'il pensait de la culpabilité de Dreyfus ou du « syndicat juif », qui était supposé financer la campagne pour la révision de son procès. Cette prudence s'explique peut-être par la position qu'il occupait alors à l'état-major du gouverneur militaire de Paris : quoique subalterne, elle lui aurait permis de connaître les éléments qui, incriminant Esterhazy dans l'affaire d'espionnage au profit de l'Allemagne, exonéraient effectivement Dreyfus[1].

Le seul document qui donne une indication sur ses opinions est le texte d'une « protestation morale », datée du 16 novembre 1938, retrouvée dans ses archives personnelles et portant sa signature avec la date du 29 novembre. Cette protestation fait suite à la Nuit de cristal, survenue en Allemagne les 9 et 10 novembre, nuit de violences qui vit l'assassinat de centaines de Juifs, l'arrestation de dizaines de milliers d'autres, le saccage de plusieurs milliers d'entreprises et la destruction de synagogues. L'initiative de cette pétition revient au directeur du *Journal des débats*, institution vénérable, qui voulait s'inscrire dans un mouvement de protestation des nations civilisées et, pour ce faire, choisit de solliciter des personnalités prestigieuses ne comptant pas parmi les militants habituels de la lutte contre l'antisémitisme : le haut clergé, des membres de l'Institut ou de l'Académie française, dont le maréchal Pétain.

Philippe Pétain a signé ce texte, qui ne correspond pas à ses préoccupations habituelles, sans doute parce qu'il a été sensible à la qualité de celui qui le sollicitait et des autres signataires potentiels. Il a pu être convaincu par la référence à la protestation émise par le pape Pie XI que contenait ce texte. Il avait rencontré le pape et l'estimait. Ce texte contient aussi une critique méprisante de l'Allemagne qu'il peut avoir trouvé bienvenue.

On ne peut qu'être frappé par la contradiction entre l'une des phrases de cette protestation (« la proscription globale d'une religion ou d'un peuple ne peut se comprendre, encore moins se justifier, à une époque où la liberté de conscience et l'égalité devant la loi sont des principes proclamés dans tous les pays ») et le contenu du premier statut des Juifs qui sera revêtu de la signature de Philippe Pétain moins de deux ans plus tard. On sera donc porté à prendre en considération la partie du texte qui déplore le résultat des proscriptions – ces « troupeaux errants de sans-patrie, dépouillés de leurs ressources, chassés de leurs foyers séculaires et arrêtés à toutes les frontières » – pour se demander si le point crucial aux yeux du Maréchal ne portait pas sur l'arrêt ou non de ces réfugiés juifs à la frontière française. S'inquiétait-il de l'inhumanité des persécutions ou de leurs conséquences pratiques, qui faisaient affluer en France un nombre important de Juifs en déshérence, dont l'Allemagne se débarrassait sur un voisin trop complaisant[2] ? Ce souci en particulier correspond parfaitement à la différence mortifère entre Français juifs et étrangers juifs, à laquelle Pétain va bientôt s'accrocher.

Défaite et antisémitisme

Après la défaite de 1940 s'impose à Vichy une sorte d'antisémitisme d'évidence, qui tient pour acquis que la défaite de la France et la déchéance qui l'a précédée doivent quelque chose à la « trop forte » présence juive dans les rouages de l'État et dans les professions influentes. Pétain et son entourage semblent persuadés qu'il existe dans l'opinion française un puissant courant antisémite qu'il va falloir satisfaire. Conviction qui peut venir du courrier reçu par le chef de l'État et plus encore, peut-être, des conversations qui se tiennent dans la capitale provisoire, grouillante de visiteurs de toutes sortes. Plusieurs projets de lois interdisant aux Juifs l'accès à certaines professions ou établissant une répartition sévère entre Juifs anciennement et récemment français sont alors soumis au chef de l'État par des parlementaires[3]. Les archives de l'Église témoignent du fait qu'à la fin août, il est notoire que le gouvernement envisage un statut des Juifs[4]. Enfin, en juillet 1940, Laval a fait savoir à l'ambassadeur allemand Abetz que, parmi les gages de bonne volonté que le gouvernement pourrait donner, figurerait l'éviction des Juifs de la fonction publique[5]. Même si les Allemands ne sont pas demandeurs d'une législation antisémite française, Pétain et Laval anticipent la bonne impression qu'ils pourraient créer en s'inscrivant volontairement dans cet antisémitisme qui sera, à n'en pas douter, l'un des marqueurs de l'identité de la nouvelle Europe sous domination nazie.

L'idée d'un statut des Juifs est donc bien dans les esprits, statut dont la préparation doit logiquement être dévolue au ministre de la Justice Raphaël Alibert. Ce qui explique la phrase à la fois ridicule et choquante que rapporte le ministre du Travail, Charles Pomaret, phrase par laquelle Alibert se serait vanté d'être en train, avec son chef de cabinet, de « préparer un texte aux petits oignons[6] ».

Mais le projet d'un statut est un temps délaissé. Au gouvernement, certains doutent qu'une législation ouvertement raciste soit comprise par la majorité de l'opinion. On lui préfère une batterie de lois discriminant les Français récemment naturalisés, qui visent, d'une façon implicite mais évidente, les Juifs provenant surtout d'Europe centrale et qui ont acquis la nationalité depuis moins de dix ou quinze ans. Toutefois, en évoquant ces lois dans un discours du 13 août, Philippe Pétain lui-même ne fait aucune allusion aux Juifs, se contentant de citer « l'épuration de nos administrations, parmi lesquelles se sont glissés trop de Français de fraîche date[7] ». Il ne fera jamais mention publiquement de la « question juive » ou de l'antisémitisme.

Au cours du mois de septembre 1940 est préparée une allocution du Maréchal qui doit dresser le bilan des premières réalisations et esquisser un programme, comprenant éventuellement les mesures à venir contre les Juifs. Plusieurs projets de discours sont en cours d'écriture. Celui du cabinet du chef de l'État mentionne un futur statut des Juifs de façon détaillée :

> Les Juifs recevront un statut. Ils cesseront d'être citoyens français pour devenir sujets français avec toutes les conséquences qu'entraîne ce déclassement. Seuls parmi eux les combattants authentiques conserveront la qualité de citoyens. Quant aux immigrés indésirables, juifs ou non, installés en France depuis 1918, ils seront expulsés du territoire[8].

Selon toute apparence, c'est Yves Bouthillier, ministre des Finances et l'un des collaborateurs préférés du chef de l'État, qui a rayé ces lignes et noté dans la marge : « Pas encore, le pays *n'est pas antisémite* et Paris se contente des mesures contre avocats et médecins juifs. » Sur une feuille à part, il ajoute : « Je répète : pas encore. On dira que c'est un asservissement devant l'Allemagne, le racisme n'est pas apprécié dans ce pays parce qu'il est allemand. »

La course au statut

Une accélération décisive se produit lorsque, le 10 septembre 1940, le gouvernement apprend que les autorités allemandes préparent une ordonnance générale sur les Juifs en zone occupée, sans qu'on n'en connaisse le contenu exact. Il y aurait obligation pour les Juifs de se faire enregistrer, voire de se présenter auprès de la police. Mais les ministres semblent surtout frappés par les menaces de prise de contrôle, par les Allemands ou leurs hommes de paille, d'entreprises dont les propriétaires sont juifs. Leur désir est de sauvegarder au moins les apparences de la souveraineté française sur l'ensemble du territoire et de ne pas avoir l'air de subir une législation antisémite imposée par l'occupant. Il ne faut pas non plus se laisser décrocher sur le terrain antisémite devenu si évidemment crucial dans la perspective des futures négociations de paix. Pétain et Laval sont alors en pleine recherche d'une collaboration qu'effectivement Pétain appellera de ses vœux dans son message du 11 octobre.

L'ordonnance allemande en préparation est évoquée le soir même du 10 septembre, pendant le Conseil des ministres qui discute pour la première fois de la « question juive[9] ». Une course de vitesse s'engage pour que le gouvernement soit en mesure de rendre public un statut des Juifs édicté par le chef de l'État français, sans prendre de retard par rapport à la publication de l'ordonnance allemande. Cette ordonnance sera finalement datée du 27 septembre et le gouvernement de Vichy n'en aura connaissance qu'en fin de journée, le 1er octobre, sur les antennes de Radio Paris.

Hâte et confusion

De nos jours encore, l'identité de l'auteur du texte du premier statut des Juifs est impossible à déterminer avec certitude, faute d'archives. Et l'on se doute qu'après 1944, personne n'a revendiqué cette compromettante paternité. La Haute Cour de justice a multiplié les interrogatoires et accumulé les documents, sans trouver de preuve décisive. Les présomptions se sont concentrées sur le garde des Sceaux, Raphaël Alibert, et le ministre de l'Intérieur, Marcel Peyrouton.

Le ministre des Affaires étrangères, Paul Baudouin, qui a assisté au Conseil de cabinet et au Conseil des ministres où a été discuté le statut, mentionne dans son Journal « le statut préparé par Alibert » qui « est sévère, beaucoup trop sévère »[10]. Et le cardinal archevêque de Lyon témoigna qu'en novembre 1940, Alibert avait « pris entièrement à son compte la législation raciale et la jugeait opportune[11] ».

Pour des raisons qui ne sont pas éclaircies, Raphaël Alibert et les services du ministère de la Justice auraient toutefois été dessaisis du projet, au moins partiellement, au profit du ministère de l'Intérieur, dont le titulaire est Marcel Peyrouton. Pourtant, Alibert est à tous égards l'homme de la situation : ce projet entre à la fois dans ses compétences de ministre de la Justice et de juriste, et correspond à ses convictions d'antisémite patenté, au tempérament qui plus est vindicatif et emporté. Condamné par contumace en 1947 par la Haute Cour de justice pour atteinte à la sûreté intérieure et extérieure de l'État, notamment pour avoir « introduit une législation raciale », Alibert s'est toujours défendu d'être l'auteur du statut. « Je n'en ai pas écrit un seul mot. Ce n'est pas moi qui l'ai rapporté devant le Conseil des ministres. Ces différents actes furent l'acte [*sic*] de Peyrouton[12]. » Son affirmation est corroborée par un rapport de l'ambassadeur allemand

Abetz, du 8 octobre 1940, qui désigne effectivement Peyrouton : « Il se proposait d'interdire comme première mesure contre les Juifs leur maintien à des postes d'État dirigeants, leur activité dans la presse, la radio, le cinéma, le théâtre et l'exercice des professions libérales, dépassant le pourcentage des Juifs par rapport au total de la population. À cet effet, sera considéré [*sic*] comme juif [*sic*] toute personne ayant plus de deux aïeux juifs, tout comme en Allemagne[13]. »

Peyrouton lui aussi nia absolument, après la guerre, avoir pris part à l'élaboration du texte, ce qui ne prouve rien, étant donné qu'il nia tout autant et au moyen de mensonges avérés sa responsabilité dans la préparation et l'application des lois contre les francs-maçons, dans la dissolution des assemblées locales élues ou dans les arrestations d'hommes politiques de la IIIe République. Il prétendit s'être contenté de mettre en forme le texte d'Alibert, qui se chargea de le présenter en Conseil des ministres, tout en ajoutant que le Maréchal et lui-même s'étaient efforcés d'en réduire les effets[14]. Ces accusations réciproques entre Alibert et Peyrouton suggèrent plutôt que les deux hommes ont bien été associés à la rédaction de la loi.

Les anciens collaborateurs des ministres, appelés à témoigner soit après la Libération, soit des décennies plus tard, se sont montrés aussi prudents, pour éviter une épuration administrative, une incrimination judiciaire ou, tout simplement, l'opprobre qui frappe ceux qui ont été mêlés à la persécution des Juifs en France entre 1940 et 1944.

En outre, le processus de production de cette loi est particulièrement opaque. Toutes les étapes ordinaires en régime démocratique (projet gouvernemental, proposition parlementaire, examen en commission) disparaissent au profit d'une élaboration en comité restreint, à huis clos. Aux termes des actes constitutionnels de juillet 1940, le pouvoir législatif appartient en personne au chef de l'État qui l'exerce librement. La seule formalité qui demeure est de consulter le Conseil des ministres dont les délibérations ne donnent pas lieu à un procès-verbal. En outre, on se serait délibérément abstenu de consulter le Conseil d'État, car il y avait des Juifs en son sein[15]. On s'explique mieux que les archives n'aient révélé aucun document préparatoire au statut. Toutefois, une version définitive du texte, datée du 2 octobre, fut adressée aux autorités allemandes[16].

Une seule certitude se dégage donc : dans les tout derniers jours de septembre 1940, un projet de statut est prêt à être discuté en Conseil des ministres.

Les corrections faites par Pétain

Toutefois, on l'a dit, Serge Klarsfeld et le Mémorial de la Shoah ont recueilli en 2010 une pièce cruciale, puisqu'il s'agit d'un projet du statut portant des corrections de la main du maréchal Pétain[17]. Il est probable qu'il a été conservé dans la famille d'un membre des équipes qui, soit à l'Intérieur, soit à la Justice, soit au cabinet du chef de l'État, ont participé à la mise au point du texte de la loi. D'autres documents manuscrits de Pétain ont d'ailleurs émergé en 2008, sans que la provenance en ait été révélée[18].

Ce document est le plus ancien connu à ce jour, puisqu'il daterait soit du 30 septembre (jour du

Conseil de cabinet), soit du 1er octobre 1940 (jour du Conseil des ministres où fut discutée la version définitive). Les annotations suggèrent une intervention du Maréchal en personne. Certains observateurs ont fait remarquer qu'il pouvait s'agir de simples prises de notes. Mais, d'une part, on imagine mal le chef de l'État se contentant de servir de secrétaire pendant le Conseil des ministres. D'autre part, en admettant qu'il ait effectivement reporté les suggestions d'autrui, on peut estimer qu'il les a entérinées, puisqu'elles se retrouvent dans la version définitive publiée au *Journal officiel*. Enfin, le fait qu'il ait inscrit lui-même ajouts et modifications – qu'ils aient été personnels ou non – montre l'intérêt particulier qu'il a attaché au statut : il n'est pas du tout habituel de retrouver des projets de loi annotés de sa main.

Un résumé du Conseil de cabinet du 30 septembre (peut-être établi par le secrétaire général à la présidence du Conseil) montre à quel stade en sont alors les discussions sur le projet, mais sans que l'on sache quelle personne a tenu tel propos ou donné telle information.

> Statut des israélites (avant-dernière discussion).
> Mesures diverses (200 000 israélites étrangers).
> Résidence d'établissement : camps de concentration.
> Révision des noms patronymiques (épuration).
> Écartés de toute fonction privée ayant incidence sur l'Éducation ou l'action sur le moral. Dans un délai de deux mois à compter de la promulgation pour les fonctions publiques. Pour les autres professions, dans un délai d'un mois à partir du règlement d'administration publique.
> Note explicative (ministère de l'Intérieur) presse et radio.

Rappel de la nécessité des communiqués substantiels de vulgarisation pour tout acte important[19].

On remarque l'intérêt attaché à l'enseignement et à l'« action sur le moral », qui font penser aux obsessions de Pétain depuis son intervention, en 1917, pour juguler la crise dans l'armée. On va d'ailleurs les retrouver dans ses corrections manuscrites au projet.

Le statut des Juifs du 3 octobre 1940 a pour caractéristique de définir, en son premier article, les personnes juives comme ayant trois grands-parents de « race juive » (ou deux si leur conjoint est lui-même de « race juive »). Cette définition est pour le moins déconcertante du point de vue juridique. En outre, le critère de judéité recréée par le mariage aggrave les conditions édictées par la toute récente ordonnance allemande (qui utilise la religion comme critère). Or, à ce premier article, Pétain n'apporte aucune modification. On peut admettre qu'il n'ait pas eu les connaissances juridiques nécessaires pour percevoir les difficultés pratiques qu'une telle définition posait. Mais on constate qu'il n'a eu ni assez de bon sens, ni assez de cœur pour voir ce qu'une telle définition, plus sévère que celle choisie par les Allemands, traduisait de précipitation en même temps que de haine.

Cette définition a d'abord pour but de permettre des interdictions à des emplois publics et à des fonctions électives, et c'est l'objet de l'article 2 qui en dresse une liste longue et détaillée. À la fin du paragraphe où sont énumérées les plus hautes fonctions publiques, Pétain ajoute de sa main « justice de paix », puis « toutes assemblées relevant de l'élection ».

La correction suivante est purement stylistique, ce qui n'étonnera pas, connaissant les habitudes de Pétain. Il y en a d'ailleurs quelques autres dans la suite du texte. Puis, à la liste des fonctions publiques interdites, il pense à ajouter l'inspection des Colonies, montrant un grand souci du détail dans la brimade. De même, il complète l'énumération des postes de l'Éducation nationale interdits aux Juifs par une généralisation : « Tout membre du corps enseignant. » Le ministre des Finances, Yves Bouthillier, aurait déploré, devant le secrétaire d'État aux Communications, qui n'assistait pas au Conseil, n'avoir pu « sauver ni les ingénieurs des Mines, ni les ingénieurs des Ponts et Chaussées, pas plus que les inspecteurs des Finances », et n'avoir pu « repêcher que les ingénieurs des PTT »[20]. On peut supposer qu'il y a donc eu au moins une ébauche de discussion.

À l'article 3, le Maréchal supprime l'une des conditions qui auraient permis aux Juifs d'accéder à des postes subalternes dans la fonction publique : « être descendant de juifs nés français ou naturalisés avant l'année 1860 », pour ne laisser que les exemptions de nature militaire. Ce qui exclut un grand nombre de Français (et toutes les Françaises) et montre qu'à ce stade et sur ce point le Maréchal ne marque aucune différence entre Français juifs « anciens » ou récents.

Les dérogations pour titres militaires ne sont pas applicables aux interdictions concernant la presse, le cinéma, la radio et les entreprises de spectacle. Ces interdictions nombreuses et précises renvoient à cette notion d'« action sur le moral » qui pourrait bien être héritée du Pétain de 1917, ravivée en 1939 lorsqu'il avait espéré que le gouvernement, après la déclaration de guerre, ferait appel à lui pour une sorte de mission de conseiller en maintien du moral des soldats et des civils. Ici ne figure aucune correction, comme si l'énumération avait déjà fait l'objet d'un travail soigneux et exhaustif.

Deux autres corrections de quelque importance se trouvent à la fin du projet. Le Maréchal supprime la limite de temps impartie aux pensions consenties aux fonctionnaires juifs révoqués. Il ajoute la publication au *Journal officiel* des motifs justifiant les éventuels relèvements d'interdiction pour service exceptionnel.

Ces ajouts ou suppressions ne sont pas anodins. À une exception près, ils aggravent les dispositions prévues. Ce constat confirme le seul témoignage direct sur l'attitude de Pétain dont on a disposé pendant plus de soixante ans, celui de Paul Baudouin qui, dans l'édition de son Journal publiée en 1948, avait écrit à la date du Conseil des ministres du 1er octobre :

> Long conseil des ministres où pendant deux heures est étudié le statut des israélites. C'est le Maréchal qui se montre le plus sévère. Il insiste en particulier pour que la Justice et l'Enseignement ne contiennent aucun juif[21].

Ces considérations, que l'on trouve précisément parmi les ajouts manuscrits sur le projet, constituent bien une signature et ce souci de l'enseignement (et du moral) répond évidemment aux idées que Philippe Pétain développe sur le sujet depuis plusieurs années. Cela n'exclut toutefois pas qu'il ait adopté, durant le Conseil, telle ou telle suggestion faite par l'un ou l'autre des ministres.

La publication

La publication de la loi portant statut des Juifs au *Journal officiel* intervient seulement le 18 octobre 1940, car il a fallu attendre l'accord allemand. La loi commence par la formule « Nous, Maréchal de France, chef de l'État français, Le conseil des ministres entendu ». Elle est revêtue des signatures de Philippe Pétain et des neuf ministres de plein exercice.

Le texte définitif reprend les modifications notées par Pétain, ce qui est logique puisque les actes consti-tutionnels font de lui celui qui décide en dernier ressort. Une déclaration gouvernementale accom-pagne cette publication, pour l'expliquer et la jus-tifier. La rédaction de ce communiqué paraît avoir été confiée à Peyrouton et aux services du ministère de l'Intérieur, conformément aux décisions prises durant le Conseil de cabinet. Il faut remarquer que le communiqué est non seulement très antisémite, mais aussi très vindicatif, derrière une façade rai-sonnable et raisonneuse. Il confirme que les mesures discriminatoires contre les Juifs (et dans une mesure moindre contre les étrangers) ont été envisagées aus-sitôt le nouveau gouvernement au pouvoir. Une part importante de la défaite est attribuée aux Juifs et l'on sous-entend que si leur action se prolongeait, elle entraverait l'œuvre de redressement en cours. Les « Juifs » apparaissent comme un ensemble, plu-tôt plus nocif que les étrangers. Tout ce discours est asséné sur un mode d'évidence. La dernière phrase, caractérisant la « question juive » comme un pro-blème « universel », peut vouloir suggérer que la

France n'a pas eu besoin de l'exemple nazi pour en prendre la mesure et y remédier[22].

On ajoutera que paraissent en même temps que le statut une loi permettant l'internement des étrangers juifs et une autre qui abroge le décret Crémieux de 1870 et retire la nationalité française aux « Juifs indigènes » d'Algérie. La première de ces lois porte la signature du ministre de l'Intérieur, Marcel Peyrouton, comme premier contreseing et celle du garde des Sceaux Alibert intervient en troisième position. L'ordre est inversé pour l'abrogation du décret Crémieux.

Très logiquement, le chef de l'État, revêtu de l'autorité suprême, est le destinataire des réactions suscitées par l'annonce de ce statut qui met si évidemment à mal l'État de droit, supprime des libertés publiques fondamentales, mais aussi brise la vie de plusieurs centaines de milliers de personnes. Le fait que des Français estiment qu'une protestation pourrait être utile montre d'ailleurs qu'ils ont compris qu'il s'agit bien d'une loi française et non d'un diktat allemand.

Le 22 octobre, le grand rabbin de France exprime au Maréchal la consternation ressentie par la communauté israélite à la lecture du statut et du violent communiqué justificatif. Il rappelle les sacrifices patriotiques de ses coreligionnaires, mais aussi leur adhésion au nouveau régime et à son programme de rénovation[23]. Pétain met trois semaines à lui répondre et le fait assez sèchement, dans un registre qui ne met en avant que les notions de sacrifice et d'obéissance. Le chef de l'État assume pleinement le statut dans son ensemble. Les protestations ou les réserves sont délibérément ignorées.

L'obéissance à la loi est un des principes essentiels de tout État et une des conditions indispensables au redressement de la France que je poursuis, vous le savez, de toutes mes forces, en faisant appel au dévouement et, si besoin est, à l'esprit de sacrifice de tous mes concitoyens, dans quelque situation qu'ils se trouvent placés. Je suis heureux de constater que vous êtes ainsi dans les mêmes sentiments et je vous remercie de les avoir exprimés[24].

S'il passe allègrement sur les objections humaines au statut, le Maréchal peut-il ignorer la prompte révélation de ses piètres talents de législateur ? En effet, à peine publiée, la loi du 3 octobre 1940 se heurte à une longue série de difficultés d'application, qui obligent ministres et hauts fonctionnaires à échanger une abondante correspondance et à tenir des réunions de coordination. Le début de l'ordre du jour de la première de ces réunions suffit à suggérer l'étendue du problème : « M. Lagrange propose d'examiner les questions article par article […]. Article 1er : la difficulté essentielle est celle de la détermination de la qualité de juif[25]. » Les préjugés, l'esprit de revanche et les solutions factices montrent leurs limites sur le terrain du droit.

L'application du statut des Juifs provoque le licenciement de 2 900 fonctionnaires, dont un bon tiers dans l'armée et un autre à l'Éducation nationale, ce qui satisfait somme toute les priorités définies par le Maréchal. Si les dérogations prévues pour les anciens combattants fonctionnent, les bénéficiaires de l'article 8 sont aussi exceptionnels que les services qu'ils doivent avoir rendus pour avoir droit à une dérogation : dix-huit en tout. Le Conseil d'État se montre sévère dans l'interprétation de la loi, répondant ainsi à l'intention du législateur. Ces éléments contredisent l'idée que le statut serait un texte de façade destiné à couper l'herbe sous le pied des Allemands. La chronologie de sa préparation et de son adoption prouve que les occupants n'ont pas, à ce moment-là, exigé ni même suggéré que le gouvernement français dote le pays d'une législation antisémite.

Le premier statut des Juifs est donc d'origine française. Il a été envisagé, dès juillet 1940, comme un remède aux causes de la défaite et comme un moyen de se mettre au diapason de l'« Europe nouvelle » dominée par l'Allemagne nazie. Préparé dans la hâte pour ne pas paraître à la traîne de l'occupant, écrit en petit comité, peut-être moins par souci du secret qu'en vertu de la nouvelle concentration des pouvoirs entre les mains de Pétain, le statut n'avait pas laissé de trace documentaire. Ce sont des faisceaux d'indices et des témoignages qui ont fait désigner, avec raison, Alibert et Peyrouton comme les deux ministres qui ont porté le projet, sans que l'on puisse toutefois cerner comment le travail a été réparti entre eux. La révélation du brouillon corrigé par Philippe Pétain révèle la part qu'il a prise lui-même à l'élaboration des détails du statut et prouve qu'il n'a été préparé ni en dehors de lui, ni sans qu'il ait donné des consignes.

Reste à savoir quelle part allait tenir cette législation antisémite française et quelle serait l'action du gouvernement de Vichy dans la mise en œuvre de la Solution finale en France.

4

Le retour des cendres de l'Aiglon
Décembre 1940

Le 14 décembre 1940, à 21 heures, le sarcophage de bronze renfermant les cendres du duc de Reichstadt, fils de Napoléon, arrive en gare de l'Est à bord d'un train spécial en provenance de Vienne. Une garde d'honneur allemande est en place sur le quai. On ouvre les portes du wagon transformé en chapelle ardente. Vingt-quatre hommes sont nécessaires pour sortir le sarcophage de huit cents kilos et le déposer sur une prolonge d'artillerie, ensuite attelée à une autochenille. Depuis la gare, un convoi se forme avec des autos blindées et une dizaine de voitures. À bord n'ont pris place que des Allemands. Le convoi s'ébranle à minuit, avec la plus grande lenteur, dans la nuit glaciale où tombe une neige à demi fondue. Les rues sont désertes, vidées par le couvre-feu imposé par l'occupant qui commence à 23 heures. Le bruit des véhicules ne peut que susciter les questions ou les inquiétudes des riverains, le long du trajet qui va de la gare de l'Est aux Invalides.

Devant l'église Saint-Louis, à peine quelques dizaines de Français, hauts fonctionnaires, officiers, personnalités, invités attendent depuis plus d'une heure, transis de froid. Dans la cour, deux cents gardes républicains portant des torches forment une double haie.

Vers 1 h 30, le convoi pénètre sur la place Vauban et s'immobilise. Des soldats allemands transfèrent le lourd cercueil à l'intérieur des grilles et le déposent sur des tréteaux. Quelques propos confus, qu'on aurait voulus solennels, sont échangés entre officiels allemands et français :

> — Du moment que le cercueil de bronze a franchi la grille des Invalides, les cendres du duc de Reichstadt redeviennent françaises et reposeront à tout jamais sur le sol de France.
> — Je vous remercie de nous avoir rendu le fils de notre Empereur.

Une sonnerie militaire. Les tambours roulent sourdement. La neige a redoublé. Les gardes républicains soulèvent à leur tour le cercueil et le portent dans l'église, suivis des invités.

L'organiste joue un requiem. D'épais nuages d'encens flottent. Le dôme est tendu de voiles tricolores. Le sarcophage, recouvert d'un vaste drap tricolore, est placé sur un catafalque au pied du maître-autel. Au sol, un tapis pourpre constellé d'abeilles impériales. Après une brève absoute, tous rentrent se réchauffer[1]. Devenue un simple épisode dans une succession d'événements inattendus et inquiétants, l'étrange cérémonie s'achève.

L'Aiglon

Le duc de Reichstadt, fils de l'empereur Napoléon Ier et de l'archiduchesse autrichienne Marie-Louise, qui avait été brièvement roi de Rome, et plus brièvement encore Napoléon II, s'était éteint au palais de Schönbrunn à Vienne, le 22 juillet 1832. Son corps, enfermé dans un double cercueil et un sarcophage de bronze, reposa dès lors en l'église des Capucins. Son cœur fut remis à la paroisse du palais impérial et ses viscères à la cathédrale Saint-Étienne, suivant la tradition des Habsbourg, héritée du Moyen Âge.

Lorsqu'en 1840, le roi Louis-Philippe prit la décision de rapporter de Sainte-Hélène les cendres de Napoléon Ier, nul ne songea à y associer la dépouille de son fils. Ce rapatriement fut annoncé par surprise à la Chambre des députés, qui l'acclama. Les autorisations anglaises – nécessaires, puisque l'Empereur était mort et reposait en terre britannique – furent obtenues sans difficulté. Plusieurs navires partirent, commandés par le prince de Joinville, troisième fils du roi, entouré de personnalités, dont la plupart des derniers compagnons de Napoléon.

L'exhumation et le transfert de la bière furent exécutés par les Britanniques, qui la remirent ensuite aux Français. Pendant le voyage du retour survint une très grave crise franco-anglaise à propos de l'indépendance de l'Égypte. Quand les navires rentrèrent en France, le gouvernement, accaparé par les risques de confrontation militaire, n'avait guère avancé les préparatifs. Le cercueil remonta la Seine en bateau jusqu'à Courbevoie, où son arrivée fut annoncée aux Parisiens par le canon des Invalides. La translation eut lieu le lendemain, 15 décembre 1840, sur un char haut de onze mètres, devant un million de personnes. Dans la cour d'honneur des Invalides, le prince de Joinville remit la dépouille au roi. Suivit une cérémonie de deux heures où fut joué le *Requiem* de Mozart. Le cercueil resta exposé dans le chœur de l'église Saint-Louis, puis dans une chapelle ; le tombeau définitif ne fut achevé qu'en 1861, sous le Second Empire[2].

Napoléon III, précisément, demanda en vain la remise de la dépouille de son cousin. La IIIe République n'aurait pas eu plus de succès auprès de l'empereur François-Joseph, mais ne s'y essaya pas. Même la mode romantique pour l'Aiglon, suscitée par la pièce éponyme d'Edmond Rostand, en 1900, ne suscita aucune initiative d'ampleur. Lorsqu'en septembre 1919 le traité de Saint-Germain-en-Laye consacra la disparition de l'Empire austro-hongrois, la France aurait sans doute été en position, en tant que vainqueur, d'exiger la remise des cendres du duc de Reichstadt. Nul, apparemment, n'y songea.

À l'approche du centenaire de sa mort, un comité de fervents napoléoniens sollicita la famille impériale autrichienne, dorénavant en exil, qui promit son accord si une demande officielle lui était présentée par le gouvernement français. Mais il n'y avait ni consensus ni surtout de véritable intérêt de la part des milieux politiques qui ne sentaient, effectivement, aucun mouvement d'opinion. Le projet ne fut pas davantage évoqué quand un nouveau comité de prestige se forma, au début de 1939, pour commémorer le retour des cendres de l'Empereur.

Pourtant, les cendres de l'Aiglon, qui durant plus de cent ans n'avaient retenu l'attention que d'une poignée de passionnés, allaient soudain se voir promues au rang de symbole significatif, presque d'enjeu.

Hitler entre en scène

L'Anschluss, c'est-à-dire le rattachement de l'Autriche à l'Allemagne le 15 mars 1938 (en violation du traité de Versailles), a sa part dans ce changement. C'est désormais le Reich nazi qui s'arroge la haute main sur ces restes, comme sur tous les lieux ou les symboles de l'histoire des Habsbourg. Jacques Benoist-Méchin, journaliste et ardent militant du rapprochement entre la France et l'Allemagne nazie, suggère la remise des cendres du fils de Napoléon à la France, à titre de gage de bonne volonté après la succession de violations du traité de Versailles perpétrées depuis 1933 par le nouveau régime allemand. Il propose cette idée, à Berlin, au ministre des Affaires étrangères Ribbentrop, quelques semaines à peine après la conclusion des accords de Munich, qui ont sacrifié la Tchécoslovaquie. Ribbentrop doit se rendre à Paris au début de décembre 1938 pour entériner en grande pompe l'« esprit nouveau » par la signature d'un pacte de non-agression. Pourquoi ne pas en profiter pour offrir, dans une initiative spectaculaire, de restituer le cercueil de l'Aiglon ? Hitler, à qui Abetz (employé par Ribbentrop pour la propagande en faveur de la réconciliation franco-allemande) présente le projet, est convaincu : ce geste, au mieux sentimental, ne coûtera rien à l'Allemagne et créera dans l'opinion française une impression favorable[3]. Pourtant, il se ravise, préférant autoriser l'Italie fasciste, son alliée, à augmenter la pression sur la France en exprimant bruyamment ses revendications territoriales, y compris sur la Corse. Dès lors, une révérence allemande au plus fameux et éminent natif de l'île de Beauté pourrait passer pour une caution à l'appartenance de la Corse à la République française. Le projet est abandonné et Ribbentrop esquive la visite envisagée au tombeau de l'Empereur durant son séjour à Paris.

Viennent la déclaration de guerre, la déroute des armées françaises, la demande d'armistice. Dans les premières heures du petit matin, le 23 (ou le 28) juin*, Hitler effectue une visite privée des plus beaux monuments et des plus belles perspectives de Paris, entouré d'une troupe hétéroclite d'officiers de haut grade, de photographes, de cameramen, d'anciens compagnons d'armes de la Grande Guerre et de familiers, comme les architectes Albert Speer et Hermann Giesler et le sculpteur Arno Breker. Durant son périple d'un peu moins de trois heures, il s'arrête pour quelques visites, dont celle des Invalides. Sous le dôme, il se recueille ostensiblement devant le tombeau de Napoléon (et face à un photographe), répliquant sans doute le geste de Napoléon devant le cercueil de Frédéric II, après son entrée en vainqueur à Berlin, en octobre 1806.

---

* En l'absence de documents contemporains retraçant l'emploi du temps d'Hitler, seuls les témoignages, malheureusement divergents, permettent de placer cette visite soit le 23, soit le 28 juin 1940.

Hitler tenait sa casquette à la main, contre sa poitrine. Il s'inclina. Un silence solennel et imposant nous entourait, raconte Breker. [Il] parla du duc de Reichstadt, le fils de Napoléon, dont les restes reposaient à Vienne. Un geste magnifique de réconciliation avec le peuple français lui semblait être impératif. Il donna l'ordre de transférer les cendres du duc de Reichstadt à Paris pour qu'elles fussent placées aux côtés de celles de son père[4].

En quittant les Invalides, Hitler ordonne tout aussi bien que les prises de guerre d'origine allemande conservées au musée de l'Armée retournent dans le Reich. À terme, ce seront deux mille objets du musée de l'Armée qui quitteront la France, parmi des milliers d'œuvres d'art, d'archives et de richesses diverses spoliées dans des collections publiques et privées[5].

La décision concernant les restes du roi de Rome n'a pas jailli spontanément dans l'instant solennel du recueillement. Le secret, pourtant, en est jalousement gardé. Le projet n'est pas du tout évoqué lors des rencontres entre Hitler et Laval, le 22 octobre 1940, puis entre Hitler et Pétain, le 24, à Montoire. Pour illustrer l'annonce du principe de la collaboration entre le vainqueur et le vaincu, le Führer paraît avoir considéré que la photo – il est vrai extrêmement frappante – de sa poignée de main avec le maréchal Pétain suffisait.

En quête de la collaboration

En dépit du silence de Montoire, le sort des cendres de l'Aiglon va se trouver étroitement associé aux développements erratiques de la politique de collaboration. Même si la rencontre du 24 octobre a été, quant à sa date, son lieu et sa forme, une surprise, Pétain et son gouvernement étaient depuis plusieurs semaines demandeurs d'un dialogue entre les deux pays, au plus haut niveau. À Montoire, rien n'a été décidé, si ce n'est le « principe » de la collaboration, dont les modalités pratiques n'ont pas été arrêtées. Ce qui n'empêche pas tous les protagonistes d'avoir leur propre idée sur ce qu'elles devraient être. À peine les premières salves de la propagande sur l'« esprit de Montoire » tirées, l'Allemagne s'est pourtant chargée de rappeler tout le monde aux réalités en montrant, par quelques décisions bien senties (expulsion de Juifs du Palatinat vers la zone libre, expulsion de dizaines de milliers d'« indésirables » hors de Moselle) ce qu'il faut comprendre par « collaboration ». Toutes les demandes françaises relatives à d'éventuels allégements matériels au régime d'occupation sont ignorées, tandis que les exigences allemandes continuent quant à elles à se multiplier. Philippe Pétain se sent dupé, mais en impute la responsabilité plus volontiers à son vice-président et ministre des Affaires étrangères, Pierre Laval, qu'aux choix sciemment faits par Hitler.

« Cette politique est la mienne », a déclaré Pétain en annonçant la collaboration aux Français. Mais Laval, qui se présentait depuis juillet 1940 comme l'homme utile, pose dorénavant à l'homme indispensable, qui

seul saura négocier avec les Allemands une amélioration du sort de la France, maintenant et pour le futur
traité de paix. Il mène son action en solitaire, délaissant Vichy pour Paris et l'ambassade d'Allemagne
(dévolue à Abetz), affectant d'ignorer ses collègues,
dont il convoite ostensiblement certains départements
ministériels pour accroître son pouvoir, et négligeant
de tenir le Maréchal au courant de ce qu'il fait, dit
ou promet. On le soupçonne de céder beaucoup, sans
obtenir quoi que ce soit, et de mener la politique de
la France pour la plus grande gloire de Pierre Laval.
Ses accointances avec les milieux parisiens qu'on
appelle maintenant « collaborationnistes », qui sont
autorisés, stipendiés et manœuvrés par l'occupant,
suggèrent qu'il s'est abouché avec une équipe rivale
de celle de Vichy. La succession d'éditoriaux dans
L'Œuvre de Marcel Déat – qui prend ses ordres toutes
les semaines à l'ambassade d'Allemagne – attaquant
les ministres, les officiers supérieurs et les membres
des cabinets de Pétain, pour conclure : « Il faut les
chasser », accrédite l'idée qu'on va tenter de former à
Paris un gouvernement concurrent de celui de Vichy,
avec la complicité allemande. Laval fera mine de se
poser en conciliateur, à la faveur de ses séjours répé-
tés à Paris, et finira par prendre la tête d'un nouveau
gouvernement qui ne comptera que ses propres affidés. Éventuellement, il utilisera l'acte constitutionnel
qui le désigne comme successeur du chef de l'État,
pour le démettre.

Dans les premiers jours de décembre 1940, Philippe Pétain se laisse convaincre par des ministres et
des proches collaborateurs de la nécessité de révo-
quer Laval pour garder la main sur la politique de la

France. Son représentant dans les territoires occupés, le général de La Laurencie, se voit chargé, en toute discrétion, d'arrêter Déat et de faire parvenir à Hitler, par le truchement de l'administration militaire, une lettre par laquelle le Maréchal demande la possibilité d'écarter Laval pour donner une nouvelle impulsion à la politique de collaboration. Mais, à peine rentré à Paris, le 10 décembre au matin, La Laurencie est averti de surseoir à ces consignes. De surcroît, Pierre Laval lui annonce bientôt, de son côté, une nouvelle invitation du Führer au chef de l'État.

Une embarrassante invitation

En fait, les Allemands viennent de faire savoir à Laval qu'une cérémonie du retour des cendres de l'Aiglon est prévue dans la nuit du 14 au 15 décembre 1940. Selon leur projet, la dépouille serait remise au maréchal Pétain au milieu des honneurs militaires allemands. Laval téléphone à Vichy pour vanter la noblesse du geste d'Hitler et promouvoir l'invitation. Il va se mettre en route avec de plus amples détails.

Sur place, c'est la consternation. L'« invitation » pose en effet deux types de problèmes. Sur la forme, tout d'abord, cette convocation surprise réplique celle de Montoire. Comment préserver la dignité et l'indépendance du chef de l'État s'il doit répondre toutes les six semaines, et dans des délais d'à peine quelques jours, à des invitations comminatoires du chancelier allemand en territoire français ? D'autant plus si son premier séjour à Paris depuis l'armistice consiste à répondre à une convocation pour un motif somme

toute anecdotique, au milieu d'un déploiement de soldats allemands à la parade, installés comme chez eux.
Le discrédit et l'humiliation sont assurés, alors que
toutes les sources confirment que la population des
territoires occupés se sent incomprise et abandonnée.

Sur le fond, le projet est encore plus inquiétant.
Cette convocation sous un prétexte futile est néanmoins difficile à décliner, sous peine de provoquer un
incident diplomatique aux conséquences inconnues.
En même temps, elle semble concorder un peu trop
opportunément avec la manœuvre gouvernementale
qui se tramerait à Paris. Le plan paraît se révéler dans
une éclatante limpidité : on attire le Maréchal à Paris
presque seul ; là, pour une raison quelconque, on le
retient, on le coupe de son gouvernement ; livré à
l'influence exclusive de Laval et des affidés de l'occupant, il entérine la formation d'un nouveau gouvernement à Paris ; on lui extorque ses fonctions de chef
du gouvernement pour n'en plus faire qu'un chef de
l'État symbolique, qu'on renverra éventuellement en
zone libre.

Cet argumentaire est-il sincère ? Ceux qui écha-
faudent cette théorie y croient-ils eux-mêmes ? En
tout cas, depuis plusieurs semaines qu'ils font le
siège de Pétain pour obtenir le renvoi de Laval sans
cesse remis, l'occasion est magnifique de démontrer
au Maréchal qu'il est personnellement en péril du fait
des combinaisons de Laval.

Pétain décide donc de décliner l'invitation, simple
« suggestion » selon lui, minimisant encore la portée
du transfert des cendres en le qualifiant de « symbolique », et prévient son ministre des Affaires
étrangères, par lettre et par téléphone[6]. Entre-temps,

Laval reçoit une lettre du Führer pour le Maréchal. Elle ne contient aucune invitation explicite. C'est de lui-même – et sans doute en accord avec Abetz – que Laval juge bon de se précipiter à Vichy, en compagnie de Brinon (son représentant personnel auprès des autorités d'occupation), pour convaincre Pétain de venir à Paris et, par sa présence, de transformer la cérémonie en consécration de la Collaboration.

La soirée des dupes

Arrivé le 13 décembre 1940 au matin, Laval se montre persuasif en remettant la lettre d'Hitler à Pétain. Ce dernier se fait expliquer le détail des cérémonies, demande qu'on en profite pour lui organiser des visites dans des villes de la zone occupée. Tout le monde, satisfait ou consterné, en déduit que le Maréchal partira le lendemain dans la capitale. La bonne impression de Laval est confirmée par un entretien chaleureux avant le Conseil de cabinet de 17 heures. Pétain évoque ce retour des cendres comme un événement dont on peut attendre une amélioration des relations avec l'occupant. Cela semble être exactement la ligne prônée par Laval. Quand Pétain demande par qui il doit se faire accompagner aux Invalides, Laval prend prétexte du caractère militaire de la cérémonie pour exclure la présence de tout ministre civil à part lui, et préconiser une escorte restreinte. Ses propos alimentent bien entendu les soupçons sur un possible « kidnapping » du chef de l'État.

Voyant le Maréchal en apparence si décidé, les ministres qui avaient escompté le renvoi de Laval sont plongés dans les affres de l'incertitude. Ils se persuadent que, sous peine de voir le chef de l'État retenu à Paris, il faut agir le soir même. Ils passent en revue les possibilités de mettre le vice-président hors d'état de nuire en l'assignant à résidence, en le faisant interner, en annulant l'acte constitutionnel qui en fait le dauphin du chef de l'État. C'est prêts à plaider leur cause avec l'énergie du désespoir qu'ils succèdent à Laval dans le bureau de Pétain. Or ce dernier les rassure : il va se débarrasser de son vice-président dans les heures qui viennent.

Le Conseil de cabinet de 17 heures, qui traite du difficile accouchement de la charte du travail, est rondement expédié. À la sortie, le Maréchal convoque, à la surprise générale, un Conseil des ministres le soir même afin d'évoquer le voyage du lendemain. Dès le début de ce Conseil, à 20 heures, il demande à tous les ministres de lui remettre par écrit leur démission et se retire aussitôt. Laval s'exécute sans méfiance, convaincu que c'est le ministre du Travail, impuissant à réussir la charte, qui va faire les frais de l'opération. Revenant dans la salle, Pétain annonce accepter la démission de Laval (ainsi que celle du ministre de l'Éducation nationale). Passé le premier instant de stupeur, celui-ci est gagné par la colère et exige des explications :

— Qu'y a-t-il, Monsieur le Maréchal ? Vous m'avez encore reçu cet après-midi même et vous ne m'avez parlé de rien.

— Cet après-midi, j'hésitais encore, maintenant tout est consommé. Des journaux inspirés par Abetz approuvent votre politique, surenchérissent et attaquent le gouvernement.

— Je n'y puis rien. Ces journalistes ne sont pas sous mes ordres. Il faut s'habituer à être pris à partie par la presse.

— Il s'agit de journaux inspirés par les Allemands. Je ne sais rien de ce que vous faites à Paris. Chaque fois que vous vous y rendez, je me demande de quel désastre nous allons payer votre voyage. Vous n'avez pas la confiance des Français. Vous n'avez pas la mienne.

— Mais vous m'avez nommé votre successeur et je le reste.

— L'article 4 vient d'être abrogé.

— Je n'ai jamais pensé qu'à l'intérêt de la France. Je souhaite, Monsieur le Maréchal, que vos décisions successives et contradictoires ne fassent pas trop de mal à notre pays[7].

Après avoir demandé à serrer la main du Maréchal, Laval quitte les lieux sans plus insister. Ayant agi seul, Pétain n'a pas jugé bon de donner des consignes pour la suite. Là interviennent donc les péripéties, aussi improvisées que superflues, qui vont donner au 13 décembre une réputation sinistre ou ridicule, selon les points de vue.

Le premier réflexe de Laval, revenu dans son bureau, a été de téléphoner. Ses adversaires avaient anticipé qu'il chercherait à faire intervenir les Allemands. Les lignes avec Paris ont été coupées. Vichy a d'ailleurs été placée en état de siège et les trains sont arrêtés, les routes barrées. Laval envisage de regagner sa propriété de Châteldon, distante d'une vingtaine de kilomètres, mais son chauffeur reste introuvable. Au bout d'un moment, le directeur de la Sûreté se présente pour l'arrêter. S'ensuit une discussion confuse sur l'existence ou non d'un mandat d'arrêt ou d'un ordre du Maréchal. Cependant, le colonel Groussard, qui dirige une sorte de police politique, les GP, a offert ses services (sur sollicitation d'un ministre dont l'identité varie selon les témoignages). Une dizaine de ses hommes investissent les couloirs de l'hôtel du Parc et gardent à vue certains collaborateurs du vice-président. L'allure menaçante de ces hommes en armes, qui agissent évidemment sans aucun mandat légal, donne à croire à Laval que sa vie est en danger. Il demande l'intervention de Pétain, qui fait répondre qu'il est couché et déjà endormi. Toutefois, des policiers escortent Laval à son domicile et le gardent sur place, dans une sorte de résidence surveillée improvisée.

Pendant ce temps, à Paris, le général de La Laurencie reçoit l'ordre de faire arrêter Marcel Déat, chose faite à 7 heures le lendemain matin, 14 décembre. Il est conduit avec de grands égards à la préfecture de police.

Ce même matin, Brinon, qui avait été confiné dans sa chambre de l'hôtel du Parc à Vichy, retrouve sa liberté de mouvement et la possibilité de téléphoner à Abetz qui lui ordonne de rentrer à Paris. Pétain le charge de faire connaître aux Allemands sa version du renvoi de Laval, appuyée d'une lettre à Hitler où, après avoir exprimé ses regrets de ne pouvoir assister à la cérémonie en l'honneur de l'Aiglon, il impute la révocation de Laval à ses méthodes de travail désordonnées, à son isolement volontaire au sein du gouvernement et à son impopularité qui finissent par porter tort à la politique de collaboration à laquelle lui, Pétain, demeure profondément attaché.

Répercussions à Paris

Toujours tenu dans l'ignorance du renvoi de Laval et de sa mise en résidence surveillée, le général de La Laurencie est néanmoins avisé depuis Vichy par le général Laure, secrétaire général du chef de l'État, d'avoir à solliciter un entretien avec Abetz où il devra affirmer être l'unique représentant du chef de l'État à Paris et s'enquérir du sort de la lettre adressée au Führer. C'est donc à l'aveugle qu'en fin de matinée, il essuie la fureur d'Abetz, qui lui ordonne de libérer Déat, lui interdit toute nouvelle arrestation, exige de parler à Brinon et demande des comptes sur l'abrogation de l'acte constitutionnel désignant Laval comme dauphin. Le général répond par des professions de foi ardentes sur la Collaboration, conformément à la politique du Maréchal et de son gouvernement, avivant la colère d'Abetz qui n'y voit qu'hypocrisie et provocation.

Après avoir rendu compte au cabinet du chef de l'État, La Laurencie est chargé de répondre par une note qui donne satisfaction aux trois premières exigences d'Abetz, mais rappelle que le gouvernement français est souverain aux termes de la convention d'armistice. Enfin mis au courant du renvoi de Laval, le général s'entretient ensuite avec un officier de liaison de l'administration militaire allemande en France. Il lui redit que le départ de Laval ne concerne que la politique intérieure et ne remet nullement en cause la Collaboration. De façon surprenante, cet officier évoque ensuite avec lui les conditions de la venue de Pétain pour la cérémonie qui doit avoir lieu dix heures plus tard à Paris. Un bataillon d'infanterie allemand lui rendra les honneurs à la gare. Dans le même ordre d'idées, il précise que, pour sa résidence à Versailles, il pourra bénéficier à la fois d'une garde française et d'une garde allemande. D'ailleurs, les archives révèlent que le projet versaillais n'a pas été abandonné immédiatement par les Allemands. Le 16 décembre encore, le *Feldkommandant* local donnera au commandant de gendarmerie de Versailles ses instructions sur l'accès des militaires allemands de la « zone réservée[8] ».

En début d'après-midi, le cabinet du maréchal Pétain demande l'insertion dans la presse d'un communiqué où le chancelier Hitler est remercié de son geste généreux, mais où une comparaison pour le moins osée entre l'Aiglon captif et la France qui ne l'est pas moins sonne comme une provocation dont le chef de l'État n'est certes pas coutumier :

> Entre le mélancolique destin du duc de Reichstadt, prisonnier dans sa propre famille, et le destin cruel de la France exilée chez elle par le sort des armes, l'Histoire marquera une émouvante analogie[9].

Les autorités d'occupation qui, en pleine crise politique, n'auraient déjà pas accepté un communiqué plus servile ou plus anodin interdisent bien entendu la publication de celui-ci. Il est probable qu'au cabinet de Pétain, on s'était fait plaisir – dans la griserie de l'éviction de Laval – et qu'on ne comptait de toute façon pas sur un imprimatur allemand.

Dans la soirée, Pétain s'adresse aux Français à la radio. Il mentionne brièvement le fait que Laval n'appartient plus au gouvernement et n'est plus son successeur. « Je demeure à la barre », conclut-il. La composition du nouveau gouvernement est publiée au *Journal officiel*. La fermeté de ton autant que la décision elle-même persuadent aussitôt l'immense majorité des auditeurs qu'en renvoyant Laval, le Maréchal vient de mettre un coup d'arrêt à la Collaboration. Le soulagement le dispute à la reconnaissance et à l'enthousiasme. Ce discours est censuré en zone occupée, dont la presse n'annonce même pas l'éviction de Laval. La consigne allemande est magnifiquement claire : « Il est inutile que soit connu ce qui n'est pas reconnu[10]. »

L'étrange cérémonie

Dans ces conditions, la cérémonie programmée pour la nuit du 14 au 15 décembre est à la fois inévitable et incroyablement encombrante. Elle devait fournir une aura symbolique et sentimentale à la Collaboration. C'est peu dire qu'elle tombe dorénavant à plat : elle se révèle comme la mascarade qu'elle a toujours été en réalité.

Pour ce qui aurait dû être une belle réception d'entre-congratulation, les figures de la Collaboration parisienne ont été invitées à l'ambassade d'Allemagne à 11 heures du soir pour une conférence de presse. « La foule était compacte, sous les plafonds dorés, des Allemands, consternés ou s'étranglant de colère, des Français interloqués, curieux ou ironiques. Le roi de Rome n'avait jamais été plus oublié[11] », rapporte un témoin. Abetz, qui avait prévu de célébrer les résonances historiques et les perspectives enchanteresses de la collaboration franco-allemande, commence par déplorer l'absence de Pierre Laval qui l'avait seul rendue possible et en reste le garant. Puis il dépeint Napoléon en précurseur de l'idée européenne qui, en sachant s'appuyer sur les peuples, avait préfiguré aussi le fascisme et le national-socialisme. Brinon, en tenue d'ambassadeur, est chargé de la réponse qui s'avère, sans surprise, un panégyrique croisé de Laval et d'Hitler dont le geste vient « d'un très grand chef, d'un très grand homme, à l'heure où la collaboration entre les deux pays est entrée dans une phase décisive[12] ».

Cependant, Jacques Doriot, chef du parti collaborationniste PPF, se fait remarquer en affichant, au milieu de la prudence de rigueur, une éclatante jubilation, qui suggère à certains spectateurs qu'il détient des informations encore confidentielles, voire qu'il a reçu des assurances sur sa prochaine entrée au gouvernement. Mais le chef du PPF assume tout bonnement son plaisir devant les déboires subis par Laval et Déat, qu'il tient pour ses principaux rivaux.

Vers minuit, les participants français se regroupent aux Invalides. En l'absence du Maréchal et de Laval, qui auraient dû être les invités d'honneur, le premier est représenté par le général Laure et le gouvernement par l'amiral Darlan, ministre de la Marine. Autour d'eux, les Français sont peu nombreux, les invitations ayant été restreintes sous les effets successifs du secret, de la hâte, puis de la crise. Certaines invitations ne parviendront d'ailleurs à leurs destinataires que le lendemain. Sont présentes les figures de la Collaboration que le public a appris, depuis quelques mois, à connaître : Fernand de Brinon, Marcel Déat, Abel Bonnard, Jacques Doriot et des journalistes comme Robert de Beauplan et Lucien Rebatet, mais aussi Bernard Faÿ, qui avait écrit le brouillon de ce qu'aurait pu être le discours de Laval, et l'un des vice-présidents du conseil municipal de Paris. *L'Illustration* du 21 décembre signalera en outre une poignée de célébrités, comme la comédienne Elvire Popesco ou Sacha Guitry, qui se justifiera ultérieurement en expliquant que « le transport des cendres de l'Aiglon n'avait aucun caractère politique. Je m'y suis trouvé en compagnie du général de La Laurencie qui, avec l'amiral Darlan, représentait le Maréchal. J'ajoute que mon père a créé *L'Aiglon* [dans le rôle de Flambeau aux côtés de Sarah Bernhardt en 1900][13] ».

Les Français se tiennent au plus près de l'église Saint-Louis. Les membres de l'ambassade, accompagnés du général von Stülpnagel, commandant de l'administration militaire en France, se tiennent en dehors des grilles.

> Nous attendîmes longtemps dans l'ombre glaciale du dôme, relate Lucien Rebatet, inconditionnel de la Collaboration et du national-socialisme. L'humeur de Doriot se maintenait à une température très joviale, malgré le froid et l'ennui. Sacha Guitry attendait comme nous, digne et majestueux sous son grand feutre d'acteur, se faisant un figurant de l'Histoire vécue à quelques pas de lui, on apercevait Déat, trapu, tout petit, la moitié de l'énorme Doriot, souriant, mais d'un sourire assez grinçant. Doriot se trouvait insolemment de son côté : « C'est ce petit salaud, me disait-il d'une voix fort distincte, qui empoisonnait tout et voulait nous foutre ses maçons dans les jambes. Mais on va s'occuper de lui. »
>
> La prolonge d'artillerie arrivait enfin. Les feldgrau casqués déchargeaient lentement le pesant cercueil

de bronze devant la grille qu'ils ne devaient pas franchir. Sur la neige durcie, qu'éclairaient par plaques blêmes les grandes torches germaniques, les autorités françaises et allemandes formaient deux groupes, chacun gourmé et alourdi par la présence de l'autre. J'imaginais les sentiments cachés sous ces uniformes et ces garde-à-vous : les occupants joués à la dernière minute par la défection de Pétain, par l'éviction de Laval, pris au dépourvu, avec leur écrasant cercueil sur les bras, le désarroi et le découragement des francophiles, la hargne des militaires prussiens, cette cérémonie ratée d'avance, mais qu'on ne pouvait décommander, les Français réticents, critiques, se pliant passivement à ce protocole, du reste noble et irréprochable, qu'on leur soumettait, les conspirateurs à képis brodés se félicitant prudemment de la bonne blague faite aux casquettes vertes. Je pensais à l'idée, qui ne pouvait appartenir qu'à Hitler, de cette restitution tellement hitlérienne, wagnérienne, princière, théâtrale, saugrenue, décrétée avec une naïve confiance dans la gratitude du Franzoze, réunissant toutes les chances d'en être incomprise. Malgré ces discordes, ces simulacres, malgré la glace de l'échec et les aigreurs de l'intrigue, il y avait le passage de la poésie qui atteignait une minute les plus rogues, les plus prosaïques, ces tambours des vieilles victoires, ces lueurs du los funèbre trouant l'épaisse obscurité, le mort s'effaçant, trop ancien, trop fragile pour la bouffée d'épopée qu'il suscite ; cent vingt ans depuis St Hélène, l'Empereur héros d'une nuit de Paris. Au jour, je le savais, les Parigots viendraient en foule, surpris, intrigués, point insensibles, remués peut-être par de vagues émotions. Mais, je le savais aussi, le mot de la fin serait, fatalement : « L'Aiglon ! Tu parles si ça tient chaud. Ils n'auraient pas envoyé à la place un train de charbon de la Sarre[14] ! »

L'accueil du public

Dans la matinée du 15 décembre, La Laurencie est révoqué par l'administration militaire allemande de son poste de délégué du gouvernement français dans les territoires occupés, au motif que l'arrestation de Déat « était une affaire de haute signification politique dans laquelle la réglementation en vigueur aussi bien que l'obligation de loyalisme auraient exigé la demande préalable d'approbation par le commandant en chef[15] ».

À 11 heures se déroule sous le dôme des Invalides une messe de requiem en présence du cardinal Suhard, archevêque de Paris, et du cardinal Baudrillart, qui affiche son enthousiasme pour la Collaboration. Les prélats ont été prévenus seulement la veille au soir et l'absoute donnée par l'archevêque est manifestement improvisée. Deux cents personnes environ sont présentes, parmi lesquelles une demi-douzaine de membres de la famille Bonaparte et quelques représentants de la noblesse d'Empire. Ce sont plutôt des femmes, d'ailleurs, dont le service commandé a sans doute paru moins compromettant. Les gardes républicains sont en grande tenue. La maîtrise des concerts Pierné chante le *Requiem* de Fauré. Tambours et clairons rappellent un instant les gloires de l'Empire. À la sortie, Darlan et Laure passent en revue un bataillon de l'armée allemande, avec musique, présenté par Stülpnagel. Une couronne portant le ruban « Maréchal Pétain » est déposée sur le tombeau de Napoléon[16].

Darlan et Laure ne s'attardent pas. Convoqués à l'ambassade d'Allemagne, c'est à leur tour de subir l'algarade d'Abetz qui a, depuis la veille, eu le temps de perfectionner ses griefs : le renvoi de Laval lui apparaît comme le point d'orgue des mesures par lesquelles, depuis des semaines, on n'a cessé d'évincer sournoisement les partisans de la Collaboration. Certes, il ne doute pas de la sincérité du maréchal Pétain et veut bien faire crédit à Darlan. Mais tout le reste du gouvernement, politiciens d'extrême droite, anciens parlementaires, entourage civil du Maréchal, anglophiles qui veulent croire que l'Angleterre a repris l'avantage militaire, ne fait que comploter. « Si les troupes allemandes s'en allaient, prédit-il, ce gouvernement serait balayé. » Heureusement, les Allemands n'ont nulle intention de partir. Ils envisagent même d'occuper la côte méditerranéenne – jusque-là en zone libre. Abetz conclut ses menaces en annonçant son prochain départ pour Vichy où il exige de voir Pétain ainsi que Laval, mais ne supportera la vue d'aucun des ministres conspirateurs[17].

Dans l'après-midi, le public est admis aux Invalides. Ce sont d'abord des soldats allemands qui viennent voir. Mais la curiosité a attiré 7 000 personnes, selon le préfet de police, 30 000 selon la presse inféodée aux occupants. C'est de toute façon surprenant quand on sait quelles sont les conditions de vie des Parisiens durant cet hiver très rigoureux et compte tenu du silence des journaux sur le transfert des cendres puisque les ordres donnés dans la journée du 13 décembre de réserver les unes du lendemain ont été annulés entre-temps. Seul le bouche-à-oreille a fonctionné. Et c'est l'occasion de revoir les trois couleurs, le drapeau français étant banni de zone occupée.

Le lundi 16 décembre, les journaux sont enfin autorisés à rendre compte de la cérémonie. Le ton est à la grandiloquence descriptive. Tous les commentaires ont été interdits du fait des suites incertaines que les Allemands vont donner aux événements de Vichy. On ne trouve même pas les topos plus ou moins historiques que l'on aurait pu attendre sur le destin du fils de Napoléon, qui avaient été préfigurés par la publication d'articles sur la mort de Napoléon ou le retour des cendres de 1840 quelques jours auparavant dans des quotidiens tels que *Paris-Soir* ou *Le Petit Parisien*. Un détail, à ce propos, nous renseigne sur l'état d'esprit de certains Français. Bernard Faÿ, qui avait commencé une série sur l'Empereur, se voit menacé de mort par lettre anonyme :

> Si vous n'arrêtez pas immédiatement de publier vos articles sur Napoléon dans *Paris-Soir*, j'ai le regret de vous apprendre que vous serez descendu à coups de revolver malgré toutes les précautions dont vous pourrez vous entourer, et malgré les Allemands. Trouvez le prétexte que vous voulez mais si dimanche votre article paraît, il sera trop tard. Obéissez. Intelligence Service[18].

Dans la presse, on fait toutefois comme si les Français attendaient depuis des décennies « l'extraordinaire et bouleversante nouvelle », « le rêve enfin réalisé ». On insiste sur cette « foule » qui s'est « ruée » aux Invalides, thème parfois répété dans les jours qui suivent. Le rôle des Allemands et en particulier la décision d'Hitler sont mentionnés brièvement, avec des qualificatifs tels que « généreux » ou « émouvant », mais aucun développement sur la Collaboration n'apparaît.

Les éditoriaux sur la crise du 13 décembre sont retardés de près d'une semaine et restent, dans un premier temps, très sibyllins, pour ne pas dire énigmatiques. Soudain, on voit surgir, le 19 décembre, des titres sur « le long entretien entre le Maréchal Pétain et M. Pierre Laval » qui « ont conféré sur la situation », sans qu'on puisse, en théorie, en comprendre le sens puisque le renvoi de Laval n'a toujours pas été annoncé en zone occupée. Ils s'accompagnent de titres encore plus gros sur la nomination, comme nouveau délégué du gouvernement, de Fernand de Brinon, un « partisan fidèle de la Collaboration ». Il faudra un nouveau délai pour que les journalistes soient requis pour donner du renvoi de Laval l'interprétation retenue par les Allemands : un coup presque fatal, porté par une équipe illégitime de comploteurs stupides, réactionnaires et anglophiles, aux imminentes retombées bénéfiques de Montoire. Entre-temps, les commentaires attendus à l'occasion du retour des cendres sur la réconciliation franco-allemande et l'« Europe nouvelle » seront tombés aux oubliettes, et le duc de Reichstadt avec eux.

Abetz à Vichy

Enfin débarrassé de l'Aiglon, Abetz se précipite le 16 décembre au soir à Vichy, démonstrativement accompagné d'un détachement de SS lourdement armés. Il fait savoir que les SS ne sont pas là pour intimider les Français, mais pour assurer sa sécurité dans ce nid de conspirateurs réactionnaires qu'est manifestement la capitale de l'État français. Ce sera là une de ses lignes d'attaque de prédilection, dont il abreuvera également Hitler et Ribbentrop.

Son premier entretien avec Pétain est cinglant. Il écoute ses explications en affichant son impatience et son incrédulité. Sachant par Darlan que le Maréchal s'en ira plutôt que de réintégrer Laval et ayant reçu de Berlin des instructions lui enjoignant de le menacer sans toutefois le pousser à partir, il se sent frustré de ses moyens de pression. Pétain avait cru qu'il pourrait faire passer sa décision auprès des Allemands en insistant sur sa dimension purement intérieure et sa volonté de reprendre la Collaboration sur de nouvelles bases. La colère sans fard d'Abetz, qui revient à la charge à cinq reprises pour lui faire reprendre Laval, lui montre l'étendue de ses illusions. Mais le souci de sa dignité le soutient dans sa détermination à ne pas réintégrer immédiatement Laval. Pour le reste, il cède : renvoyer les ministres que Abetz juge les plus compromis, ordonner une enquête sur les événements du 13 décembre, remplacer La Laurencie par Brinon, faire d'ici quelques semaines de Laval un ministre du Travail ou de l'Agriculture.

Abetz envoie quérir Laval, qui arrive à Vichy hors de lui et insulte le chef de l'État, le traitant de fantoche, de baudruche, de girouette (renforçant par là sa détermination à ne pas le renommer ministre). Toujours convaincu d'être indispensable, il proclame dorénavant que son renvoi a empêché la concrétisation de pourparlers presque aboutis avec les Allemands, à commencer par la libération de 150 000 prisonniers de guerre, l'assouplissement de la ligne de démarcation, la réduction de moitié des exorbitants frais d'occupation, le rattachement à Paris des départements du Nord soumis depuis juin 1940 à l'administration militaire de Bruxelles, toutes exagérations démenties par les documents allemands. Sur ce, Abetz ramène Laval à Paris, où sa présence fait planer une concurrence sur le gouvernement de Vichy.

Après cette succession d'événements intenses, le cercueil de l'Aiglon, qui n'a jamais été qu'un accessoire, perd tout intérêt pour les Allemands comme pour les Français. L'occupant n'omet toutefois pas de présenter à l'administration française la note des frais occasionnés aux Allemands par la cérémonie qu'ils ont voulue et organisée : 180 000 francs*. Reçu par le Führer dans son train spécial stationné à Lariboisière-Le Déluge, dans l'Oise, le jour de Noël, l'amiral Darlan constate d'abord son manque d'attention ostensible pour les remerciements concernant le retour des cendres. Mais Hitler ne peut contenir son dépit :

> J'ai été profondément indigné de la manière dont on a interprété mon geste relatif à la remise à la France des cendres du duc de Reichstadt [...]. Je considère comme une infamie inqualifiable l'attention qui m'a été attribuée d'attirer le Maréchal Pétain à l'occasion de la cérémonie aux Invalides, afin de le retenir prisonnier[19].

---

* Environ 71 500 euros.

Au plus, la présence des cendres dans la crypte reste un infime marqueur de la Collaboration telle que voulurent la comprendre ses inconditionnels. En décembre 1942 et 1943, encore en juin 1944, les Jeunes de l'« Europe nouvelle » organisent des veillées funèbres, parfois en présence de quelques personnalités (Brinon qui estime judicieux de faire le salut nazi, le président du conseil municipal, Abetz...).

Un guet-apens ?

Le retour de ces cendres était-il le prétexte d'un guet-apens magistralement déjoué par Pétain ? La colère manifestée par Hitler à Laboissière-Le Déluge le 25 décembre 1940 dévoilait-elle son dépit ?

Quelques faits militent dans le sens du guet-apens, d'autres le contredisent. Le retour des cendres lui-même paraît improvisé en l'espace de quelques jours. La mise au point de la cérémonie, entre Abetz et le haut commandement des forces armées, ne date que d'une semaine[20]. Néanmoins, des témoignages indiquent qu'Hitler l'a envisagé dès la fin juin 1940. Pour lui donner un maximum de solennité, la date du 15 décembre 1940 s'impose. Elle s'impose aussi pour couper l'herbe sous le pied à d'éventuelles manifestations patriotiques, dont la réunion d'étudiants à l'Arc de Triomphe le 11 novembre a donné un avant-goût. D'ailleurs, le 12 décembre, le comité d'histoire militaire s'est vu interdire la pose de la stèle prévue à l'emplacement du débarquement des cendres de Napoléon en 1840. Le secret entourant le projet peut être dû au mode de fonctionnement du régime nazi ou à l'idée de pouvoir le maintenir, le retarder ou l'annuler, selon qu'il paraîtrait ou non profitable à la politique allemande en France au jour dit.

L'installation du Maréchal à Versailles semble peu avant sur le point de se réaliser. Pétain appelle publiquement de ses vœux la possibilité de revenir dans la capitale, en zone occupée, depuis la mi-août 1940. Des demandes répétées ont été présentées à la commission allemande d'armistice, qui n'a fourni que des réponses dilatoires. Pourtant, Pétain estime que c'est Laval qui ne fait pas assez d'efforts pour les faire aboutir, probablement pour continuer à monopoliser les séjours à Paris où il a réinvesti l'hôtel Matignon. Vers la fin novembre, il pense néanmoins toucher au but et fixe lui-même le début de son séjour à Versailles vers la mi-décembre. L'annonce en est faite par un communiqué du Conseil des ministres. Laval, endossant une fois encore le rôle du porteur de mauvaises nouvelles, lui remontre que son départ va se heurter à une situation juridique mal établie par la convention d'armistice. Ces mises en garde achèvent de convaincre Pétain de sa duplicité puisque, au même moment, les informations en provenance de la préfecture de Versailles montrent non seulement que les préparatifs matériels sont en bonne voie, mais que les négociations avec les autorités allemandes ont bien avancé, prévoyant l'instauration d'une « zone réservée » sur Versailles et trois communes limitrophes dont se retireraient les forces armées allemandes. Toutefois, une précision semble ne pas avoir retenu assez l'attention à Vichy où on parle d'« installation », tandis qu'à Versailles on emploie toujours le terme de « séjour »[21].

Ce « séjour » peut se concevoir comme le complément du guet-apens des Invalides. Une fois à Paris, Pétain trouverait tout naturellement un point de chute d'autant plus satisfaisant qu'il l'a lui-même voulu. Toutefois, lorsque le 13 décembre Laval présente ses arguments en faveur de la présence du Maréchal à la cérémonie, il n'évoque pas la possibilité d'enchaîner sur l'installation à Versailles. Au contraire, il parle de lui céder, en cas de besoin, son logement à Matignon et lui fait miroiter la possibilité de passer à son appartement personnel (à côté des Invalides) ou dans son restaurant préféré. En outre, le départ pour Versailles avait déjà été prévu avec un simple échelon réduit pour accompagner le chef de l'État et la date en avait été fixée au jeudi 19 décembre. Point n'était besoin du prétexte de l'Aiglon pour le faire venir sans ses ministres. Enfin, les hautes autorités du Reich, en dépit des apparences, n'ont jamais souhaité la présence du Maréchal à Versailles, et encore moins le transfert du gouvernement en zone occupée. Ce refus a été arrêté dès le 25 novembre mais ne sera notifié que le 17 décembre[22].

Les articles de Déat, qui semblent annoncer la manœuvre en cours et font monter la pression, n'auraient-ils pas eu le défaut, en cas de réel complot, de le révéler par avance et de mettre les ministres sur leurs gardes ? Puisque Déat se fait donner les sujets de ses éditoriaux par Abetz, quel serait l'intérêt de celui-ci de montrer ses cartes avant de les jouer ? L'arrestation de Déat, ressentie certes comme une provocation, ne constitue pas un obstacle au bon déroulement de l'éventuel complot. Sa libération peut être obtenue à tout moment, y compris par la force.

Surtout, il n'est qu'un pion parmi tous ceux que les services allemands, diplomatiques, militaires ou policiers, manipulent pour faire pression sur le gouvernement français. Et si Abetz avait voulu former à Paris un nouveau gouvernement dirigé par Laval, quels hommes auraient-ils choisi pour devenir ministres et dans quel but ?

Les rapports adressés par Abetz à sa hiérarchie montrent qu'une semaine après le 13 décembre, sa colère a déjà fait place à une nouvelle stratégie dans laquelle Laval devient depuis Paris le moyen de pression idéal pour obtenir beaucoup de Vichy. D'ailleurs, le 14 décembre et dans les jours suivants, il a fait l'effort de ne pas accabler personnellement Darlan, dans lequel il discerne son nouvel interlocuteur. Et Hitler dit vrai lorsqu'il assène à l'amiral, le 25 décembre, se moquer de la composition du gouvernement français du moment qu'il poursuit la Collaboration. Les événements du 13 décembre, loin de l'avoir déçu, n'ont fait que conforter sa conviction originelle qu'il ne peut absolument pas faire confiance aux Français comme partenaires et qu'il n'a qu'à leur imposer ses volontés.

La façon dont s'est déroulé le renvoi de Laval et le comportement de Pétain contribuent à faire d'un remaniement ministériel fort délicat, mais non dénué de précédent (déjà trois remaniements depuis juin 1940), une crise politique majeure. Sur le sort de Laval, le Maréchal n'a cessé de se raviser pendant deux semaines, sans mettre ce temps à profit pour adresser à son vice-président un avertissement d'avoir à changer son attitude. Sur le voyage à Paris, il se montre hésitant, versatile peut-être. La journée du 13 décembre est presque une caricature, car il semble donner des gages à tous les clans. Elle culmine par le renvoi, effectué d'une manière compliquée et spectaculaire alors que, dans ce régime supposé d'autorité, Lavait aurait-il pu refuser une démission formellement demandée ? Elle s'achève en frôlant le mélodrame, avec police parallèle, arrestations désordonnées et absence de consignes claires. La dérobade des responsables, perceptible dès le lendemain, s'accentue dans les jours qui suivent et se termine, pour beaucoup, en disgrâce plus ou moins justifiée. La venue tempétueuse d'Abetz, les avanies supportées par Pétain et ses ministres finissent de transformer ce qui était une opération de politique intérieure en droit de regard accordé à l'Allemagne sur la composition du gouvernement français. Un point sur lequel il sera dorénavant impossible de revenir.

L'Aiglon aura finalement été une victime de cette conjonction d'événements. L'entremise nazie aurait pu le discréditer. De fait, le désintérêt se prolonge durant des décennies. Il faut attendre 1968 pour qu'une décision soit prise quant à l'emplacement définitif de son cercueil et à l'opportunité de l'inclure dans un tombeau monumental. Finalement, le transfert solennel a lieu le 10 décembre 1969, à la suite d'une décision du général de Gaulle. Le sarcophage est placé dans un caveau et une gravure est faite à même le sol : le roi de Rome est redevenu invisible.

5

L'attentat (impromptu) de Versailles

Août 1941

Aux premières heures du 22 juin 1941, l'armée allemande entre en Union soviétique. La guerre à l'Est commence, à la très grande joie et au très grand soulagement de tous ceux qui, en France, encensent les nazis depuis un an, tout en déplorant leur alliance de fait avec le monstre bolchevique. Ce même 22 juin, alors que le principal parti collaborationniste, le PPF, est réuni en congrès à Villeurbanne, son leader, Jacques Doriot, se rue sur l'occasion sans doute pour se mettre en accord avec ses convictions anticommunistes, mais surtout pour marquer des points décisifs – espère-t-il – dans la surenchère entre collaborationnistes. Pronostiquant l'agonie du communisme, il propose de concrétiser la fusion de l'élan allemand et du suivisme français dans une légion composée de Français désireux de combattre contre le communisme soviétique aux côtés de la Wehrmacht[1]. C'est aussitôt une escalade pour voler au secours de la victoire annoncée. Dès le 23, les chefs des partis de la

Collaboration rencontrent l'ambassadeur Otto Abetz, assez réticent devant ces renforts opportunistes et superflus. Mais les SS ne sont jamais mécontents de voir des Français se compromettre et acceptent, pour leur part, le principe d'un corps de volontaires. Le 18 juillet, lors d'un meeting prétendument unanime, la Légion des volontaires français contre le bolchevisme (LVF) est lancée à grand renfort de publicité tapageuse.

> Placée à la pointe du combat décisif, notre Légion est l'illustration agissante de la France des cathédrales ressuscitée. Ces soldats contribuent à préparer la renaissance française. En vérité, cette Légion constitue à sa manière une chevalerie nouvelle. Ces légionnaires sont les croisés du xxe siècle. Que leurs armes soient bénies ! Le tombeau du Christ sera délivré[2].

La cérémonie de Versailles

Les Français assistent, interloqués, à ce concours de flatteries éhontées qui choquent y compris certains anticommunistes. Tandis que Pétain retient un temps son approbation, les collaborationnistes obtiennent l'assentiment du gouvernement. Pourtant, une loi de 1940 interdit aux Français de s'engager dans une armée étrangère et elle est employée avec vigueur à l'encontre des dissidents gaullistes. Le recrutement organisé n'est toutefois pas permis en zone libre. Qu'importe. Des bureaux de recrutement s'ouvrent en zone occupée et, si l'on souhaite s'engager, il suffit d'écrire pour obtenir sa convocation. C'est précisément ce que fait un Caennais, du nom de Paul Collette, qui vient de fêter ses 21 ans, après avoir lu dans *Paris-Soir* une série d'articles sur la LVF. À la mi-août, il envoie une lettre pour solliciter son admission. Le 26, il reçoit en réponse une convocation pour le 27. Le lendemain matin, il prend le train qui l'amène à Paris et, de là, à Versailles où se réunit le premier contingent de la LVF. L'après-midi même est prévue une cérémonie de levée des couleurs à la caserne Borgnis-Desbordes, où des personnalités viendront saluer les nouvelles recrues. Parmi ces recrues se trouve donc le jeune Paul Collette. Lui est venu, de son propre aveu, pour « rencontrer tôt ou tard une personnalité collaborationniste et la descendre[3] ».

Mais il ne pense pas passer à l'acte immédiatement. Il croit que les personnalités ne seront présentes que lors du départ du premier contingent de la LVF pour le front de l'Est, qui devrait avoir lieu le samedi 30 août 1941. Mais alors qu'il n'est sur place que depuis trois quarts d'heure, il assiste, derrière la fenêtre d'un dortoir du premier étage, au début de la remise du drapeau, puis à l'arrivée, pour lui inopinée, des officiels.

> J'ai aperçu d'abord M. Laval que j'ai reconnu, puis M. Déat* dont j'ai entendu prononcer le nom dès qu'il est arrivé. Je suis alors descendu dans la cour et je me suis placé sous le porche, à la sortie.

Comment ne reconnaîtrait-il par Pierre Laval, omniprésent dans les journaux et les actualités

---

* Leader du RNP, parti collaborationniste.

cinématographiques depuis juillet 1940 – pour ne rien dire de sa carrière ministérielle antérieure – et qui a en outre fait de sa cravate blanche une marque distinctive ? Quant aux autres « célébrités » présentes, on se fait fort d'en claironner les noms. Paul Collette a même l'embarras du choix. « J'ai bien vu sortir M. de Brinon, mais j'ai estimé que Laval était une personnalité plus représentative et surtout plus connue[4] », expliquera-t-il.

Depuis le renvoi de Laval, le 13 décembre 1940, l'ambassadeur Abetz a fait donner de la voix à tous les affidés de la presse qu'il a créée et qu'il finance à Paris. Le mot d'ordre du retour de Laval au gouvernement est clair, si clair même qu'il ne laisse aucun doute aux Français : Laval est l'homme choisi par les Allemands pour mettre en œuvre la Collaboration ; le faire revenir au gouvernement signifiera que cette politique sera reprise et amplifiée. Voilà une bien bonne raison de l'éliminer : ce geste pourrait non seulement servir à le punir, mais à changer le cours de la politique et donc de l'Histoire.

Sous le porche, Collette attend le moment opportun. Il a, dans la poche de son pantalon, un pistolet automatique 6,35 qu'il a entouré de son mouchoir pour le dissimuler quand il le sortira. Le groupe des officiels, s'apprêtant à quitter la caserne, s'approche de lui. Il fait feu à cinq reprises, très vite, en essayant de vider le chargeur de cette arme de petit calibre. Dans l'instant, quelqu'un lui prend le poignet et lui fait lâcher son pistolet. On le frappe à la tête, on le maîtrise.

Pierre Laval est grièvement blessé, l'une des balles s'étant logée tout près de son cœur. Une autre a

touché son bras. Marcel Déat, qui se trouvait légèrement derrière lui, est atteint à l'estomac. Deux autres
personnes sont blessées. « Si j'ai touché Marcel Déat,
j'en suis très heureux également[5] », commente gaie-
ment Collette. Au moment où il s'exprime, tout le
monde ignore encore si Laval survivra. Il sera au
plus mal pendant quatre jours, une infection s'étant
déclarée.

Paul Collette s'explique

Extirpé par deux gendarmes de la foule qui voulait l'écharper, dûment arrêté, Collette est immédiatement conduit au palais de justice tout proche et
donne sa première déposition. Apparemment très
calme et très content de lui, il ne fait mystère ni de
la préméditation de son geste, ni de son gaullisme
de cœur, tout en revendiquant un geste purement
personnel qui s'explique par des motifs patriotiques
évidents.

> Je me suis engagé dans la Légion espérant rencon-
> trer tôt ou tard une personnalité collaborationniste et
> la descendre. [...] Ce projet, il y a environ un mois
> que je l'ai formé : étant de retour en zone occupée,
> j'ai trouvé que cette propagande collaborationniste
> était scandaleuse. J'ai fait mon devoir pendant la
> guerre, qui n'est pas encore terminée : en effet, il y
> a encore des Français qui se battent contre les boches
> et je trouve inadmissible que certains Français s'allient
> avec les boches. Dans ces conditions, j'estime avoir agi
> en patriote français[6].

Si beaucoup trouvent ces explications parfaitement satisfaisantes à tous égards (à commencer, selon Déat, par les gendarmes et le magistrat instructeur, singulièrement compréhensifs), la concomitance de ce geste avec les premiers attentats perpétrés par des communistes contre des soldats allemands implique qu'on établisse les motivations de Collette et ses préférences politiques[7]. Le SD allemand* exige qu'on lui remette l'inculpé, le temps de s'assurer qu'il n'a rien à voir avec les attaques de militaires allemands survenues quelques jours plus tôt et des membres de l'ambassade allemande incitent Déat et Laval à se porter partie civile pour accéder au contenu d'une enquête poussée[8]. Mais le jeune homme n'a jamais eu l'intention de tirer sur des Allemands, pour deux raisons essentielles aux yeux de ce nationaliste : il veut être seul à payer pour son acte et veut donc éviter tout risque de représailles sur la population ; les soldats allemands sont des ennemis à combattre selon les lois de la guerre[9].

Diverses enquêtes sont diligentées pour vérifier les assertions de l'accusé, dont la seule adhésion politique aurait été son appartenance au Parti social français (PSF) du colonel de La Rocque, le grand parti de droite des classes moyennes.

> Je sais que certains communistes prennent l'étiquette de nationalistes dans certaines occasions, mais, en ce qui me concerne, je répète que je ne suis pas communiste. Je n'ai jamais fait de propagande communiste. Je suis simplement français et De Gaulliste,

---

* Le service de sécurité dépendant des SS.

et c'est uniquement à ce titre que j'ai commis les actes [...] mon geste n'a pas été dicté par des personnalités Gaullistes, j'en ai eu seul l'initiative et j'en revendique seul la responsabilité [...]. Je n'avais pas spécialement l'intention de tirer sur Laval. C'est le hasard seul qui m'en a fourni l'occasion[10].

En 1936, encore adolescent, Collette est entré au PSF. Il s'y est montré actif et enthousiaste, très prompt en particulier à faire le coup de poing dans la rue contre les communistes. À 18 ans, il s'est engagé dans la Marine et c'est là que l'a trouvé la déclaration de guerre, embarqué sur un pétrolier. Sur ses états de service, on sait peu de chose, mais il est rescapé de l'évacuation de Dunkerque. Démobilisé à la fin du mois d'août 1940, il a considéré que la guerre n'était pas finie. Là, première déception, il a eu l'impression que le PSF ne travaillait pas à la revanche contre l'Allemagne. En mars 1941, il s'est rendu à Marseille et a navigué sur plusieurs cargos, dont certains ont fait escale en Afrique du Nord (il a acheté son arme à Bône). Mais il n'a pas voulu ou pas su profiter de l'occasion pour essayer de gagner l'Angleterre. Il est possible qu'il ait compté, en vain, sur des solidarités du PSF pour lui trouver un moyen d'évasion. Il aurait même confié ses intentions au directeur du quotidien du parti, qui l'aurait dissuadé en vertu de la recommandation faite par le colonel de La Rocque d'obéir au maréchal Pétain[11].

À cette époque, j'ai cessé pratiquement de faire partie du PSF quoique j'en partage encore les idées actuellement au point de vue politique intérieure. Par contre, je ne suis plus du tout d'accord avec le PSF en ce qui concerne la politique extérieure qu'il prône actuellement car je suis anti-collaborationniste[12].

De retour dans sa famille, en zone occupée où il travaille comme mécanicien, sa frustration augmente à la lecture des journaux collaborationnistes. Il décide de passer à l'acte par le moyen le plus accessible dont il dispose : l'attentat individuel.

Une fois établi que Collette n'est pas un communiste, mais un « national », pour reprendre la terminologie en vigueur dans les années 1930, et qu'il a agi seul, la justice suit son cours. Il est condamné à mort par le tribunal d'État, le 3 octobre 1941. Laval – apparemment convaincu de la spontanéité de son geste – demande sa grâce, eu égard à sa jeunesse et aux mauvaises influences qu'il aurait subies, approuvé du bout des lèvres par Déat. Sa peine étant commuée en travaux forcés à perpétuité, Collette est détenu dans diverses maisons centrales jusqu'en février 1944, date à laquelle il est remis aux Allemands et déporté au camp de Mauthausen, où il manque mourir de dysenterie.

Un complot ?

Marcel Déat aurait eu mauvaise grâce à réclamer la mort de Collette, là où la principale victime prônait la clémence. Il n'en pense pas moins et, au bout de quelque temps, il se forge une théorie. Pour lui, Collette, loin d'être un patriote ayant puisé son inspiration en lui-même, a été l'instrument de sombres desseins. Même en admettant que l'encombrant allié que Abetz lui a imposé au sein du RNP (Rassemblement national populaire), l'ancien cagoulard Eugène Deloncle, ne soit pour rien dans un assassinat politique tellement dans sa manière, Déat est convaincu qu'il a saisi l'occasion pour essayer de s'assurer le contrôle du parti.

> Puisque le pistolet de Collette n'avait pas complètement fait son office, à tout le moins devait-on profiter de mon immobilisation pour me liquider politiquement et s'emparer complètement de la direction du mouvement[13].

Apprenant, peu après l'attentat, la mort d'une militante du parti de Deloncle qui avait, semble-t-il, essayé de lui faire des révélations, il achève de se convaincre qu'il y a bien eu complot et que, dorénavant, tous les coups sont permis.

> Il fallait décidément se faire à l'idée que nous vivions des temps exceptionnels à tous égards. Il fallait surtout, sinon songer à se faire justice soi-même, du moins apprendre à se garder, dans un monde devenu dangereux[14].

Découverte que bien d'autres collaborationnistes auront par la suite tout le loisir de méditer.

L'affaire du contrôle du RNP se règle quelques mois plus tard sur décision allemande, après que Deloncle a acheté son autonomie et son journal en exécutant des attentats antisémites pour le compte des SS. Ceux-ci lui ont en effet fourni, à l'insu du commandement militaire allemand, des explosifs pour faire sauter sept synagogues parisiennes. Des Français ainsi que deux soldats allemands ont été blessés. C'est Heydrich en personne, adjoint du *Reichsführer* Himmler et artisan majeur de la Shoah, qui assume la responsabilité de cette décision : ces représailles, proposées par Deloncle, avaient été acceptées puisqu'il était entendu, au plus haut niveau du Reich nazi, que les Juifs étaient les fauteurs de guerre, condamnés à disparaître d'Europe. Cette opération était une annonce symbolique de l'anéantissement physique des Juifs[15].

Il est donc évident que meurtre ou pas, complot ou pas, Deloncle n'aurait jamais pu agir sans autorisation allemande et dans le cadre de desseins bien plus vastes. Qu'il ait essayé de profiter de l'aubaine procurée par la mise hors jeu provisoire d'un Déat blessé, rien n'est plus logique dans un milieu où la politique est faite de rivalités et de coups bas. Qu'il ait été l'instigateur du crime comme il essaya d'en être le profiteur, rien ne le prouve et, même, rien ne le suggère, en dehors du passé des cagoulards et de leur goût pour les méthodes expéditives. Mais il faut remarquer que les assassinats politiques suscitent toujours et partout l'émergence de théories du complot justifiées par la question « à qui profite le crime ? », théories dans lesquelles le bras armé est dépeint comme la marionnette d'une faction. Encore la plupart des protagonistes ignorent-ils que c'est à Deloncle en personne que Collette a adressé, le 16 août, sa demande d'enrôlement dans la LVF et que c'est Deloncle qui a signé la réponse le convoquant à Versailles dans l'après-midi du 27 août[16]. Or Laval précisera, pour sa part, qu'il n'avait aucune raison de se rendre à la cérémonie, qu'il n'était pas partie prenante dans la création de la LVF. C'est la veille qu'un des adjoints de Deloncle lui avait téléphoné pour l'inviter avec insistance. Et jusqu'à la fin de sa vie, il exprimera ses doutes sur les véritables motivations de Collette, en prétendant disposer de « fortes présomptions » :

> Le plus fort, c'est qu'il n'est pas du tout prouvé que Collette était un résistant. J'ai même toujours eu lieu de penser qu'il était tout le contraire et que, dans certains milieux, on souhaitait se débarrasser de moi, tout autant qu'on le faisait à Londres[17].

Il précisera même devant son juge d'instruction, en 1945, que la LVF avait été créée pour faciliter la prise du pouvoir par les collaborationnistes, avec la complicité allemande. Si l'improvisation et le manque de dissimulation dont a fait preuve Paul Collette peuvent sembler improbables, ils sont après tout comparables à l'impréparation des étudiants serbes qui, le 28 juin 1914, tuèrent l'archiduc François-Ferdinand à Sarajevo et changèrent effectivement l'histoire du monde.

Charlotte Corday

D'ailleurs, dans l'esprit de beaucoup de Français, en août 1941, Paul Collette n'a rien d'un Ravaillac ou d'un Clément, manipulé par une faction de comploteurs avides d'accéder au pouvoir. Dans les lettres spontanément adressées à Collette ou à ses parents par des anonymes (la presse normande a donné leur adresse), dans les journaux clandestins, dans les

tracts résistants, la comparaison s'établit immédiatement avec Charlotte Corday.

> Bravo, noble Paul Collet [*sic*], pour le geste coura-
> geux que vous venez d'accomplir ! Tous les Français
> s'inclinent devant vous qui avez sacrifié votre vie pour
> purifier notre pauvre pays de deux ignobles valets du
> boche abhorré. L'histoire mettra votre nom à côté de
> celui de Charlotte Corday. Vive la France libérée[18] !

Dans tous ces textes reviennent les termes d'hé-
roïsme, de courage, de sacrifice, d'honneur, de providence, pour parler de Collette. Pour qualifier ses
victimes – qui ne sont pas dissociées des collaborationnistes dans leur ensemble –, il n'est question que
de haine, de châtiment, de justice humaine ou divine.
En dehors de la presse autorisée et des cercles du
pouvoir, tenus à une indignation convenue, on aurait
sans doute du mal à trouver quelqu'un qui exprime
autre chose que de la satisfaction en apprenant la
mésaventure arrivée à Pierre Laval et Marcel Déat,
en dépit des espoirs de ce dernier que l'attentat ait
« servi plus que desservi notre politique[19] ». *L'Humanité* clandestine ne tarde pas à saluer le geste de
Collette, qualifié de « jeune patriote gaulliste », dans
le numéro daté du 2 septembre. Le groupe caennais
du Front national communiste n'hésite pas à célébrer
aussitôt le geste de son jeune compatriote :

> Tous les Français unanimes, quand ils apprirent
> l'acte justicier de Collette, l'approuvèrent comme un
> acte d'inspiration profondément populaire. Tous sou-
> tiennent que l'action individuelle de Collette ne faisait

que révéler la haine du peuple pour la collaboration, la haine des Français pour ceux qui trahirent et qui continuent à trahir notre pays[20].

De l'aveu même de Collette, nombreux furent les gendarmes et les gardiens de prison qui lui témoignèrent leur sympathie en actes ou en paroles. Ces approbations montrent qu'il ne pouvait mieux choisir sa cible, son occasion et sa façon de procéder. Laval est haï, on ne le dira jamais trop. Il est considéré comme l'inventeur et le responsable de la Collaboration, qui porte tort tant à l'honneur qu'aux intérêts vitaux du pays. L'occasion et le lieu remportent aussi l'adhésion unanime. Quoi que les Français pensent du communisme et de l'Union soviétique, la LVF a à peine vu le jour qu'elle souffre déjà de la pire des réputations. Si bien que les responsables et les officiers de la Légion sont eux-mêmes obligés d'admettre la force de la rumeur publique qui fait des volontaires contre le bolchevisme « des aventuriers, des condamnés de droit commun, des mauvais pères de famille, des dévoyés[21] ». À tel point aussi que lorsque, quelques jours après l'attentat, le premier contingent de la LVF quitte Versailles pour le front russe, il est ostensiblement encadré par la police qui, sous prétexte d'assurer sa sécurité dans un contexte d'évidente hostilité, se comporte en fait comme si elle convoyait un transfert de détenus. Il faut ajouter qu'avant même l'acte de Collette, la police redoutait qu'au moins un sabotage ne soit dirigé contre la LVF qui est, de toute évidence, une cible potentielle de premier choix[22]. Quant au recrutement, il semble tari en quelques semaines.

Alors, tous les Français sont-ils prêts à applaudir les attentats ? Le temps est-il venu de commencer à régler leur compte aux « collabos » au milieu de l'assentiment général ? Ceux qui veulent lutter contre l'occupant et ses soutiens ont-ils trouvé, toutes tendances confondues, la clef de l'action ?

> L'attentat politique devient la seule façon de montrer son hostilité au régime ou son dégoût pour la trahison dont se rendent coupables les gouvernants. [...] En France occupée, du moins, l'attentat de Collette a été accueilli avec une jubilation qui doit donner à réfléchir à MM. Les Collaborationnistes[23].

Le geste de Collette représente effectivement l'archétype de l'assassinat politique dans sa forme la plus classique : le choix d'une victime célèbre et controversée dont la disparition modifierait substantiellement le cours de la vie politique ; une préparation simple impliquant l'utilisation audacieuse d'une occasion plutôt que des plans sophistiqués nécessitant des complicités ; une exécution rapide qui évite les victimes collatérales innocentes ; une claire revendication de l'acte et de ses motifs ; la volonté d'être prêt à subir toutes les conséquences de son geste, alliée à la certitude d'avoir agi justement ; la sympathie suscitée dans le public par un être jeune et téméraire ; une approbation de l'attentat par une partie au moins de l'opinion publique ; l'absence de représailles. L'acte de Paul Collette aurait contribué à inspirer à Jean Anouilh son *Antigone*, écrite en 1942 et jouée en 1944.

Le gouvernement pense peut-être que dans cet exemple réside un grand danger potentiel puisque, au moment où Pétain gracie Collette, il prévient qu'il n'y aura pas d'indulgence garantie aux assassins de collaborationnistes. « Ce geste de clémence et d'apaisement doit être compris dans son véritable esprit. Il ne sera pas renouvelé[24]. » D'ailleurs, une fois Laval revenu à la tête du gouvernement, son proche collaborateur René Bousquet fait placer un mouchard en prison aux côtés de Collette. Car Laval ne se défera jamais du soupçon que le geste de Collette n'a pas été une initiative spontanée. Et voilà que Collette aurait fait en prison, comme par hasard, d'explicites révélations sur ses accointances cachées avec les communistes et sur la conspiration qui présida aux coups de feu du 27 août 1941[25]. Ces soupçons sont ravivés par le rapprochement, très naturel, qui s'est fait au fil des années passées en centrale entre Collette et des communistes, les détenus politiques de tous bords ayant fait bloc contre les prisonniers de droit commun.

Laval, très superstitieux, a conservé le bouton de manchette déformé par l'impact d'une des balles qu'il a déviées. Il le montre volontiers parmi ses gris-gris.

Le 17 septembre 1943, il échappe à un attentat à la bombe (contenant 35 kilos de nitroglycérine), prévu entre la voie de chemin de fer et la route qui le mène tous les matins de sa maison de Châteldon à l'hôtel du Parc à Vichy. Un cheminot a remarqué l'engin, dans le cadre de la surveillance contre les sabotages, et il a été désamorcé. Nul ne semble cette fois douter que des résistants sont à l'origine de l'attentat. Le maréchal Pétain utilise d'ailleurs cet argument pour mettre en évidence, y compris au profit des SS, le manque d'efficacité du gouvernement Laval dans la lutte contre les terroristes...

Rescapé des camps allemands, Paul Collette rentre en France au printemps 1945 avec le souci essentiel de rétablir sa santé très compromise. Dans ses rares déclarations, il s'identifie totalement à la Résistance. Après le procès de Pierre Laval, il est interviewé par le journal *Franc-Tireur*. Lui qui fut incarcéré à Fresnes, lui qui fut jugé et condamné à mort en un après-midi, lui qui porta les chaînes et le costume du condamné à mort en attendant sa grâce voit son ancienne victime suivre à son tour le même chemin. « La situation est totalement retournée, commente-t-il. Cette fois, c'est Pierrot qui porte les fers et la tenue de bure[26]. »

Les avocats de l'ancien chef du gouvernement remarquèrent l'article. Ils lui portaient tous les jours les journaux en prison, mais escamotèrent cette édition de *Franc-Tireur* au titre trop violent pour un condamné en attente hypothétique d'un sursis : « Paul Collette qui a tiré *le premier* nous dit... » Il valait mieux qu'un homme aussi superstitieux que Laval, dans une situation aussi dramatique, ignore comment on supputait que les douze balles du peloton d'exécution rejoindraient bientôt celle que les chirurgiens n'avaient pas osé extraire, le 27 août 1941[27].

En 1983, Paul Collette fut fait chevalier de la Légion d'honneur. En 1990, il était promu officier en qualité d'ancien sous-lieutenant des Forces françaises combattantes.

6

« On dira : c'était des communistes »

Octobre 1941

Aux premières heures du 20 mars 1944, à la prison militaire d'Alger, Pierre Pucheu, ancien secrétaire d'État à la Production industrielle, ancien ministre de l'Intérieur, est extrait de sa cellule. Premier membre du gouvernement de Vichy à être jugé, il a été condamné à mort pour intelligence avec l'ennemi. Le 19 mars, le général de Gaulle, président du Comité français de la libération nationale (CFLN), a refusé de le gracier en invoquant la raison d'État.

> Dans le drame que nous vivons, que la France vit, quand le monde souffre, nos personnes ne comptent pas, notre seul guide doit être la raison d'État, la France, son honneur dans le présent, dans l'avenir seuls comptent.
> Ma personne, celle de M. Pucheu ne comptent pas. Je suis moi-même condamné à mort[1].

En marchant vers le lieu de son supplice, ce n'est pas la crainte qui anime Pucheu, mais la colère. Il invective et chasse les juges militaires présents. À plusieurs reprises, il s'en prend au général Giraud qu'il désigne comme le premier responsable de son sort. Il obtient de commander lui-même le feu pour épargner aux exécutants la souillure de son « assassinat politique » : « Je ne veux qu'aucun gradé français autre que le général Giraud ne commande ce crime. » Pierre Pucheu tombe sous les balles du peloton. À 6 heures, un adjudant lui donne le coup de grâce[2].

C'est l'épilogue d'un drame commencé trois ans plus tôt.

Les sections spéciales

Un mois après le déclenchement de la guerre germano-soviétique, en juin 1941, Pierre Pucheu a quitté ses fonctions de secrétaire d'État à la Production industrielle pour le poste éminemment politique de secrétaire d'État, puis bientôt de ministre de l'Intérieur. Il a été choisi en tant que partisan des solutions fortes, car il se targue de son hostilité ancienne aux communistes. Ces derniers, précisément, s'efforcent, sur les ordres de l'Internationale, de saboter l'effort de guerre allemand pour soulager le front russe. Une grande ambition pour de tout petits moyens et des militants plus téméraires qu'organisés, aussitôt en butte à la répression féroce et ciblée des autorités allemandes. Dans l'idée de rendre coup pour coup, une équipe réduite de jeunes militants réussit, le 21 août 1941 dans le métro parisien, le premier attentat contre un membre des troupes d'occupation.

L'administration militaire allemande en France (MBF) l'interprète effectivement comme une réponse aux récentes arrestations de communistes et de Juifs opérées à Paris. Tandis qu'Hitler exige d'être informé des mesures de rétorsion adoptées, le MBF accepte de laisser le gouvernement français prouver son efficacité en prenant les représailles à sa charge.

La conjoncture s'y prête. Figure à l'ordre du jour du Conseil des ministres, ce 21 août 1941, une loi créant une nouvelle juridiction d'exception dédiée à la répression des menées communistes. Il suffira d'en faire un usage rétroactif (la loi sera finalement antidatée du 14 août) pour procurer aux Allemands, avec un habillage légal, les six condamnations à mort suivies d'exécutions immédiates qu'ils exigent à titre de représailles*. Durant la discussion, Pierre Pucheu, qui a activement participé à l'élaboration de la loi, se montre particulièrement pugnace, balayant les objections juridiques. À la grande joie des nazis, qui interprètent comme un progrès de voir bafouer tout à la fois les principes de non-rétroactivité de la loi et de séparation des pouvoirs :

> Que le gouvernement français, malgré son attachement désuet à l'ancienne conception du droit, s'engage dans de telles mesures, prouve que, sûrement sous

---

* Par téléphone le 22 août au soir, le délégué du gouvernement dans les territoires occupés, Brinon, transmet l'accord des autorités allemandes qui accueillent « très favorablement la nouvelle loi ». Il signale qu'Hitler a été mis au courant. Les six condamnations à mort sont si bien acquises que cette étape n'apparaît pas, la communication s'attachant déjà aux modalités des exécutions (Secrétariat d'État à la Marine, Vichy, 22 août 1941. AN-3W359).

l'influence du nouveau ministre de l'Intérieur Pucheu, on est en train de s'engager dans de nouvelles voies conduisant à la construction d'un nouvel ordre étatique[3].

Pendant ce temps, les proches collaborateurs du ministre détachés à Paris accentuent la pression sur les cabinets ministériels en agitant la menace – mensongère – de représailles allemandes massives et atrocement spectaculaires, frappant des internés juifs de Drancy et des personnalités parisiennes[4].

La section spéciale de la cour d'appel de Paris, constituée à marche forcée, inflige la peine de mort à trois communistes déjà détenus et condamnés pour des actes mineurs de propagande. Mais elle refuse d'infliger la peine de mort au journaliste de *L'Humanité* Lucien Sampaix et le basculement des juges oblige à retirer les deux derniers dossiers. Ce sont donc trois condamnations et non les six exigées qui sont acquises. Prétextant un déplacement imminent dans le Sud-Ouest, le maréchal Pétain se défausse de son droit de grâce sur le ministre de l'Intérieur, qui, évidemment, refuse d'épargner les condamnés[5].

Bien qu'elles continuent à siéger, les sections spéciales se révèlent réticentes à fournir les exécutions pour l'exemple des « meneurs » communistes qu'on attendait d'elles. C'est encore Pucheu qui s'implique dans la création d'une nouvelle juridiction d'exception, le tribunal d'État, en arguant de l'apathie dont fait preuve l'institution judiciaire devant la situation exceptionnelle créée par l'activité terroriste des communistes et la menace imminente de représailles de masse[6]. Les Allemands ne se sont pas privés de lui faire des suggestions pour aligner le droit pénal français sur le droit nazi. Débarrassé des magistrats professionnels, composé de personnalités choisies par le gouvernement, le tribunal d'État sera saisi par le Conseil des ministres qui aura toute latitude pour lui déférer des accusés qui encourront la peine de mort sans appel. Lors de sa première audience, le 20 septembre 1941, il condamne effectivement à mort trois communistes, dont le député de la Somme Jean Catelas. Ainsi est enfin atteint le quota de six morts promis après l'attentat du 21 août.

Pierre Pucheu vient de faire la démonstration des traits de caractère qui vont rejouer de façon paroxystique le mois suivant : la conviction d'agir pour sauvegarder les intérêts français, une attraction irrésistible pour le pouvoir fort et les solutions autoritaires, une volonté de réalisme qui éradique toutes les considérations légales ou morales, un anticommunisme ancien retrempé par la conjoncture de la guerre contre l'Union soviétique, le souci de préserver la souveraineté nationale, quelles que soient les tâches à accomplir, comme prix de la crédibilité à défaut de l'indépendance, le désir de démontrer son efficacité, l'ambition de tenir sa partie dans la grande politique.

Nouveaux attentats, nouvelles représailles

Au long du mois de septembre 1941, les plus hautes autorités militaires allemandes ont codifié, en les aggravant, les représailles prévues en cas d'attaques contre leurs soldats. Le 16, le maréchal Keitel, commandant des forces armées, a prescrit, conformément aux ordres directs du Führer, l'exécution de cinquante à cent communistes pour la mort d'un soldat allemand, sans préjuger de mesures encore plus sévères pour maximiser l'effet de terreur.

Le général von Stülpnagel, commandant l'administration militaire en France, est convaincu que cette méthode est contre-productive : elle risque de créer une solidarité entre la population, jusqu'ici paisible, et les victimes des représailles, même si ce sont des communistes. Tout aussi bien, elle placera le gouvernement français dans une situation intenable de soumission évidente qui nuira à son autorité et compliquera la politique de collaboration. Aussi fixe-t-il, le 28 septembre, des conditions au choix des otages en cas de représailles qui, de son point de vue, doivent faire admettre plus facilement les exécutions en établissant une corrélation manifeste avec les responsables des attentats. Les listes d'otages devront donc comprendre, par ordre de préférence :

— d'anciens élus des organisations communistes,
— des propagandistes communistes,
— des personnes qui ont prouvé qu'elles constituaient une menace, par exemple en agressant des militaires allemands, en participant à des sabotages, en se procurant ou en fournissant des armes,
— des personnes arrêtées du fait de leurs relations avec les auteurs supposés d'attentats ou de sabotages,
— des détenus âgés de 18 à 21 ans au cas où existe une certitude raisonnable sur la jeunesse des auteurs d'un attentat[7].

Le 20 octobre 1941, un peu après 7 h 30 du matin, le lieutenant-colonel Hotz, responsable de l'administration militaire allemande à Nantes, est abattu d'un coup de feu tandis qu'il gagnait son bureau à pied. C'est le premier officier haut gradé à être tué dans un attentat en France depuis le début de l'Occupation. Le haut commandement de l'armée à Berlin fixe directement les représailles : exécution de cinquante personnes dans les quarante-huit heures, puis exécution de cinquante otages supplémentaires quarante-huit heures plus tard, si les coupables ne sont pas retrouvés. Le général commandant la région militaire d'Angers (dont dépend la Loire-Inférieure) doit fournir sous vingt-quatre heures une liste de deux cents noms où seront choisis les futurs fusillés. L'antenne locale du service de renseignements de l'armée allemande est chargée de dresser cette liste en utilisant ses archives. Il n'en résulte qu'un premier état de dix-sept noms que le chef de service lui-même juge peu satisfaisant[8]. Il est évident qu'il faut élargir le champ d'investigation. Le plus simple est de se tourner vers le vivier représenté par les internés communistes du camp de Choisel, à Châteaubriant, à soixante-dix kilomètres de Nantes.

Il n'est pas encore 10 heures que des Allemands investissent le camp et commencent à relever dans les registres les noms de vingt-quatre internés originaires de Loire-Inférieure, auxquels ils ajoutent six noms de dirigeants ou d'intellectuels du PCF. La moisson étant encore insuffisante, ils reprennent les registres en relevant de façon assez aléatoire les noms de ceux qui, par leur profession, semblent être des chefs possibles du parti communiste ou de la CGT. Ils en collectent ainsi soixante de plus. Finalement, un troisième passage sur les registres amène la collecte de deux cents noms supplémentaires pris dans les premières pages. Ce travail s'achève vers 14 heures. Les Allemands repartent en emportant les registres avec eux[9].

Interventions françaises

Pendant ce temps, à Paris, Pucheu rencontre en fin de matinée, à sa demande, le major Boemelburg qui assure la liaison entre le MBF et la délégation du gouvernement français dans les territoires occupés. Selon le compte rendu rédigé par cet officier, le ministre lui fait part de sa conviction que les auteurs de l'attentat sont des communistes, éventuellement aidés ou commandés par les Anglais. Ce postulat oriente la suite de la conversation qui vient sur le choix des personnes à exécuter en représailles (sur le principe desquelles Pucheu n'essaie apparemment pas de discuter). Soutenu par son chef de cabinet, Jean-Frédéric de La Rozière, il recommande d'utiliser les ressources du camp de Choisel à Châteaubriant, qui devrait procurer quatre-vingts otages éventuels. « Le ministre Pucheu s'est prononcé sur le fait qu'il fallait espérer qu'on saisirait là-bas les otages à exécuter et il avait chargé son chef de cabinet de remettre d'urgence au gouverneur militaire une liste dans laquelle choisir[10]. »

En fin de matinée toujours, le sous-préfet de Châteaubriant, Bernard Lecornu, a appris comment les Allemands ont dressé leurs listes de fusillés potentiels au camp de Choisel. Il a alors téléphoné au ministère de l'Intérieur à Paris et s'est entretenu avec des membres du cabinet de Pucheu. Il parle d'abord avec le secrétaire général à la Police, Caumont, puis avec Georges Chassagne, un ancien responsable de la CGT, qui a suivi Pucheu de la Production industrielle à l'Intérieur comme « consultant » sur les questions syndicales. Celui-ci a visité le camp de Choisel une semaine plus tôt. Il avait alors commencé un classement des internés en fonction de leur dangerosité supposée.

Chassagne indique à Lecornu que le choix définitif des otages sera fait à Paris par les autorités du MBF : dans ce cadre, une liste de tous les internés devra être apportée dans la capitale dès le lendemain. Ensuite, expliquant qu'il estime nécessaire de disposer immédiatement d'une liste des communistes les plus dangereux, il demande au sous-préfet de lui lire des listes récentes, comprenant d'une part les noms des internés regroupés depuis le 23 septembre dans un baraquement isolé (baraque n° 19 dite « îlot spécial »), et d'autre part de la centaine de communistes réputés dangereux qu'on avait envisagé d'envoyer en Afrique du Nord. Au cours de cette lecture, il retient les noms de vingt des premiers et de quarante et un des seconds, soit soixante et un noms au total. Il recommande au sous-préfet de s'en servir le cas échéant auprès de la Kommandantur locale et en fait dresser aussitôt un état à Paris[11]. Pierre Pucheu le fait porter à Boemelburg, avec un bordereau signé de son directeur de cabinet :

> Je vous envoie ci-inclus la liste dont nous nous sommes entretenus aujourd'hui et qui a été établie en prenant les communistes les plus notoires du canton

de Châteaubriant. Je vous signale tout particulièrement les internés de l'îlot spécial[12].

Le major Boemelburg remet cette liste à sa hiérarchie, en la présentant comme « une liste pour
choisir parmi les soixante et un communistes particulièrement suspects du camp de Châteaubriant
signifiée par le ministre de l'Intérieur aux fins d'être
utilisée comme convenu lors des pourparlers d'aujourd'hui avec M. le chef du district B [le commandant de la région militaire d'Angers][13] ».

Plus tard dans la journée du 20 octobre, Pucheu
fait demander des informations supplémentaires à la
sous-préfecture de Châteaubriant qui, dans la nuit,
dactylographie la liste intégrale des 579 internés
du camp de Choisel. Comme convenu, elle est portée à Paris par le premier train dans la matinée du
21 octobre. Sans doute Pucheu veut-il disposer d'un
document exhaustif au cas où le haut commandement
allemand lui demanderait des informations supplémentaires, ce qui ne fut pas le cas. Lors de la réunion tenue entre officiers allemands, le 21 octobre,
il semble que l'on ait tenu à utiliser la liste fournie
par la Kommandantur d'Angers pour ne pas prélever
tous les fusillés au seul camp de Choisel[14]. Le choix
définitif des otages à fusiller est alors arrêté par les
Allemands.

Les exécutions

Au jour dit, 22 octobre 1941, les exécutions de
représailles se déroulent sur trois sites. Vers 16 heures,

au mont Valérien, cinq hommes originaires de Loire-Inférieure, mais détenus par les Allemands en région parisienne, sont fusillés. Quatre d'entre eux appartenaient à un réseau d'évasion, le dernier était un opérateur radio. Tous étaient incarcérés depuis plusieurs mois et avaient été condamnés par la justice militaire allemande*.

À Nantes même, seize hommes sont exécutés. Il s'agit de personnes arrêtées depuis plusieurs mois et jugées par un tribunal militaire allemand (mais non condamnées à mort), soit pour avoir fourni des faux papiers à des prisonniers de guerre évadés, soit pour appartenance à des groupes gaullistes.

Au camp de Choisel, le *Kreiskommandant* de Châteaubriant arrive vers midi, porteur d'une liste de vingt-sept noms d'internés établie la veille à Paris par le MBF. Le sous-préfet Lecornu intervient vainement en faveur de deux otages très jeunes et d'un troisième, qui faisait l'objet d'une demande de libération. Encadrés par des gendarmes français, puis par des soldats allemands, les otages sont conduits dans une carrière à la sortie de la ville. Ils sont exécutés vers 16 heures en trois vagues[15].

Un avis allemand publié dans la journée donne l'identité des fusillés et le motif de leur exécution : un député communiste, trente et un communistes,

---

* Il existe une incohérence sur la date de leur exécution, indiquée au 20 octobre à l'état civil de Suresnes. Cette date est reprise dans Serge Klarsfeld et Léon Tsevery, *Les 1 007 Fusillés du Mont-Valérien parmi lesquels 174 Juifs*, Association « Les fils et filles de déportés juifs de France », 1995, p. 42, mais contredite par *Le Mont-Valérien. Résistance, répression et mémoire*, Ministère de la Défense, 2009, p. 89.

un homme accusé de « violences contre des soldats allemands » et quinze accusés d'« actions en faveur de l'ennemi »[16].

On constate que dix-sept des vingt-sept fusillés de Châteaubriant figuraient sur la liste établie par le cabinet de Pucheu. Et il faut ajouter que cette liste servira encore pour le choix de neuf nouveaux fusillés à Châteaubriant, le 15 décembre 1941, après un autre attentat.

Cependant, à Bordeaux...

Le lendemain de l'attentat de Nantes, en début de soirée, un attentat presque identique s'est produit à Bordeaux : le conseiller d'administration militaire Reimers, chargé des questions de main-d'œuvre, est abattu de deux balles de revolver par un membre de l'organisation spéciale du parti communiste, Pierre Rébière. Un autre officier allemand est blessé. Le même processus de représailles s'enclenche, impliquant la désignation d'au moins cent otages pour deux vagues d'exécutions.

Paradoxe de plus dans ces événements tragiques : Pierre Pucheu n'est pas intervenu à Bordeaux, où la conjoncture était similaire et presque concomitante. La préfecture de la Gironde n'a pas sollicité de consigne ni de Vichy ni de Paris dans ses négociations avec les autorités allemandes. Dès l'automne 1940, le préfet Pierre-Alype avait insisté pour faire procéder à des arrestations préventives de communistes. Environ 180 d'entre eux avaient été internés en novembre et décembre 1940 au camp de Souge, à Mérignac, où une vingtaine de responsables locaux, considérés comme dangereux, étaient regroupés dans une baraque à part, dite baraque des otages. Il a été secondé avec zèle par le commissaire Poinsot de la police spéciale (politique) de la Sûreté. Ce dernier est l'auteur principal des commentaires sur le rôle politique et la dangerosité des internés qui accompagnent la transmission de leurs dossiers à la Kommandantur en février et mars 1941.

Dans la soirée du 21 octobre 1941, quand les autorités allemandes convoquent le maire et le préfet de Bordeaux pour exiger l'arrestation de cent personnes comme otages, les responsables français n'envisagent pas de procéder spécialement à des arrestations. Le secrétaire général de la préfecture, aidé du commissaire Poinsot, établit la liste des internés communistes les plus nocifs selon eux. Trente-cinq otages sont effectivement choisis par les Allemands au camp de Mérignac, dont douze proviennent de la « baraque des otages ». Les quinze victimes restantes sont prélevées au fort de Hâ, devenu prison allemande. Parmi ces derniers, qui sont essentiellement des jeunes gens arrêtés pour avoir tenté de franchir la ligne de démarcation ou pour leur appartenance à de petits groupes identifiés comme gaullistes, figurent trois anciens des Brigades internationales, récemment transférés par les Français du camp de Mérignac. Ce sont les autorités préfectorales et policières françaises qui ont désigné les trois quarts des fusillés de Bordeaux. Et au matin des exécutions, le 24 octobre, ce sont des gardes mobiles français qui ont assuré à Souge l'extraction et le transfert des futures victimes.

Contrairement à ce qui s'est fait à Nantes, les noms des fusillés ne sont pas révélés. Leurs corps sont ensevelis dans une fosse commune, aux abords du camp, sans que les familles puissent y accéder.

L'attitude adoptée spontanément à Bordeaux ne fait pas l'unanimité dans l'administration française. Aussitôt les événements connus, des préfets de la zone occupée qui ont des camps d'internement sous leur responsabilité expriment le désir que les internés administratifs ne figurent plus sur les listes d'otages, « le risque qui en résulte donne à l'internement des conséquences éventuelles qui ne sont pas en rapport avec les faits reprochés à ceux qui en sont frappés[17] ».

La Direction des services de l'armistice (DSA) déduit de l'attitude du préfet de Bordeaux que, faute de consignes gouvernementales, il « s'est vu ou cru contraint de précéder lui-même à la désignation des otages susceptibles d'être fusillés ». Elle préconise que le gouvernement précise sa position sur ce sujet. Des juristes du ministère des Affaires étrangères émettent l'avis qu'« on ne voit pas comment un agent du gouvernement pourrait, quelles que soient les menaces dont il est l'objet, participer à des violations particulièrement odieuses tant des lois de l'humanité que des règles du droit international que des lois conventionnelles en vigueur, sans par là perdre toute autorité ». La DSA rédige finalement un projet d'instruction aux préfets concernant la désignation d'otages, qui constitue un désaveu absolu et argumenté des choix faits par Pucheu un mois plus tôt. Or c'est lui qui, en tant que ministre de l'Intérieur, signera ces ordres et les transmettra.

Il n'est pas un fonctionnaire français digne de remplir la mission dont la confiance du Gouvernement l'a investi qui ne préférerait se soumettre aux violences dont il est menacé plutôt que de livrer un seul de ses concitoyens placés sous sa protection. Il ne saurait y avoir pour lui qu'un otage : c'est lui-même.

J'estime donc que vous devez désormais opposer un refus à toute demande de désignation d'otages et laisser aux Autorités Allemandes toute la responsabilité de ce choix[18].

Dès le 25 octobre, le ministre de l'Intérieur interdit effectivement aux préfets de désigner ou de faire arrêter des otages pour le compte des Allemands. Sans doute estime-t-il que des questions si graves ne peuvent être traitées que par lui et par son cabinet. Quant aux Allemands, ils ne désapprouvent pas ces instructions aux préfets, car ils se méfient par principe des informations fournies par les Français, qui peuvent être aussi biaisées qu'intéressées :

On risquerait que les autorités françaises ne désignent nullement des otages nuisibles au point de vue allemand, mais que soient choisies des personnes dont les autorités françaises voudraient se débarrasser à l'aide et sous la responsabilité des autorités allemandes[19].

Divergences de choix

Et, en effet, Pierre Pucheu manifeste son mécontentement en constatant, après les exécutions de Nantes et Châteaubriant, que les choix finaux des

Allemands ne recoupent qu'en partie ses recommandations. L'administration militaire allemande a cherché à appliquer ses propres critères. Elle a entériné
sur la liste établie par les collaborateurs de Pucheu
les noms qui correspondaient aux catégories prévues
dans le code des otages qu'elle avait édicté le 27 septembre. Toujours en vertu de ces critères, elle y a
ajouté de son propre chef, y compris en provenance
du camp de Choisel, des personnes ne figurant pas
sur la liste proposée par le ministre de l'Intérieur,
comme le jeune Guy Môquet, fils du député communiste Prosper Môquet, à propos duquel Pucheu dira :
« L'absurdité s'allie à la cruauté, car la victime n'avait
que 17 ans. » Ce critère de jeunesse relève d'un choix
délibéré des Allemands, motivé par leur conviction
que l'attentat de Nantes avait été perpétré par des
hommes jeunes. De même, dix des seize fusillés de
Nantes avaient entre 17 et 22 ans.

Les Allemands ont aussi choisi des personnes qu'ils
accusaient d'actes de résistance et les ont caractéri-
sées comme tel dans les avis officiels après exécution.

Enfin, ils ont établi un lien géographique entre
le lieu de l'attentat et l'origine des otages. Au mont
Valérien comme à Nantes, les fusillés sont très
majoritairement des personnes nées ou habitant en
Loire-Inférieure. Au contraire, les victimes de Châteaubriant se trouvent dans le département au hasard
de l'internement et ne lui sont pas liées.

Finalement, les fusillés de Nantes et du mont Valérien sont peut-être des ennemis de l'Allemagne, mais ils
ne sont pas tous des communistes et certains sont, aux
yeux de Pucheu, de « bons Français ». Dans le groupe
des fusillés de Nantes, en particulier, figurent cinq

anciens combattants de la guerre 1914-1918 dont les autorités françaises s'efforçaient depuis des semaines d'obtenir la libération et dont les Allemands eux-mêmes semblent avoir estimé la culpabilité légère[20]. Aussi Pucheu exprime-t-il aux autorités allemandes sa vive contrariété, parce que les indications qu'il a données n'ont pas été suffisamment prises en compte :

> Pucheu parle finalement des cinquante otages qui ont été fusillés à Nantes au cours des dernières représailles et regrette que le gouvernement français n'ait pas été consulté lors du choix [...] le sentiment le plus douloureux a été causé au gouvernement français et aux familles concernées par l'exécution de trois membres dirigeants de l'association des anciens combattants de Nantes[21].

C'est sur cette base qu'est accréditée la thèse – peut-être répandue par Pucheu lui-même – qu'il aurait non pas *proposé* des otages, mais *entériné la substitution* de communistes à une quarantaine d'anciens combattants de la Grande Guerre tout d'abord choisis par les Allemands. Le directeur du cabinet civil du maréchal Pétain rapporte cette version, en la complétant du récit de la désapprobation d'un des conseillers préférés du chef de l'État, Lucien Romier :

> Le 23 [octobre 1941] au soir, devant Romier, Pucheu tentait de se justifier : « J'ai fait ce qu'aurait fait à ma place tout ministre de l'Intérieur ayant le sens des responsabilités. Je ne pouvais pas, je ne devais pas laisser fusiller quarante bons Français. »
> J'entends encore la réponse de Romier, d'un Romier confondu par la nouvelle :

— Mais comment avez-vous mis le doigt dans l'engrenage, Pucheu ? Comment avez-vous pu désigner vous-même les otages ?

— Je ne les ai pas désignés... J'ai laissé, seulement, les Allemands substituer une seconde liste à la première.

— Vous n'en aviez pas le droit, mon pauvre ami. Anciens combattants ou communistes, c'étaient tous de bons Français. Vous n'aviez pas à faire un choix. Vous n'aviez pas à prendre parti. Il fallait laisser aux Allemands la responsabilité de ce massacre. Vous la partagez maintenant avec eux. Comment n'avez-vous pas senti tout cela[22] ?

En vérité, au moment où Pucheu a proposé ses listes, à la mi-journée du 20 octobre 1941, les Allemands n'avaient pas arrêté leur choix et rien, si ce n'est ses suppositions, ne disait que ce choix se porterait sur des anciens combattants ou sur de « bons Français » selon sa définition personnelle. Les informations données par le sous-préfet de Châteaubriant quant aux démarches effectuées par des Allemands au camp de Choisel indiquaient juste qu'ils relevaient des noms de manière effectivement plutôt aléatoire. Sur le moment, les consignes laissées au sous-préfet lui enjoignaient simplement d'insister auprès des Allemands sur la dangerosité de certains internés et sur les différences de situation de famille entre internés[23]. Il ne fut même pas question de leur nationalité française, ni de leur qualité d'anciens combattants de l'une ou l'autre des deux guerres.

Une bande de dangereux terroristes

Pour sa défense, Pierre Pucheu ne cessa de faire valoir qu'il s'était opposé avec succès à la deuxième vague de représailles, prévue pour le 24 octobre. Il s'agit là d'une version quelque peu enjolivée des événements.

Ce qui est vrai, c'est qu'Hitler accepte un report au 27 octobre, puis sursoit aux exécutions supplémentaires, mais pour des motifs qui ne tiennent pas uniquement aux interventions françaises. D'abord, les deux étapes dans les représailles, prévues d'emblée, sont justement là pour permettre au Führer de manifester sa clémence (et sa toute-puissance). Ensuite, la police allemande est persuadée – à tort –, depuis le 23 octobre, d'avoir arrêté le vrai coupable, en la personne d'un résistant nantais évadé de prison et caché chez sa sœur tout près du lieu de l'attentat. D'autre part, les autorités allemandes ont conscience de la nécessité de ménager les apparences de la souveraineté française, puisque le maréchal Pétain et l'amiral Darlan ont condamné très fermement les attentats et appelé la population à coopérer à l'identification des coupables. En outre, le 24 octobre, à l'instigation de son secrétaire général, le général Laure, le chef de l'État s'est déclaré prêt à se présenter en personne sur la ligne de démarcation à titre d'otage, avec une poignée de personnalités volontaires, pour se substituer aux victimes désignées. Pucheu en a immédiatement averti les Allemands, sans que l'on sache s'il s'agissait pour lui de faire pression sur ses interlocuteurs ou de couper court à une démonstration qu'il jugeait dangereusement contraire à l'esprit de collaboration. « Force est de constater, rapporte le général von Stülpnagel, que le ministre Pucheu, qui a l'habitude de se dominer [...] se trouvait dans un état de grande excitation[24]. » La suggestion du général Laure, brièvement adoptée par Pétain, est un désaveu – involontaire – du choix de Pucheu consistant à proposer des internés communistes en otages, alors que la tradition voulait que les otages soient des notables offerts en garantie. D'ailleurs, après les premières fusillades de Nantes, diverses personnalités nantaises, y compris des femmes, s'étaient proposées pour la deuxième vague d'exécutions.

Pucheu entend tenir sa partie en convainquant plutôt les Allemands de l'efficacité de la police française dans la traque des vrais coupables. L'enquête, commencée sous des auspices catastrophiques, faute d'indices, connaît une accélération décisive dès la fin du mois d'octobre. En croyant, à la faveur d'une dénonciation, débusquer un trafic d'armes destinées peut-être à des sabotages, la brigade spéciale de la police judiciaire parisienne enclenche des arrestations qui lui permettent de remonter en quelques jours au commando de jeunes communistes qui a opéré à Nantes et d'identifier – sans pouvoir l'appréhender – l'auteur du coup de feu fatal : Gilbert Brustlein. Dès le 6 novembre, Pucheu peut informer le MBF de l'arrestation de communistes – dont certains sont juifs – réellement impliqués dans l'attentat. Leur identité valide à ses yeux le choix des fusillés communistes qu'il avait préconisé. Le 19 novembre, la nouvelle des arrestations fait la une de la presse, éventuellement accompagnée d'une photo de Brustlein. En mars 1942, sept accusés, remis par les Français, seront traduits devant un tribunal militaire allemand pour un procès à grand spectacle organisé à la Chambre des députés. Condamnés à mort, ils seront fusillés deux jours plus tard au mont Valérien[25].

Les Allemands tirent de l'implication du ministre une double conclusion. Ils reconnaissent la sincérité de ses efforts et l'impulsion décisive qu'il a donnée aux services de police. « Le ministre de l'Intérieur prit lui-même en charge la direction des recherches », notent-ils. Ils profitent aussi de leur renonciation à la deuxième série d'exécutions pour obtenir, en échange, un droit d'ingérence dans les investigations policières en zone libre. Désormais, documents d'enquête, pièces à conviction et suspects peuvent leur être remis sur demande[26].

Pucheu désigné à son tour

Au cœur de cette tragédie demeure une autre question : comment se fait-il que Pierre Pucheu ait été dénoncé publiquement comme celui qui a désigné les otages de Châteaubriant ? Quand ces accusations sont-elles apparues ? Pourquoi ont-elles été si facilement crues dans tous les secteurs de l'opinion ?

Il semble qu'avant même que les otages n'aient été fusillés, le ministère de l'Intérieur ait été mis en cause dans les lettres des internés du camp de Choisel.

On pense qu'il doit être désigné des otages parmi les internés, écrit ainsi l'un des détenus de l'îlot spécial la veille de l'exécution. Nous avons confirmation que M. Poli, le chef du cabinet du sous-préfet, est parti pour Paris au ministère de l'Intérieur avec la liste des détenus et que parmi ceux-là trente des nôtres doivent être désignés. Nous savons que c'est notre baraque qui doit fournir le contingent exigé[27].

L'enchaînement des faits, comme l'isolement de certains dans l'« îlot particulier », le 23 septembre, ou la visite d'un représentant du ministre le 13 octobre, renforcent la théorie de la préméditation : le gouvernement a utilisé le prétexte des représailles pour détruire le PCF. Les médias clandestins communistes s'en font aussitôt l'écho, orchestrant même une longue campagne. La première accusation explicite apparaît dans *L'Humanité* en janvier 1942. Le « sinistre » Pucheu est accusé, au même titre que Stülpnagel, d'avoir fait assassiner des dizaines d'otages. Aragon rédige *Le Témoin des martyrs*, un récit des exécutions largement diffusé par la presse clandestine et alliée et par les radios internationales. Le nom de Pucheu n'y figure pas, mais on y lit :

> On dira : c'était des communistes. Est-il possible que des Français, est-il possible que des hommes, unis à d'autres hommes, à d'autres femmes, par les liens de la chair, de l'affection, de l'amitié, puissent se satisfaire d'une phrase pareille ?
> [...] Deux cents dossiers environ sont remis par le camp au chef de cabinet du sous-préfet qui les portera à Paris au ministère de l'Intérieur, où seront choisis les otages.
> [...] Mais ici, ce n'est pas l'occupant qui s'est caché derrière les autorités locales ; ce sont ceux-ci qui assassinent, enroulés dans « notre » drapeau (comme

ils ont l'imprudence et l'impudence de le dire), qui ont remis à l'occupant les justes, soigneusement choisis par eux sur les pièces de leurs dossiers, et qui ont ensuite, comme Pilate, crié très fort : « Nous nous lavons les mains du sang de ces justes ! »

À terme, les soupçons se transforment en accusations formelles, comme en témoigne ce rapport du Front national (mouvement de résistance affilié au parti communiste) transmis au général de Gaulle en 1943 : « [Pucheu] a, entre autres crimes, désigné aux Allemands les otages à exécuter et leur a livré de nombreux patriotes arrêtés par sa police[28]. » Finalement, les accusations sont rendues publiques à Alger en septembre 1943, dans une lettre ouverte de vingt-sept députés communistes au commissaire national à la Justice, où ce grief apparaît en tête d'un réquisitoire contre Pucheu :

> Avoir ordonné à M. le préfet de la Loire-Inférieure de dresser la liste des otages de Châteaubriant qui, peu après, étaient fusillés par les Allemands. Vingt-six Français furent ainsi exécutés (22 octobre 1941)[29].

D'ailleurs, un fonctionnaire affilié au NAP (Noyautage des administrations publiques, organisme résistant apparu à l'été 1942) aurait donné des informations corroborant la version selon laquelle Pucheu et ses collaborateurs auraient établi des listes indicatives[30]. Or les documents officiels sur le sujet ayant été – on l'a vu – fort peu nombreux, on peut imaginer que ce fonctionnaire a connu, directement ou par un témoignage autorisé, au moins une partie des démarches ayant présidé à l'établissement des listes. En clair, puisqu'il est douteux que les membres du cabinet de Pétain en aient parlé, il est possible que des fuites soient venues des employés de la préfecture de Loire-Inférieure (le sous-préfet de Châteaubriant appartint lui-même au NAP), de la délégation du ministère de l'Intérieur à Paris ou de hauts fonctionnaires de Vichy. Le témoignage, pourtant très favorable, donné en 1943 par un collaborateur de Pucheu montre bien la nature des informations qui circulent alors :

> Il est certain que lorsque certains ne purent être sauvés, [Pucheu] lutta pour obtenir des Allemands qu'au lieu de fusiller au hasard des personnes arrêtées, ils choisissent de préférence des communistes avérés [...] il est faux de parler de listes nominatives données par le Ministre ou ses services[31].

Les groupes de résistance non communistes ne tardent pas à se rallier au point de vue des communistes sur la culpabilité de Pucheu.

Il faut dire que lui-même et le gouvernement ont tout fait pour accréditer cette impression. Alors que l'émotion était à son comble à Nantes et à Bordeaux, le gouvernement, Pétain en tête, a formellement condamné les attentats, présenté des condoléances aux Allemands, mais n'a rien dit des victimes des représailles. Dans le même moment, le hasard des dates amenait le Maréchal à écrire au Führer pour célébrer le premier anniversaire de leur rencontre de Montoire et la presse, avec un incroyable manque d'à-propos, titrait : « À Montoire la France a choisi sa voie. Les premiers résultats de la Collaboration[32]. »

Dès son arrivée à la tête du ministère de l'Intérieur, Pucheu s'est présenté en homme fort. Très sûr de lui, il s'est porté en première ligne, en particulier en multipliant les déclarations sur son action sans pitié contre le communisme. Le déchaînement est à son comble lorsqu'en novembre 1941 sont annoncées les arrestations des « terroristes coupables d'attentats ». Le mérite en est attribué vigoureusement à la police judiciaire française, dont les commissaires sont cités. Le ministre de l'Intérieur, le gouvernement se félicitent ostensiblement de ce qui est présenté comme un magnifique succès.

Tout ce battage autour de la répression des « terroristes », toute cette condamnation ostentatoire des attentats qui n'a pas un mot de compassion pour les fusillés et s'aligne sur le point de vue de l'occupant se retournent contre Pucheu qui s'est mis en vedette. Par un retour de bâton, il devient évident pour tous qu'il a participé directement à la répression, que de la parole il est passé aux actes. Ainsi, les accusations portées contre lui paraissent parfaitement fondées. D'ailleurs, lors de son procès à Alger en mars 1944, le réquisitoire comprend de nombreuses citations tirées des interviews et communiqués tonitruants de Pucheu durant cette période.

Au contraire, alors que Vichy affiche une complaisance pour l'occupant qui choque l'opinion, le général de Gaulle, dès le 11 novembre 1941, décerne à Nantes la première croix de la Libération attribuée à une ville, portant des faits tragiques à la hauteur d'un exemple national.

Ville héroïque qui, depuis le crime de la capitulation, a opposé une résistance acharnée à toute forme de collaboration avec l'ennemi. Occupée par les troupes allemandes et soumises aux plus dures mesures d'oppression, a donné aux Français, par de nombreuses actions individuelles et collectives, un magnifique exemple de courage et de fidélité. Par le sang de ses enfants martyrs, vient d'attester devant le monde entier la volonté française de libération nationale.

Les choix de Pierre Pucheu

Le 18 avril 1942, Pierre Pucheu n'est pas reconduit dans le gouvernement formé sous la direction de Pierre Laval. Depuis l'entrée en guerre des États-Unis, en décembre 1941, il est revenu de ses certitudes sur la future victoire allemande. En septembre 1942, il adresse à Pétain et Darlan, commandant en chef, un mémorandum prédisant un débarquement allié en Afrique française et recommandant d'adapter en conséquence la politique de la France. Le débarquement anglo-américain de novembre 1942, suivi de l'invasion de la zone libre par la Wehrmacht, paraît lui donner raison. Ayant espéré en vain de Pétain une mission, même secrète, ou une quelconque investiture, il décide néanmoins de gagner l'Afrique du Nord où, d'après lui, l'avenir – le sien y compris – va se jouer. Transitant par l'Espagne, il demande l'aide de diplomates britanniques qui préfèrent s'abstenir. Il s'adresse alors au général Giraud, nouvel homme fort d'Alger, incarnation d'une résistance antiallemande sans être antivichyste. Il souhaite s'engager dans l'armée pour s'y refaire une virginité patriotique. Le général accepte, tout en le mettant en garde contre les risques qu'il court :

> Vous avez appartenu au gouvernement de Vichy et, à tort ou à raison, accumulé contre vous beaucoup d'inimitiés de la part des éléments qui, en France, entendaient résister à l'Allemand. Je tiens à souligner que cet état d'esprit n'est pas seulement le fait des gens qui entourent le général de Gaulle, mais également de la masse de l'opinion française. C'est un fait que je regrette, mais vous ne pouvez pas l'ignorer[33].

Tandis qu'il attend un transfert qui tarde, Pucheu tente une autre voie en écrivant à l'amiral Auboyneau, rallié au général de Gaulle depuis l'été 1940. Il lui explique le bien-fondé de l'armistice, sa politique de résistance aux exigences allemandes à la Production industrielle, son action vigoureuse au ministère de l'Intérieur pour rétablir la souveraineté française et en vient à la crise des attentats et des exécutions d'otages pour donner sa version qu'il présente comme sincère, puisqu'il n'est plus tenu ni à la réserve ni à la prudence :

> Dans le même temps éclatait la période des attentats individuels des groupes terroristes communistes qui coûtèrent tant de vies françaises sans rien apporter d'utile. Nul ne saura combien de jours et de nuits j'ai passé pour sauver des otages, à me battre avec le commandement allemand dans le même moment où Radio Londres m'accusait non seulement de désigner les otages, mais de les faire exécuter moi-même[34].

Après divers atermoiements, Giraud donne en mai 1943 l'ordre d'organiser son passage au Maroc, à condition qu'il voyage incognito. Mais il est à peine arrivé que son anonymat est fort logiquement percé. Le général se sent alors contraint de le faire placer en résidence surveillée. En août, Pucheu est mis en détention, inculpé de trahison et d'arrestations arbitraires. La campagne communiste s'organise contre lui en Afrique du Nord. En novembre s'ouvre l'instruction qui va le mener devant le tribunal militaire. Elle sera rondement menée, d'autant que, faute de pouvoir accéder aux documents existant en métropole, le dossier contient surtout des coupures de presse et des témoignages de seconde main. L'ancien ministre a eu le temps d'affermir sa défense, avec d'autant plus de conviction qu'il croit lui-même aux justifications qu'il a élaborées. Elles éclairent *a posteriori* la nature de sa réaction, immédiate et sans état d'âme, lorsqu'avait surgi la question des otages :

> Les communistes, déserteurs, saboteurs de la campagne 1939-1940, « collaborateurs » éperdus des six premiers mois d'occupation, mirent en route leurs groupes terroristes et ce fut le régime des attentats individuels qui ne fit guère de mal aux Allemands, mais fit fusiller des milliers d'otages. Je passai des jours et des nuits à me battre contre les Fritz sur le principe même et sur des cas particuliers. Je pus sauver pas mal de vies dans le moment même où Radio Londres expliquait que non seulement je fournissais les otages, mais même que je les faisais exécuter par la police française dans bien des cas.
>
> Je suis en paix avec ma conscience car, si j'ai pu parfois me tromper, j'ai toujours agi dans le sens de

ce que je croyais être les intérêts de mon pays. J'estime avoir servi, dans le sens plein du mot, dans l'accomplissement d'une mission de sacrifice, et la plus ingrate de toutes[35].

Le procès

Par manque de preuves, la question du choix des otages de Châteaubriant n'est pas retenue dans l'acte d'accusation et ne devrait pas être mentionnée dans les débats lorsqu'en mars 1944 le procès s'ouvre devant le tribunal militaire d'Alger. Elle va pourtant revenir à plusieurs reprises, du fait de certains témoins, mais aussi de Pucheu lui-même. Pensant tenir là un terrain propice à des justifications, l'ancien ministre s'efforce de faire reconnaître son innocence sur ce sujet pour mieux se poser en victime de la propagande mensongère des communistes et influencer favorablement les juges et l'opinion.

Il arrête sa ligne de défense dans sa réplique à la lettre ouverte des vingt-sept députés communistes de septembre 1943. Elle mêle une réfutation factuelle, en particulier sur certains détails du choix des otages par le haut commandement allemand, et une présentation habile de ses actes. Il s'agit pour lui de jouer à la fois sur les mots – soigneusement pesés – et sur l'imprécision des informations que possèdent ses détracteurs :

Jamais le préfet de la Loire-Inférieure n'a reçu de moi un ordre de dresser la liste des otages de Châteaubriant à fusiller par les Allemands.

> [...] le gouvernement français n'a eu connaissance
> de l'exécution des cinquante otages à laquelle les Alle-
> mands ont procédé après l'attentat de Nantes qu'après
> cette affreuse tragédie [...]. Aucun fonctionnaire
> français n'était intervenu dans leur choix, qui s'est
> trouvé frapper entre autres deux militants ouvriers
> dont j'avais décidé la libération[36].

Quand le député communiste Fernand Grenier
(détenu au camp de Châteaubriant avant les événements) l'accuse pendant sa déposition d'avoir fait
« massacrer » les internés, Pucheu s'exclame : « C'est
faux ! », et il le traite de faux témoin. Pendant son
interrogatoire, déjà, il s'est plaint d'être odieusement
calomnié par les communistes :

> On m'a accusé d'avoir assisté en personne à la tor-
> ture du professeur Politzer* et d'avoir livré à l'ennemi
> les otages de Châteaubriant. C'est absolument faux.
> Jamais de ma vie je n'ai assisté à un interrogatoire.

Son explication est une dérobade. Il n'affirme pas
ne pas avoir *proposé* d'otages. Le président du tribunal ayant fait remarquer que ces faits n'ont pas été
retenus dans l'acte d'accusation, l'avocat de Pucheu
insiste tout de même pour que son client puisse se justifier de ces accusations publiques. L'ancien ministre
évoque alors bien volontiers l'entrée du PCF dans la
guerre à partir de juin 1941, le risque insensé des
attentats entraînant des représailles, ses interventions

---

* Le philosophe Georges Politzer, arrêté par les brigades
spéciales en février 1942, fut fusillé au mois de mai au mont
Valérien.

pour en limiter l'ampleur. Mais il ne parle pas directement des événements de Châteaubriant et, de ce fait, ne nie pas non plus avoir voulu influencer le choix des fusillés.

Pendant les débats, l'un des juges militaires pose explicitement la question à deux témoins : savent-ils par qui ont été sélectionnés les otages fusillés ? À ce moment, Pucheu intervient pour donner la version la plus proche de la vérité qu'il donnera jamais des événements tragiques de Châteaubriant. Tout en prenant bien soin de s'exonérer (et son administration avec lui) :

> Il était impossible à un Français de savoir la vérité, parce que cela se passait à l'intérieur des services allemands, mais mon sentiment rejoint sur un point les dépositions de certains témoins communistes. En effet [...] les communistes ont raison lorsqu'ils disent que les Allemands ont frappé en cette circonstance d'une manière précise. Je pense que le choix a été fait avec les renseignements fournis par certains communistes dissidents dont je savais qu'ils servaient d'indicateurs aux SS de la rue des Saussaies. Je ne dis pas que je suis certain, mais j'ai cette impression[37].

Les mots mûrement choisis de ce témoignage controuvé renvoient à une vérité : Pierre Pucheu n'a pas *désigné* les otages exécutés à Châteaubriant. Il a *proposé* des noms et les Allemands ont *choisi*, parmi ces noms *et parmi d'autres*, selon leurs propres critères, leurs victimes.

Néanmoins, le ministre de l'Intérieur a fourni des informations nominatives pour orienter le choix du MBF. En outre, si divers collaborateurs de Pucheu et membres de l'administration préfectorale ont fait un travail matériel d'établissement de listes, c'est bien lui qui a proposé cette solution aux Allemands et pris la décision de leur remettre des listes qui nommaient et « classaient » les victimes potentielles.

Dans le réquisitoire final, l'affaire de Châteaubriant n'est pas mentionnée. Mais, au moment de demander la mort, l'avocat général déclare : « N'ayez aucune mansuétude. Songez aux tombes fraîchement creusées, aux victimes crucifiées par l'ennemi certes, mais aussi par les complices de l'ennemi. » Sur les onze questions mises en délibéré, Pucheu est déclaré coupable à sept reprises et condamné à mort en application de l'article 75 du Code pénal, qui traite du crime d'intelligence avec l'ennemi.

Après la Libération, les organes du tout nouveau gouvernement provisoire de la République française regagnèrent la métropole. La justice commença à faire saisir et étudier les archives du gouvernement de Vichy et des autorités d'occupation. Le 19 octobre 1944, François de Menthon, commissaire national à la Justice à Alger, devenu garde des Sceaux à Paris, révélait, au cours d'une conférence de presse, une lettre retrouvée dans les archives des services allemands. Elle émanait du sous-préfet de Châteaubriant, était adressée au commandant de la Kommandantur locale et était datée du 20 octobre 1941 :

> Comme suite à notre entretien de ce jour, j'ai l'honneur de vous confirmer que M. le ministre de l'Intérieur a pris contact aujourd'hui avec le général von Stülpnagel, afin de lui désigner les internés commu-

nistes les plus dangereux parmi ceux qui sont actuellement concentrés à Châteaubriant. Vous voudrez bien
trouver ci-joint la liste des 60 individus fournis ce jour.

[Post-scriptum manuscrit] Après examen plus appro-
fondi de nos listes d'internés, l'état ci-joint sera révisé et
une nouvelle liste définitive vous sera adressée[38].

Cette lettre paraissait trancher de manière décisive la question de l'implication de l'administration
française dans la désignation des fusillés et valider *a
posteriori* l'exécution de Pucheu.

Des procédures furent successivement ouvertes
contre le sous-préfet de Châteaubriant et les deux
membres du cabinet de Pucheu qui avaient pour l'un
dressé la liste des otages à choisir de préférence, pour
l'autre signé le bordereau de transmission de cette
liste au MBF. Elles s'achèveront en septembre 1954
sur un acquittement. En février 1955, l'ancien préfet
de Bordeaux était lui aussi acquitté par le tribunal
militaire de Paris, après avoir pourtant été condamné
à mort par contumace, le 21 octobre 1946, par la
cour de justice de la Gironde, pour intelligence avec
l'ennemi.

Entre-temps, le général von Stülpnagel, arrêté en
zone d'occupation britannique en Allemagne, remis
aux Français et déféré devant la justice militaire, se
suicida en prison, le 6 février 1948. Durant l'instruction, il avait justifié la pratique des représailles et
revendiqué la responsabilité du choix des otages,
affirmant n'avoir pas varié sur ce sujet depuis qu'il
avait établi des règles de désignation en août 1941 :

Je me réserve comme par le passé le pouvoir de décider personnellement de l'exécution de chaque otage. Pour ce qui concerne le choix des personnes dont l'exécution est proposée, il y a lieu de veiller à ce qu'elles appartiennent, autant que possible, à l'entourage des auteurs identifiés ou présumés de l'attentat. Dans le rapport soumis à ma décision, il y a lieu de mentionner un nombre tel de personnes – avec indication d'âge, de situation de famille (y compris le nombre d'enfants) et de profession – que je sois à même de procéder à un choix. La liste doit être rédigée par ordre de préférence[39].

Le 30 mai 1949, trois officiers allemands en poste à Nantes et Bordeaux en octobre 1941 furent acquittés à la minorité de faveur par le tribunal militaire permanent de Paris du chef « d'avoir, courant 1941-1942 [...] mis à mort par représailles un certain nombre de nationaux ou de protégés français ».

Pour la justice française, personne n'aura finalement été condamné pour avoir choisi les hommes qui furent fusillés à Châteaubriant, le 22 octobre 1941.

7

Journée de dupes à Saint-Florentin

Décembre 1941

Le lundi 1er décembre 1941, en gare de Saint-Florentin-Vergigny, dans l'Yonne, se rencontrent le *Reichsmarschall* Hermann Goering, numéro 2 du régime nazi, et le maréchal Pétain, accompagné du vice-président du Conseil, l'amiral Darlan. Quel est le propos de cette rencontre qui a été tenue secrète ? La radio évoque l'entrevue dans la soirée et quelques récits, purement descriptifs, paraissent dans les quotidiens du lendemain, puis dans les journaux illustrés. Dans les semaines qui suivent, l'événement n'apparaît plus que sous le biais d'une propagande qui en a masqué et même travesti la teneur.

Derrière le théâtre des apparences (la rencontre de deux maréchaux, anciens combattants de la Grande Guerre, qui n'ont en réalité rien de comparable) se révèle crûment la sujétion française au vainqueur allemand. Philippe Pétain, chef d'un État souverain, ne peut venir en zone occupée que sur « invitation » allemande et en suivant un itinéraire étroitement balisé. Il attend depuis des mois un rendez-vous avec un dirigeant allemand de premier plan, dans l'espoir de clarifier et de relancer le processus de collaboration tel qu'il le conçoit. Il estime en avoir payé le prix d'avance. Il arrive chargé d'un long mémorandum qui va constituer le nœud de l'entretien et le prétexte de son échec.

L'insaisissable collaboration

En choisissant de demander un armistice en juin 1940, Philippe Pétain a pensé sauver ce qui pouvait l'être du territoire et de la sécurité du pays et attendre, dans les conditions les moins catastrophiques possibles, la conclusion rapide d'un traité de paix. L'acharnement mis par la Grande-Bretagne à continuer la guerre, l'échec de la bataille d'Angleterre ont repoussé cet horizon et installé la France sous le régime d'une convention d'armistice dont le vainqueur use et abuse à sa guise. Chacun à Vichy, Pétain et Laval en tête, se fait fort d'être celui qui nouera au plus haut niveau un dialogue avec les Allemands pour desserrer ces contraintes et jeter les bases de relations à long terme qui devront faire progresser la réconciliation franco-allemande. Après de vaines tentatives pour entrer en contact par les voies diplomatiques ou militaires, le Maréchal a tenté un appel public à une collaboration bien comprise entre vainqueur et vaincu, dans un discours du 10 octobre 1940. Cet appel a semblé suivi d'effets puisque, deux semaines plus tard, Pétain et Laval ont été « invités » à s'entretenir avec le Führer en personne, à la gare de Montoire (Loir-et-Cher). À cette occasion a été proclamé l'accord entre les deux pays sur le principe d'une collaboration, sans qu'aucun contenu précis n'ait été donné à ce terme. Le chef de l'État en a néanmoins assumé toute la responsabilité dans un discours qui a inquiété la majorité des Français. Les Allemands se sont emparés du mot pour en faire l'habillage impérieux de toutes leurs immixtions et exigences. Depuis lors, la « collaboration » telle que l'espérait Vichy, comme négociation de concessions mutuelles, est au point mort. À partir du 13 décembre 1940, les Allemands ont gelé les contacts avec le gouvernement français, au prétexte de sa perfidie. Au printemps 1941, la tentative périlleuse entreprise par Darlan pour échanger un soutien matériel aux opérations militaires allemandes contre les Britanniques, contre des concessions en matière de frais d'occupation ou de libérations de prisonniers de guerre a achoppé sur le refus allemand de passer effectivement à la négociation de ces concessions.

Depuis un an et demi, le Reich agit à sa guise en territoire occupé, y découpant des portions annexées, interdites ou réservées, prélevant de considérables ressources à coups de réquisitions, d'exorbitants frais d'occupation, de prises de participation forcées, d'aryanisations d'entreprises « juives » et d'achats à bon compte, exerçant contrôle et répression sur la population avec l'aide de l'administration, tout en payant le gouvernement français de menaces plus ou moins voilées assorties de quelques bonnes paroles.

Pour autant, ni le maréchal Pétain ni son gouvernement n'ont renoncé aux perspectives d'une collaboration concrète qu'ils sont prêts à acheter à un prix indéterminé. En effet, la prolongation depuis dix-huit mois du régime provisoire de l'armistice, l'accroissement des demandes allemandes péremptoires en matière de main-d'œuvre, de matériel et de facilités militaires depuis le début de la guerre germano-soviétique pèsent dramatiquement sur l'économie française, en contradiction avec les projets de rénovation contenus dans le programme de la Révolution nationale.

Toujours persuadé que la Collaboration est pourtant la condition de la réussite de la Révolution nationale, Pétain est obnubilé par la conviction que des contacts avec les plus hautes instances allemandes permettraient de fructueuses négociations. Le renvoi du général Weygand, délégué général en Afrique française, dont les Allemands soupçonnaient les velléités de basculer du côté des Anglo-Saxons, est offert en échange de concessions allemandes dont on se plaît déjà à dresser la liste. Le 17 novembre 1941, la révocation est effective, sans que les Allemands aient promis autre chose qu'une rencontre avec Goering, d'ailleurs déjà projetée. Le *Reichsmarschall* est coutumier des incursions en France, essentiellement pour procéder au choix des œuvres d'art et des meubles anciens qu'il s'accapare. La rencontre de Saint-Florentin a été précédée pour lui d'un fructueux séjour à Paris, avec shopping au musée du Jeu de paume, dans les galeries d'art, chez les antiquaires, bijoutiers et couturiers.

En route pour Saint-Florentin

Comme à Montoire, les autorités allemandes se posent à Saint-Florentin-Vergigny en puissance invitante du chef de l'État français sur le territoire français. Le train du maréchal Pétain a quitté Vichy la veille au soir, juste le temps de passer la ligne de démarcation où il a stationné pour la nuit. Reparti à 6 heures le 1er décembre au matin, il a roulé jusqu'à Coulanges, un petit bourg dans l'Yonne, où il a été accueilli par une délégation franco-allemande arrivant de Paris : Fernand de Brinon, le délégué du gouvernement français dans les territoires occupés, et le général Hanesse, commandant de la Luftwaffe en France où il représente Goering. Prévenus au dernier moment, le préfet et le commissaire des Renseignements généraux sont néanmoins présents. Le général Hanesse remet une lettre indiquant le lieu du rendez-vous : la gare de Saint-Florentin-Vergigny. Brinon affirme, dans ses Mémoires, avoir prévenu Pétain en aparté de ne pas tenter une négociation politique et de se contenter de demander la grâce de quelques Français condamnés à mort par les autorités d'occupation[1].

Ces détours et ces haltes ne sont qu'un détail du luxe de précautions dont s'entoure le maréchal Goering. À la gare de Vergigny, des soldats allemands sont déployés sur les voies, sur le pont et sur la place, où les maisons ont été fouillées et leurs volets clos. Les routes avoisinantes sont surveillées. Deux heures à l'avance, les trains descendant de Paris ou remontant du sud sont stoppés. Les cheminots indispensables sont sous contrôle, le reste du personnel de la SNCF étant confiné. Un peu avant midi et demi, le train du *Reichsmarschall* entre en gare, un train blindé, équipé de canons antiaériens et survolé par des avions de chasse.

Pendant ce temps, le maréchal Pétain effectue en voiture la soixantaine de kilomètres qui séparent Coulanges de Saint-Florentin-Vergigny, escorté de sa garde motorisée. Des gendarmes sont disposés le long du parcours. Les personnes se trouvant par hasard sur la route empruntée par le convoi hésitent entre stupeur et curiosité en reconnaissant, à son fanion tricolore, la voiture du chef de l'État.

Alors que le maréchal Pétain s'était rendu à Montoire presque à l'improviste et sans préparation – ce qui avait alarmé son entourage –, il s'est muni pour cette occasion d'un copieux mémorandum, préparé avec son cabinet et avec le ministère des Affaires étrangères. Il se fait fort de rappeler les éventualités que les Allemands avaient fait miroiter au gouvernement français six mois plus tôt, pour obtenir qu'il leur ouvre l'Empire colonial et facilite la guerre contre les Britanniques. Cette énumération est précédée et suivie de vigoureuses protestations d'adhésion à la Collaboration et de demandes explicites de moyens supplémentaires pour répliquer à une éventuelle attaque anglo-saxonne en Afrique. Pétain s'est préparé un aide-mémoire de huit pages soigneusement annoté. Il doit lui permettre de mener efficacement la négociation, dont il a résumé dans la marge les points saillants. Ceux-ci montrent quel sens il espère donner à une rencontre à l'évidence revêtue pour lui d'une importance capitale.

> Le gouvernement accepte la collaboration. Le peuple n'a pas encore donné son adhésion. Il souffre. Il ne perçoit pas le but. Il faut qu'il se rende compte de la portée pratique. Promesses du Führer. Nécessité

de jeter les bases des relations futures. Le temps presse : événements à prévoir. Hypothèse d'une agression anglo [*sic*] en Afrique. La France doit défendre elle-même son Empire. Allemagne et Italie doivent lui en donner la possibilité. Importance stratégique de l'Afrique du Nord. En cas d'appui militaire, nécessité de préparer l'opération. Retour des prisonniers originaires d'Afrique. Reconnaître publiquement que l'A[llemagne] n'a aucune visée sur notre Empire colonial. Plan d'ensemble pour asseoir les bases de l'Europe de demain. L'Allemagne gagnera la guerre. Il s'agira ensuite de gagner la paix. Aide apportée par l'exemple de la France. Difficultés d'ordre intérieur sont à prévoir. Le plan d'ensemble doit comporter une préface [i.e. la liste des concessions allemandes]. Agriculteurs indispensables[2].

Le Maréchal est accompagné de l'amiral Darlan, son vice-président du Conseil, ministre des Affaires étrangères, de la Défense et de la Marine, qui doit le soutenir dans la discussion ; d'un interprète issu de l'administration préfectorale, l'Alsacien Marc Freund-Valade ; de son médecin personnel et de son officier d'ordonnance.

Il arrive à Saint-Florentin peu avant 13 heures. Suivi de son chef d'état-major, Goering s'avance à sa rencontre : salutations protocolaires. Ce sont là les images, tournées sous un beau soleil de décembre, qui ont été retenues pour le sujet de deux minutes des actualités cinématographiques[3].

La rencontre commence dans un déploiement d'amabilités. Les deux maréchaux se sont déjà côtoyés en 1934 et 1935, à Belgrade et à Varsovie pour les obsèques du roi de Yougoslavie et du chef de l'État polonais. Les deux fois, Goering s'est montré habile, en s'inventant, devant les personnalités assemblées et la presse, des relations chaleureuses avec le prestigieux maréchal.

Quel que soit le public présent, Goering ne passe pas inaperçu, ni par son physique abondant, ni par son style flamboyant. Il arbore, ce jour-là, un uniforme clair, assez peu orné (selon ses critères personnels), sur lequel se détache une grosse Croix de fer. Il tient à la main son bâton de maréchal, incrusté d'or. On peut difficilement imaginer contraste plus tranché avec Philippe Pétain, qui a fait de la sobre dignité sa marque de fabrique.

Les deux maréchaux s'installent dans le wagon-salon de Goering, lambrissé de bois précieux et orné de tapisseries. Son train spécial, composé de six luxueuses voitures, tiré par deux puissantes locomotives, dénommé *Asien*, est à la hauteur de ses goûts fastueux, avec son cinéma, son salon de coiffure, sa salle de bains, sa garde-robe, ses restaurants… On ne va pas avoir, en l'occurrence, l'occasion d'en profiter.

Le mémorandum

Alors qu'à Montoire, Pétain avait dû subir les interminables monologues hitlériens, c'est lui qui prend la parole. Il exprime sa satisfaction de rencontrer le *Reichsmarschall*. Il ne doute pas qu'ils vont trouver un accord, puisqu'à eux deux, ils tiennent dans leurs mains l'avenir de la France. Il explique son postulat de départ. Son gouvernement souhaite profondément poursuivre la politique de collaboration. Il n'y parviendra que si ses concitoyens adhèrent à ce projet. Reste à leur en prouver les bienfaits par des réalisations concrètes. Il demande ensuite qu'on fasse entrer Darlan. L'interprète donne lecture du mémorandum. Le prologue célèbre la Collaboration, appelle à la normalisation des rapports franco-allemands et insiste sur la nécessité de donner à la France les moyens de se défendre contre les Anglais en Afrique. Il détaille les fameux avantages concrets que l'Allemagne doit consentir pour emporter la conviction collaboratrice de l'opinion publique. La liste est longue : assouplir la ligne de démarcation pour n'en faire qu'une simple délimitation administrative de l'occupation militaire, supprimer toutes les zones réservées qui n'étaient pas prévues dans la convention d'armistice, restaurer la souveraineté de l'administration française en zone occupée, arrêter de soutenir les collaborationnistes qui attaquent le gouvernement français, libérer d'importants contingents de prisonniers de guerre dont des cultivateurs pour restaurer le plein rendement de l'agriculture en France, alléger les frais d'occupation et les prélèvements sur l'économie et les moyens de transport, fournir du charbon et du pétrole à la France. Ce résumé est complété par une dizaine de notes thématiques, argumentant sur les différents sujets[4]. C'est peine perdue, le *Reichsmarschall* refusant par principe de lire tout rapport de plus de quatre pages et se vantant de ne comprendre ni les graphiques ni les statistiques. D'ailleurs, il a bien précisé que s'il consentait à la lecture d'un document, il était venu pour une discussion à bâtons rompus et non pour engager des pourparlers.

Cette lecture achevée, Goering répond avec une lourde ironie. Qui de l'Allemagne ou de la France, demande-t-il, a été vaincue ? Car, en entendant ce catalogue de revendications, on pourrait croire que c'est l'Allemagne qui doit quelque chose à la France. Aussi conseille-t-il de s'abstenir de transmettre au Führer un document aussi provocant. À dire vrai, son argument n'est pas purement rhétorique : payé pour subir les lubies d'Hitler, qui confond couramment ce qui est possible avec ce qu'il veut, le *Reichsmarschall* sait qu'il ne pourra discuter avec lui du bien-fondé, ou non, des demandes françaises. Feignant de penser que le chef de l'État français n'est pour rien dans une démarche aussi absurde, il fait mine d'en tenir Darlan pour l'unique responsable. Puis, bien dans la manière nazie, il passe à l'offensive en retournant longuement les arguments qui viennent de lui être donnés.

Il reproche donc au gouvernement français de réclamer des concessions allemandes sans rien offrir en retour et d'être incapable de gagner l'opinion en dépit des merveilleux efforts déployés par l'occupant magnanime et généreux, depuis juin 1940. Il fait remarquer qu'il n'est nulle part question de l'aide concrète que la France pourrait apporter dans la lutte contre l'Angleterre et plus encore contre le communisme soviétique[5]. La bataille reprend donc à fronts renversés, dans un stupéfiant déploiement de mauvaise foi auquel les Français ne peuvent mettre fin, faute d'être prêts à prendre le risque d'une rupture. Goering a été expressément chargé d'entretenir la fiction de la « collaboration » pour tenir les Français en haleine jusqu'au moment où l'Allemagne aura de nouvelles exigences à présenter. Mais, bien entendu, il n'a pas été un instant envisagé de céder quoi que ce soit, même symboliquement, non plus que d'associer la France à la guerre, au cas où elle pourrait être tentée de revendiquer une part de la victoire commune. Quant à Pétain, il est trop engagé par son choix fondamental de la Collaboration pour renoncer sans rien avoir obtenu. Il essaie en particulier de se faire enfin donner par un responsable de premier plan des indications claires sur ce que l'Allemagne entend par « collaboration », « Europe nouvelle » et autres vocables fumeux dont il a accepté le principe à Montoire, sans savoir ce qu'Hitler voulait dire. Se refusant à croire, comme l'affirment ses adversaires et comme le craignent certains de ses soutiens, que la « Collaboration » n'est que le grossier habillage du pillage, de la répression et de la subordination, il désespère néanmoins d'obtenir des réponses nettes et encourageantes qui récompenseraient enfin son pari initial. Au mois de mai 1941, il a fait dire au Führer par Darlan qu'il avait le sentiment de « marcher dans la nuit ». Il reprend une image similaire lorsqu'il demande des précisions à Goering :

> Nous ne pouvons pas marcher les yeux fermés. Nous voulons savoir quelle est la place que vous réservez à la France dans l'Europe nouvelle. Il faut qu'une commission examine toutes les questions ayant trait à l'intégration de la France dans une nouvelle Europe à laquelle nous voulons collaborer loyalement[6].

Bien entendu, Goering élude en mêlant quelques paroles grandiloquentes sur les perspectives enchanteresses du triomphe de l'Allemagne à un sermon bien senti sur les erreurs et les incapacités françaises : il sait très bien qu'il ne sortirait de l'ambiguïté qu'à son détriment. Ses propos donnent une idée très nette de la tournure à la fois arrogante et vague dans laquelle il aurait souhaité cantonner toute l'entrevue.

> La France a réalisé tant de belles et grandes choses qu'on ne peut imaginer qu'elle ne puisse tenir une place des plus honorables dans la nouvelle Europe. Plus vite elle reconnaîtra la puissance et le rang de l'Allemagne auxquels lui donnent droit ses cent millions d'habitants et son rayonnement intellectuel dû au national-socialisme, plus vite elle trouvera la place qui lui revient.
>
> Il faut donner à l'Europe « un visage de seigneur » car l'Amérique n'est qu'une poubelle dans laquelle l'Europe a vidé sa boue. La France fait partie des grandes nations culturelles. Français et Allemands, nous nous sommes trop longtemps combattus. Chacun de vous qui occupez une situation prédominante, vous devez être conscients de votre rôle. D'ailleurs, je répète qu'en vous, Monsieur le Maréchal, et, en vous, Amiral, nous avons la plus grande confiance. Mais si vous veniez à disparaître, qu'adviendrait-il de la politique de votre gouvernement ? Quelle garantie de continuité aurions-nous[7] ?

Il termine en évoquant, presque à la cantonade, ce qui était peut-être le vrai sujet qui l'a amené à Saint-Florentin : de possibles contacts entre les états-majors français et allemand dans l'optique d'une véritable collaboration militaire contre l'Angleterre, tout en rejetant soigneusement toute idée d'une négociation globale. Le contexte, il est vrai, devrait le servir : depuis le renvoi de Weygand, les Américains ont suspendu le ravitaillement qu'ils consentaient à l'Afrique du Nord française, ce qui a poussé Darlan à initier aussitôt des négociations avec l'Allemagne et l'Italie à la commission d'armistice pour obtenir du ravitaillement. Les représentants du Reich se sont aussitôt prévalus des accords militaires restés lettre morte depuis six mois, en visant en particulier une implantation en Tunisie[8].

Un dangereux déjeuner

Lorsque l'entrevue s'achève, Pétain n'a donc rien obtenu, quoiqu'elle ait duré trois fois plus longtemps que prévu : ni résultat pratique sur les concessions qui pourraient être faites pour renforcer les troupes françaises dans l'Empire colonial, pour améliorer la vie des Français ou faciliter la politique du gouvernement de Vichy, ni réponses à ses questions essentielles sur la nature réelle de la Collaboration. Au moins n'a-t-il rien donné non plus, si ce n'est ses déclarations éperdues sur son désir de collaborer, quoi que cela puisse vouloir dire.

Pendant le déjeuner – rebaptisé collation, vu l'heure tardive –, la fatigue et la détente aidant, il va en aller tout autrement. On passe à table à 16 h 15 pour un menu très « goeringien », capable d'altérer des lucidités plus vaillantes que celle de Pétain : caviar (« à profusion », précise Brinon), rôti de porc avec purée, compote, champagne, liqueurs, cigarettes turques. Goering, dont on penserait à tort qu'il n'est pas très subtil, a tôt fait de tirer parti des faiblesses du chef de l'État français. Pétain se laisse aller à vanter ses propres mérites quand il était ambassadeur en Espagne. Il fait des confidences sur ses – brefs – démêlés avec Churchill en juin 1940. Comme saisi d'une inspiration soudaine, le *Reichsmarschall* lance : « Pourquoi ne nous loueriez-vous pas votre flotte ? » Darlan se cabre : « L'argent ne vaut rien. » La discussion s'anime :

Goering :	On vous la louera pour d'importants avantages matériels. Ce n'est pas la première fois qu'on loue une flotte. La France a loué la flotte hollandaise autrefois.
Darlan :	Je ne me servirai de ma flotte que sous mon pavillon.
Pétain :	On pourrait vous céder la flotte contre une province.
Goering :	C'est une bonne idée !
Darlan :	Pas du tout ! Je ne céderai pas la flotte[9]* !

La flotte est, avec l'Empire, le seul atout que la France ait conservé aux termes de la convention d'armistice. S'en priver reviendrait à se dépouiller dans l'immédiat et à ruiner les derniers espoirs du pays d'avoir des éléments de négociation au jour du règlement final de la paix. Faire contribuer la flotte à la guerre contre l'Angleterre aboutirait à déclarer la guerre à la Grande-Bretagne et à accepter le risque d'une rupture avec les États-Unis. Chaque épisode antérieur des discussions avec le Reich a prouvé que

---

* Goering fait allusion de façon approximative à des épisodes remontant à la fin du XIIIe siècle. À moins de penser qu'il était féru d'histoire maritime, on peut estimer que cet argument, présenté comme une inspiration du moment, avait été en réalité préparé.

s'il se laisse, à la rigueur, extorquer quelques promesses, il ne manifeste jamais la moindre intention de les tenir. En conséquence, céder les navires à l'Allemagne, par « location » ou échange de quelque nature qu'il soit, serait un marché de dupes qui déclencherait de surcroît le retour de la France parmi les belligérants. Or non seulement Pétain paraît l'envisager, mais moyennant un paiement (une province) qui n'est qu'une escroquerie. Car cela revient à admettre que l'Allemagne utiliserait les bateaux de guerre français contre l'Angleterre et qu'en contrepartie elle consentirait à ne pas annexer une province française. Mais la convention d'armistice n'a aucunement prévu d'annexion de territoire : celle de l'Alsace et de la Moselle, la création d'une zone interdite, le rattachement du Nord-Pas-de-Calais au commandement de Bruxelles, les encouragements prodigués aux séparatistes flamands, bretons, bourguignons même, sont des décisions purement allemandes, fondées sur la force et dépourvues de tout fondement juridique. Si le Reich rendait à Vichy l'administration de la Picardie, du Nord, voire de la Moselle, ce ne serait qu'un retour au droit. En outre, rien n'empêcherait que le droit soit ultérieurement violé, sous un prétexte quelconque. Si, allant au-delà de la situation de fait, l'Allemagne anticipait en quelque sorte sur le traité de paix et déclarait renoncer à annexer telle ou telle province, il lui suffirait de prétendre avoir eu des vues sur n'importe quel territoire et y renoncer solennellement, sans avoir en réalité rien perdu. Ainsi le maréchal Pétain pourrait-il vendre aussi bien la flotte contre l'Auvergne ou le Poitou... Son intervention dans la discussion est aussi irréfléchie que périlleuse et il y a de quoi faire perdre son sang-froid à Darlan. D'ailleurs, à la fin du repas, le Maréchal recommence à errer dans des parages risqués. On se lève enfin de table. On se met rapidement d'accord sur le communiqué, très bref et purement descriptif. En conclusion, Goering a la dernière habileté de dire un mot pour paraître avoir tenu compte des demandes de son interlocuteur : « En résumé, il faut vous aider à défendre vos colonies. » À ce moment, en vertu de ce qu'il a préparé avec ses équipes, Pétain devrait répondre :

> Il ne s'agit pas de demander aux Allemands de mettre du matériel de guerre à la disposition de la France pour sauvegarder son Empire, mais d'obtenir simplement du gouvernement du Reich l'autorisation de se servir du matériel existant dans la métropole pour renforcer la défense de l'Empire[10].

Au lieu de cela, le voilà qui déclare sans crier gare : « Si vous vous orientez vers la reprise de la Syrie, alors nous marcherons sûrement avec vous pour la reprendre[11]. » Il est vraiment temps que l'entretien s'achève. Au milieu d'un dernier assaut de politesses, Goering laisse entendre qu'il aimerait recevoir la Légion d'honneur – car il est très friand de décorations étrangères prestigieuses. Pétain laisse entendre qu'il n'est pas exclu que le gouvernement reprenne un jour les distributions.

Par égard pour son âge, le *Reichsmarschall* raccompagne le chef de l'État à son train, venu entre-temps stationner dans la gare.

Chacun repart de son côté. Le maréchal Pétain regagne Vichy, non sans avoir promis au préfet de l'Yonne qu'il reviendra bientôt pour une visite moins furtive. Il salue les badauds par la fenêtre de son wagon. À l'escale de Laroche-Migennes, son service d'ordre distribue des paquets de trois cigarettes estampillés de la francisque.

Des « confidences » intéressées

Au terme de l'entrevue, Paul-Otto Schmidt, l'interprète des plus hauts dignitaires du Reich, qui a été de toutes les rencontres internationales, a fait un commentaire éclairant :

> À Saint-Florentin-Vergigny, petite ville située au sud-est de la capitale, [Goering] eut une conversation avec le maréchal Pétain, encore vieilli et beaucoup plus fermé qu'à Montoire. Je ne sus jamais pourquoi cette conversation avait eu lieu[12].

Effectivement, cette rencontre, coincée entre les événements considérables que constituent le coup d'arrêt à l'offensive allemande en Union soviétique et l'entrée en guerre des États-Unis et du Japon, ne retient guère l'attention des dirigeants nazis. Aussi l'administration militaire allemande considère-t-elle que le chef de l'État français peut être déçu après les espoirs qu'il avait manifestement placés dans cette entrevue[13]. Mais à dire vrai, les Allemands minimisent une entrevue dont ils ne savent que faire. La conférence de presse organisée le 1er décembre au soir à l'ambassade allemande est déléguée à deux Français, Brinon et le secrétaire d'État aux Relations franco-allemandes Jacques Benoist-Méchin, qui n'ont assisté ni l'un ni l'autre aux discussions. Abetz file pour sa part rejoindre Goering qui exhale, paraît-il, son mécontentement devant la tournure prise par l'entrevue. Rien de sa contrariété ne transparaît pourtant pendant la réception donnée le lendemain par le *Reichsmarschall*, dans un grand concours de smokings et de robes du soir, au milieu des tenues militaires parmi lesquelles se détache le maréchal en grand uniforme chamarré de pierres précieuses, qui fait son numéro d'homme du monde, d'homme d'humour et d'homme fort. « On bavarde dans tous les coins. Buffet somptueux[14] », note Marcel Déat.

Prolongeant son séjour à Paris, Goering se charge néanmoins de faire connaître sa position à la fois à des dirigeants des partis collaborationnistes et à l'ancien as de l'aviation René Fonck, ami personnel de Pétain qui lui confie régulièrement des contacts informels avec les militaires allemands. Le 8 décembre, il se laisse aller à des « confidences » pendant un dîner intime :

> Il se moqua un peu d'Abetz, parlant de diplomatie d'amateur. Il se montra tout de même assez mordant à l'égard de Vichy, déplorant que le maréchal Pétain subisse de mauvaises influences, ou bien encore regrettant de le voir juger la guerre actuelle avec l'esprit d'un officier de 1870. Il avait cependant beaucoup d'estime pour le maréchal de France, qu'il connaissait depuis l'avant-guerre. « Mais, dit-il, c'est Hindenburg, et ce n'est pas une bonne chose que les grands soldats

victorieux, hélas vieillis, gouvernent leur pays vaincu. Tannenberg et Verdun ont été deux grands moments de l'histoire de l'Europe, mais qui sait quelles bêtises aurait pu faire Hindenburg si Hitler n'avait pas été porté à la tête de l'Allemagne. Vous n'avez pas Hitler. » Peu après, Goering déplora vivement toutes les occasions que la France avait manquées de devenir l'alliée de l'Allemagne, avant guerre déjà, et aussi depuis l'Armistice. « Nous avons tout fait, affirmat-il, pour rendre la chose possible. Hélas, nous nous sommes toujours heurtés à des échappatoires ou à des surenchères. Demain, il sera trop tard[15]. »

Cependant, les témoins rapportent que Pétain rentre à Vichy « tout guilleret ». Quelques jours plus tard, il se fait le plaisir de raconter à sa façon l'entrevue, lors d'une séance du Conseil national qui n'a pas souvent les honneurs de ses confidences diplomatiques.

Messieurs, il est vraisemblable que, lors de votre retour dans vos départements, des questions vous seront posées et, en particulier, celle-ci : qu'est-ce que pense le Maréchal de la collaboration ?

Ma réponse, que je vous autorise et que je vous demande même de divulguer, est très nette. J'estime qu'une collaboration n'est possible entre deux peuples que si ces peuples traitent d'égal à égal et non pas si l'un d'entre eux entend profiter de sa situation passagère pour accabler l'autre et lui imposer des exigences inadmissibles.

En conséquence, je suis nettement hostile à une collaboration avec l'Allemagne tant que l'Allemagne ne nous aura pas envoyé un très grand nombre de prisonniers qui sont indispensables pour la reprise économique du pays. Je suis nettement hostile à une collaboration avec l'Allemagne tant que l'Allemagne continuera ses réquisitions abusives qui menacent de nous acculer à la faillite, et je suis nettement hostile encore à une collaboration avec l'Allemagne tant qu'elle n'aura pas reconnu la suprématie de notre autorité dans la zone occupée comme elle feint de la reconnaître dans la zone dite libre[16].

Il récolte, on s'en doute, des applaudissements enthousiastes[17]. D'ailleurs, dès que s'offre une occasion, il lit à des familiers son mémorandum, dont il est manifestement très fier. Il ne leur précise toutefois pas qu'il n'a pas du tout été aussi catégorique devant Goering, qu'il a été éconduit sur tous les sujets, sans beaucoup d'égards, et qu'il n'a tiré aucune conséquence politique de ses propres intentions.

Son entourage, encore sous le choc du renvoi de Weygand et qui veut croire qu'il a été ferme à défaut d'avoir été efficace, essaie d'accréditer la version de la fermeté victorieusement opposée au Reich, dans un document intitulé « Relation officieuse répandue par des personnes approchant le maréchal Pétain ». Il le montre tenant hardiment tête aux exigences présentées par Goering et demandant de considérables contreparties. Jusqu'à mettre sa vie en balance, propos bien étonnant à prêter à un homme qui non seulement avait horreur de toute démonstration affective, mais encore ne parlait jamais de sa mort :

J'ai confiance dans les destinées de la France, dans son relèvement. Quant à moi personnellement, sachez bien que pour un homme de mon âge, il est une évasion bien facile à réaliser, celle du passage de la vie à la mort[18].

De si nobles et définitives paroles relèvent de la propagande, comme le reste du document. Sous cette présentation, Saint-Florentin devient le *remake* idéalisé de ce qui aurait dû se passer à Montoire. Convoqué par le dirigeant nazi, le maréchal Pétain aurait fait face, grâce à une remarquable préparation et grâce à son sang-froid, qui lui aurait permis d'éluder habilement les exigences allemandes en présentant ses propres demandes. Ainsi se serait-il posé comme garant inflexible de la dignité et des intérêts matériels de la France.

Or le tout est de savoir si Pétain, qui était demandeur de cette rencontre depuis des mois, s'est rendu à Saint-Florentin pour contrer les exigences de l'occupant et gagner du temps – comme le suggère le document – ou pour obtenir une définition claire de la Collaboration, savoir quel sort le Reich réservait à la France, entrer dans le vif de négociations bilatérales et obtenir que l'Allemagne tienne ses promesses – comme le montrent les comptes rendus tant français qu'allemands.

La supercherie sera néanmoins prolongée quand, durant le procès du maréchal Pétain en 1945, l'un de ses avocats utilisera ce tract très imaginatif comme s'il s'agissait du véritable procès-verbal de la réunion, pour faire croire que le Maréchal a tenu tête à Goering et résisté à ses exigences :

> J'ai compris que la collaboration impliquait de traiter d'égal à égal. Il y a un vainqueur en haut et en

bas un vaincu. Il n'y a plus de collaboration, il y a ce que vous appelez Diktat et que nous appelons la loi du plus fort[19].

Enfin, selon cette version « clandestine », il s'est produit un incident dont il est difficile d'établir tant la véracité que le sens qu'ont voulu lui donner les laudateurs de Pétain. Goering, on l'a dit, avait affecté de refuser de prendre le texte du mémorandum français pour ne pas indisposer le Führer à l'égard du gouvernement de Vichy. Pétain, après avoir vainement insisté, aurait fourré le document dans la poche de l'Allemand, sans plus de façon, et le document y serait resté. Ainsi le Maréchal aurait-il réussi à imposer ses demandes aux Allemands.

Outre que ce geste serait étonnamment désinvolte de la part d'un Philippe Pétain toujours si soucieux de sa dignité et du décorum, on reste rêveur en imaginant les poches de Goering, si dodu soit-il, assez vastes pour accueillir huit feuilles de mémorandum accompagnées de la dizaine de documents complémentaires. Le compte rendu officiel français ne fait mention d'aucune remise forcée ou dissimulée. À la fin de la discussion, Goering a déclaré qu'il prenait les documents et les remettrait à Hitler quand, « à tête reposée », il en aurait éliminé les points « les plus choquants ». Ce qui est établi, c'est qu'un mémorandum a été transmis à Paris à l'ambassadeur Abetz et au général von Stülpnagel et acheminé au quartier général d'Hitler. On ignore toutefois si ce dernier en a jamais pris connaissance[20].

Le retrait

La correspondance de Brinon, les rapports de la commission française d'armistice de Wiesbaden et ceux de l'ambassadeur Abetz montrent qu'*a posteriori* Pétain et Darlan ont eu très vite des doutes sur la validité de leur stratégie. On s'est empressé de leur faire savoir que Goering était mécontent de la tournure prise par la rencontre entre les deux maréchaux, qui était supposée garder le caractère symbolique d'une discussion entre « vieux soldats » et non préluder à une négociation ; qu'il estime que la France a encore gâché de grandes opportunités. Darlan se met à déclarer que Pétain s'est montré trop intransigeant et qu'il aurait fallu demander moins et accorder davantage[21]... Les deux Français regrettent en fait d'avoir pris le risque d'outrepasser cette consigne et chargent Brinon de récupérer le mémorandum. Non seulement celui-ci échoue – puisqu'un exemplaire figure dans les archives du ministère allemand des Affaires étrangères –, mais il doit se lancer dans des justifications auprès de Ribbentrop, ministre des Affaires étrangères. Il s'efforce alors d'expliquer qu'il s'agit en fait d'un aide-mémoire apporté par Pétain pour son propre usage, non d'un document diplomatique. Après l'avoir laissé peiner dans ses laborieuses explications, Ribbentrop trouve finalement intéressant de laisser retirer le mémorandum et fait même savoir aux Français qu'il n'en sera plus question... non plus que des revendications qu'il contenait[22]. Pour compenser l'effet produit par le document qu'il juge dorénavant malencontreux, Darlan redouble de bonne volonté.

Dès le 11 décembre, il accepte de livrer aux troupes de l'Axe qui combattent les Anglais en Libye du carburant transporté depuis la Tunisie par des camions français camouflés[23].

Ainsi débarrassé à bon compte et par avance de toute demande de contreparties, Goering convoque à Berlin une délégation du gouvernement français, emmenée par le général Juin, *nouveau commandant militaire en Afrique du Nord*, et habilitée à traiter de la défense de l'Empire colonial. L'Allemagne veut tout simplement prendre pied en Tunisie pour faciliter la tâche de ses forces combattant les Anglais en Cyrénaïque. C'est ce que Goering avait à l'esprit, sans doute, en se rendant à Saint-Florentin. Le général Rommel étant alors contraint de reculer face aux Britanniques, le gouvernement français accepterait-il d'ouvrir le grand port de Bizerte au ravitaillement de l'Afrikakorps et envisagerait-il de combattre avec les Allemands contre les Anglais si ceux-ci s'avançaient jusqu'à la frontière tunisienne ? Mais la liste des revendications présentée d'emblée par Pétain semble l'avoir dissuadé de traiter le sujet plus à fond, sous peine de paraître s'engager dans une négociation.

À Berlin, ce 21 décembre, les trois semaines écoulées ont d'ailleurs modifié la situation militaire : Rommel a stoppé son recul, rétabli le front et on peut croire qu'il va reprendre l'initiative pour assurer à ses troupes un succès durable.

Craignant un ultimatum allemand, avec occupation de l'Afrique du Nord et sans doute de la zone libre en cas de refus d'ouvrir la Tunisie à un Rommel qui serait vraiment en situation périlleuse, Vichy décide de céder : la France laissera passer les approvisionnements pour la Libye, s'opposera à toute entrée anglaise en Tunisie (à condition qu'on lui en donne les moyens militaires) et accueillera les troupes allemandes en retraite sans les désarmer. Il n'est pas nécessaire de reprendre au préalable la discussion sur les concessions[24].

Les militaires allemands, voulant tenir compte des réalités de l'heure, envisagent la possibilité d'un accord visant à intensifier les transports stratégiques à travers la Tunisie, voire à faciliter une vaste implantation dans tout le domaine colonial français. Mais Hitler, qui n'a jamais cru et ne croira jamais à la loyauté française, n'a pas plus qu'auparavant l'intention de donner à la « Collaboration » un contenu concret qui le conduirait à payer les avantages exigés, au moins de quelques promesses sur le futur traité de paix. Il ne recevra jamais Benoist-Méchin, qui, ayant voulu faire croire au rapprochement franco-allemand décisif, patiente en vain depuis des semaines à Berlin[25]. Au total, Saint-Florentin n'a apporté aux Français ni réponse ni avantage et les timides velléités de mise au point n'ont débouché que sur de nouvelles concessions apeurées.

Ce qui n'est pas gagné sur le terrain allemand – si tant est qu'il y ait jamais eu quoi que ce soit à espérer – est en outre perdu sur le terrain américain. L'ambassadeur américain à Vichy, longtemps bien disposé, interpréta le limogeage du général Weygand comme un calcul cynique prouvant que le gouvernement français avait choisi le camp du Reich. Il informa le président Roosevelt qu'il ne faudrait plus compter avec Pétain, « un vieillard faible et intimidé, entouré de conspirateurs égoïstes [...], entièrement sous le contrôle d'un groupe qui, probablement pour assurer sa sécurité personnelle, est tout dévoué à l'idéologie de l'Axe[26] ». Entre-temps, Washington annonça que la politique américaine à l'égard de Vichy allait être revue et que, pour commencer, l'aide matérielle apportée à l'Afrique du Nord était suspendue. C'est dans ce contexte que, après avoir été attaqués par l'aviation japonaise à Pearl Harbor, les États-Unis, rejoignant la Grande-Bretagne et l'Union soviétique, déclaraient la guerre à l'Allemagne et au Japon. Ceux qui, à Vichy, Maréchal en tête, avaient compté sur les Américains pour rester hors du conflit et jouer les médiateurs au moment du règlement final, en particulier au profit de la France, voyaient leurs pronostics une fois encore déjoués.

8

Le rôle de Vichy
dans la Solution finale en France
1941-1944

Quoique la « question juive » soit obsessionnelle pour l'Allemagne nazie, bien d'autres sujets s'imposent à elle en tant que puissance occupante en France, dont la sécurité de ses troupes ou l'exploitation économique. Cela l'a incitée, dans un premier temps, à laisser le gouvernement français agir par lui-même en ce domaine. Les ordonnances prises en zone occupée par le commandement militaire allemand et la propagande antisémite haineuse et dénonciatrice qu'il organise et finance par officines et journaux « français » interposés servent d'aiguillon. À Vichy, on ne s'est pas fait prier : on souhaite à la fois exclure les Juifs des postes décisionnaires de la vie politique et économique, faire quitter le pays aux étrangers juifs jugés indésirables et gagner l'estime de l'Allemagne nazie sur ce terrain pour montrer la capacité de la France à faire bonne figure dans l'« Europe nouvelle ».

Les rafles de 1941

L'occupant sait pouvoir compter sur la collaboration de l'administration française garantie par la convention d'armistice*. L'ordonnance allemande du 27 septembre 1940, prescrivant en zone occupée les recensements des Juifs, a amené la préfecture de police de Paris à créer un service spécial pour constituer un fichier juif. C'est en exploitant cette ressource que, le 14 mai 1941, sur ordre allemand, la police municipale parisienne convoque et arrête 3 700 Juifs « apatrides », laissés sans protection depuis que les vicissitudes de la guerre et des annexions territoriales leur ont fait perdre leur nationalité d'origine. L'opération se répète le 20 août, en prétendue réponse à l'agitation communiste que les autorités allemandes redoutent depuis le déclenchement de la guerre contre l'Union soviétique. Pour faire arrêter plus de 4 200 Juifs, elles s'adressent directement à la préfecture de police de Paris, qui néglige d'aviser le ministre de l'Intérieur aussi bien que son représentant en zone occupée. Le ministre Pierre Pucheu ne peut

---

* « Article 3 : Dans les régions occupées de la France, le Reich allemand exerce tous les droits de la puissance occupante. Le Gouvernement français s'engage à faciliter par tous les moyens les réglementations relatives à l'exercice de ces droits et à la mise en exécution avec le concours de l'Administration française. Le Gouvernement français invitera immédiatement toutes les autorités et tous les services administratifs français du territoire occupé à se conformer aux réglementations des autorités militaires allemandes et à collaborer avec ces dernières d'une manière correcte. »

que constater qu'il est en train de perdre le contrôle des forces de l'ordre. Il en tire les conséquences en choisissant de s'engager dans une politique de coopération avec l'occupant, en échange d'une restauration de son autorité[1].

Les Allemands ont désigné les Juifs comme fauteurs de guerre, ennemis idéologiques et, évidemment, complices des activistes. Aussi, en représailles aux attentats qui se multiplient contre des membres de l'armée allemande, organisent-ils, de nouveau avec le concours de policiers français, la rafle du 12 décembre 1941 durant laquelle sont arrêtés 743 Juifs, cette fois plutôt des notables et en majorité des Français. Ils y ajoutent l'exécution de 53 Juifs parmi les otages fusillés après les attentats et une amende d'un milliard de francs imposée à la communauté juive*. Tous les hommes arrêtés entre mai et décembre 1941 sont internés dans des camps de la zone occupée, en grande majorité sous direction française.

La voie étroite de la politique antisémite de Vichy

Tandis que les Allemands multiplient ces arrestations, avec le concours de l'administration française, le gouvernement de Vichy ne ralentit pas sa politique antijuive. Il prend des initiatives conditionnées par sa propre logique discriminatoire et xénophobe (spoliations, exclusions professionnelles, recensement)

---

* Environ 33 millions d'euros.

et obtempère aux demandes allemandes, comme la création du Commissariat général aux questions juives (CGQJ) et de l'Union générale des israélites de France (UGIF), destinées à faciliter la mise en œuvre du projet nazi consistant à désigner les Juifs, systématiser leur exclusion, les concentrer administrativement et physiquement.

Plusieurs séries de causes incitent le gouvernement français à se soumettre. Ces demandes interviennent à un moment où les victoires du Reich s'enchaînent en Europe, rendant très probable l'installation durable de sa suprématie. Ces réponses favorables et suivies de mises en œuvre rapides sont offertes comme autant de gages d'une volonté sincère de collaborer et comme autant d'appels à la négociation. Il s'agit en outre de ne se laisser distancer ni sur le terrain de la souveraineté (où le contrôle de la police devient un enjeu emblématique), ni sur le terrain financier (où l'occupant et le gouvernement rivalisent en législations concurrentes pour s'arroger les bénéfices de l'« aryanisation »). Enfin, Vichy imagine trouver un moyen de coopérer avec l'Allemagne pour se débarrasser des étrangers juifs, à condition de ne pas s'attarder trop sur le fait que ce « débarras » ne s'entend pas de la même façon chez les deux partenaires.

À cet engagement vichyste s'opposent néanmoins quelques freins. Le gouvernement, maréchal Pétain en tête, ne s'est pas départi de son projet de mener sa propre politique antisémite, avec des méthodes et en vue d'objectifs spécifiquement français. Or non seulement le premier, puis le second statut des Juifs (juin 1941), librement adoptés, n'apportent pas les solutions espérées, mais ils suscitent des conséquences en cascade qui ne coïncident pas avec le projet initial. De surcroît, la rafle de décembre 1941, parce qu'elle touche des personnalités connues et des Français, contrevient aux préjugés des dirigeants de l'État français et provoque les protestations du Maréchal. Pour autant, le fait de se trouver en butte à des réclamations de la part des victimes ou de leurs amis l'importune et il se dérobe de son mieux en faisant répondre ses collaborateurs à sa place, ou en répondant de façon superficielle. « On ne me comprend pas, s'agace-t-il. Je ne veux pas d'un État dans l'État d'aucune espèce, ni confessionnelle ni autre. Je n'ai jamais demandé ces monstruosités, toutes ces vexations, ces brimades[2]. »

Les réticences de l'opinion publique, sporadiques mais bien perceptibles au travers des rapports des préfets ou des Renseignements généraux, montrent que si les lois ne retiennent guère l'attention, les violences sont, elles, jaugées à l'aune de critères moraux, mais aussi patriotiques dès lors que les Allemands et les collaborationnistes sont à l'œuvre.

Il y aurait une tendance à l'approbation s'il était fait abstraction des Juifs français anciens combattants et même des Juifs étrangers chargés de famille engagés volontaires de 1939. Quelques cas d'arrestations sur la voie publique de braves ouvriers, Juifs français, tout à fait inoffensifs, paraissent avoir ému la population ayant assisté à ces arrestations [...] d'aucuns, par sentiment, paraissent s'apitoyer sur le sort des familles des Juifs arrêtés. Certaines personnes trouvent ces mesures inhumaines et y voient une persécution contre des individus seulement coupables d'appartenir d'après leur naissance à la race juive.

[...] beaucoup de gens trouvent excessif l'antisémitisme violent de la presse parisienne, lequel dépasse en effet et de beaucoup leur antipathie pour les Juifs. On entend même dire que cette campagne anti-juive, ces excitations continuelles contre leurs commerces, leurs biens et même leurs personnes, sont d'inspiration étrangère plutôt que française.

L'opinion de beaucoup de gens, celle particulièrement des milieux catholiques, est que les adversaires des Juifs généralisent trop et qu'à déchaîner un tel antisémitisme, on provoquera de regrettables erreurs[3].

L'amiral Darlan, vice-président du Conseil, semble avoir lu attentivement ces rapports. Constatant en outre que les distinctions posées par les lois antisémites françaises, qui prétendent établir des catégories selon que l'on est français, étranger, ancien combattant, sont tenues pour insignifiantes par l'occupant, il s'efforce de reprendre le contrôle de la politique antijuive. Il argumente contre un certain nombre de mesures discriminatoires : « L'excès même de ces décisions irait à l'encontre du but recherché et risquerait de provoquer un mouvement en faveur des Israélites considérés comme des martyrs[4]. » Il retire progressivement son soutien au commissaire général aux Questions juives, Xavier Vallat. Surtout que ce dernier présente un troisième statut des Juifs, qui donne une nouvelle définition, toujours plus complexe, du Juif et allonge interminablement la liste des interdictions professionnelles.

J'ai l'impression que M. Vallat va un peu fort et qu'il ne suit pas les directives qui sont de ne pas embêter les vieux Juifs français.

On empêcherait les Juifs qui ont les visas voulus de quitter la France.

[…] Les Juifs finissent par être des martyrs[5].

L'amiral marque entre Juifs français et étrangers une différence très tranchée, déclarant par exemple en Conseil des ministres :

> Les Juifs apatrides qui, depuis une quinzaine d'années, se sont abattus sur notre pays ne m'intéressent pas. Mais les autres, les bons vieux Juifs de France, ont droit à toute la protection que nous pouvons leur donner[6].

Il ordonne un nouveau recensement en zone libre des étrangers ou naturalisés après 1935. L'internement s'accentue pour les Juifs dépourvus de ressources, tandis que les étrangers aptes au travail sont concentrés dans des centres spécifiques. Mais les camps qui ont proliféré en zone libre posent nettement plus de problèmes qu'ils ne sont censés en résoudre. L'engorgement des camps, leur coût, la morbidité qui y sévit, l'indignation des observateurs étrangers et l'action des œuvres caritatives ont amené des libérations au long de l'année 1941 et remettent largement en cause l'opportunité de l'internement massif. L'amiral met à l'ordre du jour un transfert d'étrangers juifs depuis la zone libre vers le Sud algérien ou Madagascar. Le 14 avril 1942, le secrétaire général à la Police transmet des instructions en ce sens aux préfets. Il est trop tard : quatre jours plus tard, Pierre Laval remplace Darlan à la tête du gouvernement. Le projet est abandonné.

Une monnaie d'échange

Depuis l'automne 1941, l'extermination des Juifs est en cours de planification en Allemagne, associant déportations, travail forcé et élimination rapide. C'est cette « solution finale de la "question juive" en Europe » qui a été avalisée par la bureaucratie de l'État nazi lors de la conférence de Wannsee, le 20 janvier 1942.

Le 27 mars 1942, un premier convoi de Juifs quitte la France pour Auschwitz, comprenant une petite moitié de Français. Cette opération hybride mêle Juifs français et étrangers, volonté d'extermination et politique de représailles. Elle a au passage révélé aux Allemands l'existence de problèmes de transport et de surveillance qui laissent augurer des difficultés à tenir le rythme de déportations à prévoir dorénavant dans le cadre de la Solution finale.

Parallèlement, un nouveau protagoniste est monté en puissance en France. L'antenne de la SS, arrivée presque subrepticement à Paris en juin 1940, devient un interlocuteur essentiel du gouvernement de Vichy. Elle est autorisée par Berlin à s'occuper de l'action antijuive en France, y compris en zone libre pour laquelle elle peut se faire aider des diplomates allemands. Pour autant, tous les responsables SS en France ne font pas porter l'intégralité de leurs efforts sur les persécutions contre les Juifs. La politique de collaboration continue à être envisagée dans son ensemble et l'accent est mis, selon les événements, sur la sécurité des forces d'occupation, sur le maintien de l'ordre, sur l'accès à des territoires coloniaux ou à des débouchés maritimes, ou sur la participation économique à l'effort de guerre. Ces préoccupations excluent d'exercer continuellement une pression frontale sur Vichy à propos de la « question juive ». Il suffit qu'il soit possible de circonvenir les autorités françaises et d'utiliser leurs ressources policières.

Un chef supérieur des SS et de la police, le général Oberg, est nommé en France en mars 1942. Depuis la crise des otages commencée à l'automne 1941 et la démission du général von Stülpnagel, commandant de l'administration militaire en France occupée, Hitler ne se fie plus entièrement au commandement militaire pour assurer la sécurité.

En prenant contact avec le nouveau gouvernement Laval, représenté par son secrétaire général à la Police, René Bousquet, les SS constatent que la forte dimension xénophobe de l'antisémitisme à l'œuvre à Vichy est susceptible de leur faciliter la tâche. Aucune protestation n'est présentée par Bousquet contre la récente déportation de Juifs. La présence de Français parmi ces déportés n'est même pas mentionnée. Mieux : Bousquet suggère qu'il serait possible de déporter les Juifs apatrides internés en zone libre, qu'il évalue à 10 000 personnes. Son principal centre d'intérêt pour le moment est de négocier avec les SS la reprise en main par le gouvernement français de tous les services de police, en particulier en zone occupée. Ce point est considéré comme essentiel à la préservation de la souveraineté française. Les offres faites aux SS au sujet des Juifs sont destinées à prouver sa bonne volonté.

En juin 1942, Adolf Eichmann, responsable des Affaires juives à la direction de la SS, réunit à Berlin ses subordonnés en poste dans plusieurs pays occupés pour prévoir la déportation à Auschwitz des Juifs, hommes et femmes entre 16 et 40 ans, aptes au travail. Le représentant des SS de Paris, Theodor Dannecker, exagère les déportations réalisables en France et propose la déportation de 100 000 personnes en huit mois, soit un tiers des Juifs présents en France, tous âges et situations confondus. Dès son retour, il doit refaire ses comptes en fonction de la population réelle, comme des capacités d'internement et de transport. Il rabat ses prévisions à environ 40 000 personnes, ce qui excède déjà le nombre des Juifs apatrides âgés de 16 à 40 ans qui sont à sa portée. Eichmann ayant commencé à lui fournir des transports pour la déportation, le temps presse. Pour pouvoir remplir les trains planifiés à partir de la mi-juillet, qui plus est avec de jeunes adultes, il faut à Dannecker faire opérer de vastes rafles en zone occupée, y inclure 40 % de Français, obtenir l'entier concours de la police française et augmenter les quotas en y ajoutant au moins 10 000 Juifs de zone libre, ce qui implique que Bousquet tienne les offres faites lors des négociations sur la police. L'ampleur des opérations nécessaires est telle que l'affaire doit se traiter au niveau gouvernemental. Or Laval, que Bousquet n'avait apparemment pas tenu au courant des propositions faites aux SS, informe le Conseil des ministres, le 26 juin 1942, qu'il va refuser.

On devrait interner 10 000 juifs en zone libre.
M. P. Laval déclare qu'il n'a jamais donné aucun
accord. Erreur fondamentale. La décision des autorités allemandes d'interner 10 000 Juifs dans la région
parisienne (40 % de Français). Réponse Laval : je don-
nerai moi-même une réponse. Elle sera négative[7].

Dans l'impossibilité de renoncer à obéir aux ordres
de Berlin (d'autant qu'Eichmann est attendu à Paris
le 29 juin) et de se déjuger après ses engagements
inconsidérés, Dannecker annonce qu'il prendra lui-
même la direction de la police française pendant les
semaines nécessaires à la réalisation des arrestations.
Plaçant ainsi la direction parisienne de la SS au pied
du mur, il les oblige à se préparer à sévir si les fonctionnaires français refusent de coopérer, en l'absence
d'ordre de leur gouvernement. Le régime d'occupation s'en trouvera modifié et il n'est pas sûr qu'Hitler
approuve ce changement inopiné. En outre, l'ambassade allemande répète que l'opinion publique risque
de réagir s'il y a trop de Français arrêtés et qu'il vaut
mieux commencer par arrêter les Juifs étrangers.

Retrouvant Bousquet lors d'une nouvelle négociation le 2 juillet, les SS se trouvent presque en position
de demandeurs, contraints de lui proposer d'échanger des livraisons de Juifs contre la reconnaissance
de l'autorité du gouvernement français sur sa police.
Bousquet fait part des réticences du gouvernement
et du maréchal Pétain : les Allemands ont le droit
d'arrêter à leur guise les Juifs étrangers et français en
zone occupée, mais ils devront utiliser leurs propres
forces, la participation de la police française étant par
trop délicate. Ses interlocuteurs sont démunis : faire

opérer les seuls Allemands, qui ne sont de toute façon pas assez nombreux, pose à la fois un problème d'efficacité et un problème vis-à-vis de l'opinion publique française. Or ils ne disposent que de moyens de pression limités, faute d'être autorisés à risquer la rupture avec le gouvernement de Vichy, voire son retrait ou sa démission, alors qu'aucune solution de rechange n'a été discutée avec Berlin. Et c'est Bousquet qui, tout à son obsession de récupérer la haute main sur sa police, leur offre de lui-même une issue :

> Puisque, à la suite de l'intervention du Maréchal, il n'est pas *pour l'instant* question d'arrêter des Juifs de nationalité française, Bousquet se déclare prêt à faire arrêter sur l'ensemble du territoire français et au cours d'une action unifiée *le nombre de Juifs ressortissants étrangers que nous voudrons*[8].

Le secrétaire général n'a donc pas échangé des Juifs étrangers contre des Juifs français. Il a échangé des Juifs, de préférence étrangers, contre la création d'écoles de police, le contrôle du ministère de l'Intérieur sur la protection des voies ferrées, les pompiers de Paris ou la gendarmerie et la réforme de la police aux Questions juives.

Quelques jours plus tôt, au cours d'un discours radiodiffusé, Laval, saluant les « combats gigantesques » que l'Allemagne est en train de livrer à l'Union soviétique, au prix d'« immenses sacrifices », a souhaité explicitement la victoire de l'Allemagne. À cette date, la situation militaire parle encore pour le Reich et le gouvernement de Vichy, qui fait depuis juin 1940 le pari de s'attirer les bonnes grâces du

futur vainqueur, n'en est certes pas à corriger ce postulat de départ. Aussi, lors du Conseil des ministres
du 3 juillet, Laval, avec le soutien de Pétain, accom-
plit un revirement total. Il entérine les propositions
faites par Bousquet la veille. La différence faite entre
Français et étrangers est pesamment soulignée et la
solution est présentée comme s'il s'agissait à la fois
d'une aubaine et d'une solution humanitaire accep-
table :

> Juifs. Difficultés avec les Allemands. Demande des
> SS de mettre dans les camps de concentration plu-
> sieurs dizaines de milliers de Juifs à Paris. Refus.
>
> Ils demandent pour la zone libre d'arrêter 10 000 juifs
> et mettre dans camps de concentration.
>
> Il faut distinguer entre juifs français et déchets
> expédiés par les Allemands eux-mêmes*.
>
> L'intention du gouvernement allemand serait de
> faire un État juif à l'est de l'Europe. Je ne serais pas
> déshonoré si j'expédiais un jour vers cet État les innom-
> brables Juifs étrangers qui sont en France. J'évoque
> la question pour une demande, pas de décision. Je
> me borne à faire un recensement des juifs en France
> depuis 1/9/39 (10 000 ?)[9].

Ce recensement, consistant à compter dans les
camps d'internement de la zone libre les Juifs susceptibles d'entrer dans les catégories déportables, est
l'une des mesures « techniques » demandées par les

---

* Laval fait allusion aux Juifs expulsés par les Allemands du
Palatinat et du pays de Bade et transférés en zone libre sans
accord du gouvernement français en novembre 1940. Ils étaient
environ 500.

Allemands. Elles s'inscrivent dans la logique des réunions qui se succèdent dorénavant pour préparer à la hâte les rafles destinées à alimenter les prochains convois pour Auschwitz.

Après avoir à son tour rencontré Oberg, Laval confirme ses décisions au Conseil des ministres du 10 juillet, non sans mentir en exagérant ou, au contraire, en minimisant la réalité, pour mieux circonvenir ses collègues :

> En ce qui concerne la zone libre, le général Oberg limiterait sans doute ses demandes initiales à la remise à disposition des autorités allemandes des Juifs apatrides. Le nombre de ceux-ci n'est pas encore connu, mais, en ce qui concerne les Juifs arrivés en France depuis le 1er septembre 1939, on l'estime à 50 000 environ.
>
> Dans une intention d'humanité, le chef du gouvernement a choisi contrairement aux premières propositions allemandes, que les enfants, y compris ceux de moins de 16 ans, soient autorisés à accompagner les parents[10].

La rafle du Vél d'Hiv

Les 16 et 17 juillet 1942, à Paris et dans sa proche banlieue, des policiers français procèdent donc à l'arrestation de 13 000 personnes, provisoirement regroupées au vélodrome d'Hiver. Parmi eux, 4 000 enfants, qui n'étaient pas supposés être inclus dans l'objectif chiffré fixé par les SS de 22 000 arrestations. Aussi les hauts fonctionnaires français insistent-ils pour qu'ils soient emmenés avec leurs parents. Cet arrangement leur paraît procurer un double profit : ces enfants gonflent substantiellement les chiffres de personnes arrêtées et les placer dans des structures d'accueil improvisées pendant que leurs parents seraient déportés seuls serait compliqué.

Alors que s'enclenchent les préparatifs des rafles programmées en zone libre, Laval tranche pareillement le problème des enfants, qui va fatalement se reposer. Son choix se porte sur la solution la plus facile pour masquer un dilemme qui menace de se révéler à l'opinion publique. Si l'on sépare les enfants de leurs parents, et en particulier de leurs mères, on va choquer les Français. Il faudrait alors justifier les séparations en reconnaissant plus ou moins explicitement les risques, y compris mortels, que ces enfants encourraient en accompagnant leurs parents. Leur déportation permet au contraire d'accréditer la fable d'un regroupement des Juifs d'Europe pour une installation décente quelque part à l'est. Elle dispense en outre les pouvoirs publics d'avoir à se préoccuper de les recueillir et d'en prendre soin.

Dès le début du mois d'août, les rapports des préfets témoignent de réactions négatives parmi les Français après la rafle du Vél d'Hiv. Les récits que font le représentant de l'épiscopat et le président du Secours national impressionnent péniblement les membres du cabinet de Pétain. Ils remarquent que les affreuses conditions d'internement prouvent l'indifférence des Allemands quant à leurs conséquences en termes de mortalité et laissent en toute logique envisager le pire pour la suite. L'Église catholique de zone occupée, qui s'était inquiétée dès avant la rafle, fait savoir, en multipliant les protestations tant près de l'ambassade allemande que du gouvernement français, qu'elle « est à la limite de ce qu'elle peut supporter[11] ». L'archevêque de Paris fait parvenir à Pétain une lettre personnelle décrivant l'horreur de la situation, destinée à être diffusée dans tous les évêchés. Le nonce, représentant le Vatican auprès du gouvernement de Vichy, fait de discrètes remontrances au Maréchal, puis invite les évêques français à protester contre d'éventuelles opérations à venir. Pétain se réfugie derrière l'affirmation que toutes ces mesures sont imposées par les Allemands. Sans doute tient-il à se leurrer lui-même plutôt que d'affronter les conséquences de ses décisions. Il refuse donc d'intervenir pour empêcher les rafles et, même, les relativise. S'il s'oppose frontalement aux Allemands au sujet des arrestations de Juifs, expliquent ses conseillers au représentant de l'épiscopat, « ce sera aux dépens de nos stocks de nourriture, ou bien de nos locomotives ou de nos wagons. On ne peut absolument rien dire en réalité. Par ailleurs, le problème ne concerne pas seulement les Juifs puisque, maintenant, on applique le même régime de séparation des familles aux Alsaciens-Lorrains dont les fils se sont enfuis pour échapper au travail ou à la mobilisation allemande[12] ».

Les rafles en zone libre

Devant la montée des contestations, Bousquet s'efforce de prendre les devants dans le cadre des préparatifs qui se poursuivent de plus belle pour la zone libre. À plusieurs reprises, il ordonne aux préfets d'interner tous ceux, fonctionnaires compris, qui tenteraient d'empêcher les arrestations et de briser les résistances qui surgiraient dans la population. Une loi hâtivement adoptée punit de prison toute évasion d'un camp, ainsi que toute aide à l'évasion, y compris par négligence.

Les réunions franco-allemandes débordent des sujets techniques pour traiter des questions de politique générale. Bousquet répond aux SS, qui présentent leur programme d'arrestations en zone libre et leur projet de loi de dénaturalisation des Juifs français, que « le Maréchal et le Président Laval étaient désormais fondamentalement d'accord avec cette solution de la question juive ». Toutefois, Laval, dans les jours suivants, sans contrarier les plans de déportation des Juifs étrangers de zone libre – enfants compris, insiste-t-il –, se montre plus circonspect à propos des dénaturalisations, dont « les retombées dépasseraient les avantages qui en seraient retirés ». Les SS n'en pensent pas moins : « Il a alors été dit clairement au président Laval qu'il doit s'agir d'une action permanente qui, dans sa phase finale, touchera également les Juifs de nationalité française[13]. »

Entre-temps, Bousquet a finalisé l'accord avec les SS sur la coopération des polices, dont il se vantera comme d'une restauration de la souveraineté française arrachée de haute lutte aux Allemands. Il avance à marche forcée pour organiser, dans les délais, ce qui promet d'être la plus vaste opération policière et administrative menée en zone libre depuis l'armistice : prélever dans les camps d'internement les Juifs déportables, arrêter dans toute la zone libre les Juifs apatrides (le tout en un jour), acheminer 10 000 personnes le plus vite possible en zone occupée.

La rafle est opérée le 26 août 1942 par la police et la gendarmerie françaises, au prix de déchirements et de violences insoutenables, au vu et au su d'un grand nombre de Français. Au lieu des 10 000 escomptées, 6 600 personnes sont arrêtées, enfants de moins de 16 ans compris. Les réactions sont immédiates. L'horreur se mêle à l'incrédulité : on ne peut croire qu'un gouvernement, que des fonctionnaires français aient prêté la main à de telles abominations ; on ne peut croire que le maréchal Pétain y ait consenti ; il faut nécessairement que les Allemands aient recouru à quelque dramatique chantage pour obtenir un tel résultat. Le haut clergé, non content d'exprimer auprès du gouvernement une douloureuse surprise, se manifeste publiquement.

Les lettres privées des cardinaux Suhard et Gerlier, du pasteur Boegner, les textes lus en chaire des évêques de Montauban, Toulouse et Lyon confirment l'indignation de la population qui a assisté aux arrestations et aux transports, indignation que relatent les rapports des préfets de zone libre, comme le contrôle du courrier et des conversations téléphoniques. L'entourage du Maréchal est choqué par la confrontation violente qui s'est déroulée à Lyon entre les ecclésiastiques décidés à protéger les enfants juifs et le préfet exigeant leur livraison. Le représentant de l'épiscopat se départit de son extrême prudence habituelle pour évoquer la possibilité de voir l'Église « passer à l'opposition » si de telles scènes devaient se reproduire[14]. Ces religieux évoquent aussi la finalité de ces arrestations. Le pasteur Boegner parle du « sort terrible

qui les [les déportés] attend » ; Mgr Théas, évêque
de Montauban, d'une « destination inconnue avec
la perspective des plus graves dangers ». Au même
moment, le consistoire écrit explicitement, dans une
lettre au Maréchal :

> Le Consistoire central ne peut avoir aucun doute
> sur le sort final qui attend les déportés, après qu'ils
> auront subi un affreux martyre [...]. Le programme
> d'extermination a été méthodiquement appliqué en
> Allemagne et dans les pays occupés par elle, puisqu'il
> a été établi par des informations concordantes que
> plusieurs milliers d'Israélites ont été massacrés en
> Europe orientale ou y sont morts, après d'atroces souf-
> frances, à la suite des mauvais traitements subis[15].

Soit le chef de l'État n'a pas cru ce qu'il pensait
être une exagération relevant de la propagande, soit
il n'en a tenu aucun compte, refusant de raisonner
sur les différents éléments dont il disposait, soit ces
morts atroces lui sont apparues comme d'inévitables
dommages de guerre.

Le coup d'arrêt

Les protestations, tant privées que publiques, de
l'Église donnent néanmoins un coup d'arrêt à la participation du gouvernement et de l'administration aux
déportations de Juifs. Mais le chef de l'État ne paraît
pas les avoir saisies comme un prétexte bienvenu pour
stopper le processus et s'en justifier devant les Allemands. Au contraire, il exprime au consul allemand

à Vichy sa frustration. En quelques semaines, deux événements viennent de contrarier sa politique : la perte de Madagascar au profit des Britanniques et des Français libres, d'une part, et l'intervention de l'épiscopat, d'autre part.

> [Pétain] avait en effet songé à Madagascar, rapporte le consul allemand, comme réserve pour les Juifs. Mais son plan venait trop tard, si toutefois il eût été applicable. La question des Juifs avait été fortement discutée en France ces derniers temps, avant tout par l'Église, ce qu'il n'approuvait pas. La raison d'État devait l'emporter sur tout autre sentiment compréhensible d'humanité[16].

Le 2 septembre, Laval demande un aménagement du programme allemand, sans toutefois en remettre le principe en cause :

> Eu égard à cette opposition du clergé, le Président Laval demande que, si possible, on ne lui signifie pas de nouvelles exigences sur la question juive. Il faudrait en particulier ne pas lui imposer de nombre de Juifs à déporter [...]. Il nous prie de croire à son entière honnêteté quand il nous promet de régler la question juive mais, dit-il, il n'en va pas de la livraison des Juifs comme de la marchandise d'un Prisunic.
> [...] Il nous confirma une fois de plus que, conformément aux accords conclus, on livrerait d'abord les Juifs ayant perdu leur nationalité allemande, autrichienne, tchèque, polonaise et hongroise, puis également les Juifs de nationalité belge et hollandaise. Ensuite, comme convenu, on livrerait les Juifs qui avaient acquis la nationalité française après 1933[17].

Laval et Bousquet font comprendre par touches successives qu'il faut faire profil bas pour le moment. La paix civile en France va s'acheter par un mélange de négociations et d'arrangements discrets entre le gouvernement de Vichy et l'occupant. Après la mi-septembre, les autorités françaises ferment les yeux sur la déportation de plusieurs centaines de Juifs français (dont des enfants) pour compléter les convois partant pour Auschwitz. En échange, les SS de France font admettre à leur hiérarchie à Berlin que l'intérêt supérieur de l'Allemagne commande de faire passer l'accélération des déportations depuis la France derrière les impératifs stratégiques et économiques. Après tout, Hitler lui-même avait, en août 1941, arrêté le « programme euthanasie » des handicapés après que les protestations de l'épiscopat allemand avaient fait craindre une agitation incompatible avec la guerre en URSS. Le gouvernement français ayant adopté, le 4 septembre, une loi sur l'orientation de la main-d'œuvre qui doit alimenter la machine de guerre allemande, l'occupant concède qu'il est inutile de lui compliquer la tâche en provoquant l'opinion par des arrestations massives et visibles. Le responsable parisien des Affaires juives au sein de la SS est muté pour avoir gêné la politique de collaboration par des initiatives sans concertation. Parce qu'elle créerait des problèmes peut-être insurmontables au gouvernement français, la rafle de 5 000 Juifs français prévue pour le 22 septembre est reportée.

Après l'invasion de la zone libre

Au milieu des vicissitudes créées par le débarquement anglo-américain en Afrique du Nord française et par l'invasion de l'ancienne zone libre par la Wehrmacht en novembre 1942, Bousquet s'occupe de réaffirmer l'indépendance de la police française, seul bras armé qui reste au gouvernement après la dissolution de l'armée de l'armistice. En l'occurrence, il en déduit le postulat que les Juifs continueront à être arrêtés par des policiers et gendarmes français au nom de la souveraineté nationale. La législation antisémite ne ralentit pas, augmentant encore le risque d'arrestation puisque les Juifs étrangers ne peuvent plus circuler librement et que la mention « juif » est apposée sur les titres d'alimentation et les cartes d'identité, mesure qui concerne à la fois Français et étrangers.

Or les Italiens, qui occupent dorénavant la Corse, la Côte d'Azur et toute la rive gauche du Rhône, proscrivent l'estampillage des documents d'identité. Ils interdisent les arrestations et les déplacements forcés de Juifs dans les territoires qu'ils contrôlent. Ce sont 25 000 Juifs qui échappent ainsi aux décisions de l'administration française comme aux opérations allemandes. Le gouvernement français, par un mélange de chimère souverainiste – dont il est coutumier – et de calculs puérils, au lieu de saisir l'occasion de protéger à peu de frais une population vulnérable, proteste hautement auprès des Allemands. Il espère, si ceux-ci contraignent leur allié à céder, voir les Italiens abaissés et décrédibilisés. Si, au contraire, les Allemands renoncent, il se réfugiera derrière ce précédent pour trouver un petit espace de négociation avec le Reich sur d'autres sujets.

En effet, le contexte pousse Vichy à davantage de circonspection. Passé l'émotion de l'été 1942, la population française est demeurée hostile aux rafles de Juifs, qui lui apparaissent comme un signe supplémentaire de la soumission à un occupant pourtant en perte de vitesse. L'Église poursuit ses pressions sur le gouvernement français et ses interventions diplomatiques. Les succès alliés en Afrique, la défaite allemande à Stalingrad ont produit un effet considérable et ont enfin accrédité l'idée que le Reich n'est plus invincible. Bousquet, louvoyant entre ce qu'il s'imagine être l'intérêt de la France et ses propres combinaisons carriéristes, tend de plus en plus à se défausser de ses responsabilités dans les arrestations de Juifs. Il exprime bruyamment son impuissance à empêcher les Allemands d'agir à leur guise (d'ailleurs, ils opèrent représailles et « nettoyage » en Seine-Maritime aussi bien qu'à Marseille). En même temps, il réduit le concours de sa police. Du moins l'interdit-il pour escorter les convois comportant des Juifs français. C'est une position essentiellement symbolique, car les Allemands disposent pour cette tâche restreinte des effectifs suffisants. Aussi les SS, loin de menacer de rétorsion, se contentent-ils de protestations verbales.

Le chantage se fait sur le terrain. Au prétexte d'éviter la déportation de Français, la préfecture de police de Paris organise dans la nuit du 10 au 11 février 1943 une nouvelle rafle d'« apatrides ». Denrée devenue si rare depuis la succession des arrestations qu'il faut s'en prendre aux personnes âgées et sévir dans les hôpitaux et les centres d'accueil pour enfants juifs. Les trois quarts des personnes arrêtées ont plus de 60 ans. Il devient impossible de maintenir la fiction d'une réinstallation à l'est ou plus encore d'une déportation de main-d'œuvre.

Alerté, Pétain fait demander à Laval une enquête sur ces arrestations de vieillards, enfants et malades. Au lieu d'assumer sa décision d'échanger des vies françaises contre celles de victimes faciles, le préfet de police répond mensongèrement qu'il a été contraint d'obtempérer à une initiative allemande.

Le projet de dénaturalisation

Au début de 1943, pour faciliter les déportations en en élargissant le réservoir, l'idée de dénaturaliser les Français juifs revient à l'ordre du jour par l'entremise du deuxième commissaire aux questions juives, Louis Darquier de Pellepoix. Laval choisit de ne pas réagir au nouveau projet de loi que celui-ci lui présente. Il compte probablement que la loi sombrera d'elle-même dans l'oubli, à condition d'attendre assez longtemps. Mais Bousquet s'en mêle pour disposer, une fois de plus, d'une monnaie d'échange dans sa nouvelle phase de négociations avec les SS, au moment de réactualiser les accords sur l'autonomie de la police. Toutefois, au lieu de suivre Darquier, qui prône de revenir sur toutes les naturalisations accordées à partir de la loi très libérale de 1927, il fixe la limite à 1932. La dénaturalisation frappera principalement des Juifs venus trouver refuge en France après l'avènement du nazisme, ce qui devrait plaire aux SS.

Quant à la restriction dans les dates, elle augmentera les chances de la loi d'être acceptée par le gouvernement français, Maréchal compris.

À ce moment, les SS n'avaient pas renouvelé leur demande de dénaturalisations. Mais ils décident de profiter de la conjoncture du nouvel accord sur la police (conclu le 16 avril 1943) pour tenter d'obtenir plus : la limite des naturalisations à annuler serait bien fixée à 1927 et on supprimerait certaines exemptions – en particulier en faveur des prisonniers de guerre. Néanmoins, les nécessités militaires restent prioritaires : quand Laval est convoqué à Berchtesgaden, ni Hitler ni Ribbentrop ne lui parlent de la « question juive ». Ils se focalisent sur les opérations en Tunisie où la percée alliée leur fait redouter une défaite. C'est pourtant la situation militaire qui suggère aux SS – Himmler en tête – de presser le mouvement pour tester la loyauté de Vichy. Un débarquement allié en Sardaigne ou en Sicile est devenu une hypothèse crédible. Quelle serait alors l'attitude du gouvernement français ? Mieux vaut obtenir tout de suite le plus possible, sur la « question juive » comme sur le reste.

À la fin du mois de mai 1943, Laval signe le texte de loi dénaturalisant les Juifs devenus français à partir de 1927. Trois semaines plus tard, il en signe une seconde mouture rédigée par Darquier, dénaturalisant aussi leurs femmes et leurs enfants (y compris français de naissance). Les SS se préparent à utiliser immédiatement ces nouvelles dispositions, ce qui implique un abondant travail administratif et policier. Il faut, en effet, identifier les Juifs parmi les naturalisés, ou identifier les naturalisés parmi les Juifs français, programmer les arrestations simultanées de peut-être plusieurs dizaines de milliers de personnes sur tout le territoire, les diriger vers le camp de Drancy, gérer sur place cet afflux et les faire repartir au plus vite vers Auschwitz. Préventivement, les Allemands prennent le contrôle du camp – jusque-là sous administration et garde françaises – pour éviter toute obstruction ou même tout retard.

Cependant, la rafle, initialement prévue pour les 24 et 25 juin 1943, est repoussée aux 23 et 24 juillet pour coïncider avec la parution de la loi au *Journal officiel* le 23 juillet au matin. En effet, si la loi était promulguée avant le déclenchement des arrestations, les personnes concernées auraient le temps de fuir ou de se cacher. Mais la lourde logistique tarde à se mettre en place. Faute d'avoir pu obtenir des renforts de Berlin, les SS devront compter sur la police française, ce qui augmente le risque de voir filtrer des informations, si bien qu'un nouveau report pour le 9 août s'impose.

Entre-temps, le débarquement anglo-saxon en Sicile a commencé. Le Grand Conseil fasciste et le roi d'Italie destituent Mussolini, le 25 juillet 1943. Le jour même, Laval stoppe la promulgation de la loi de dénaturalisation et des fuites venant de la préfecture de police sont signalées. Les SS font d'abord donner l'ambassade allemande pour exiger la promulgation. Laval se retranche derrière sa soudaine découverte des conséquences de l'extension de la loi par Darquier aux conjoints et enfants des dénaturalisés, qui se trouveront privés d'une nationalité que certains possèdent depuis leur naissance. La loi ne serait admise ni par l'Église ni par l'opinion : elle ne sera donc pas publiée. Il n'y aura pas non plus de coopération de la police française, ce qui rend impossibles les arrestations.

La tension est à son comble le 7 août, lorsque Laval se justifie auprès du général Oberg en arguant que ce sont précisément les déportations commençant aussitôt après la publication de la loi qui rendent impossible son adoption. « Il ne peut pas s'exposer au reproche de promulguer des lois pour mettre des Juifs entre nos mains », résument les SS. Le Maréchal développe ses propres arguments, non pas compassionnels, mais toujours dans le registre du maintien de l'ordre :

> Le Maréchal estime ne pas pouvoir signer ce projet.
> Par son caractère collectif, ce texte ne permet au Maréchal de faire aucune discrimination entre les individus dont certains ont pu rendre des services à la France.
> D'autre part, les autorités d'occupation insistent sans cesse sur la nécessité du maintien de l'ordre. Le gouvernement français a, dans ce domaine, suffisamment de difficultés pour éviter des mesures qui heurteront profondément les Français et compliqueront encore sa tâche[18].

Dans les jours suivants, Laval tire tout le parti possible du refus de Pétain en s'abritant derrière son autorité, que les Allemands souhaitent voir préserver, du moins en façade. Il agite mollement la menace de sa démission, sachant que, pour l'heure, on n'a personne d'un peu présentable pour le remplacer. Les SS ne sont pas dupes, comme l'explique l'officier en charge des Affaires juives :

Avec ou sans promulgation de la loi de dénaturalisation, on ne peut plus compter sur la collaboration
de la Police française pour l'arrestation en masse de
Juifs. À moins que la situation militaire de l'Allemagne
ne s'améliore très nettement dans les prochains jours
ou semaines[19].

Le maintien de l'ordre

Cependant, à peine l'armistice secrètement conclu
entre le nouveau gouvernement italien et les alliés
anglo-saxons est-il rendu public, le 8 septembre, que
le ratissage de la zone d'occupation italienne est
lancé pour traquer les 25 000 Juifs qui y ont trouvé
refuge, Français et étrangers confondus. La Gestapo
est seule à l'œuvre, avec le renfort de la Feldgendar-
merie. La police et l'administration françaises limitent
leur concours. La population se montre d'autant plus
secourable qu'elle perçoit les réticences de certains
fonctionnaires. En trois mois, 1 800 Juifs sont arrêtés.
Ce rendement assez faible démontre quelle différence
est induite par la participation, ou non, de l'administration française.

Lorsque la Gestapo demande aux préfectures les
listes nominatives de Juifs français, Bousquet prescrit
à ses subordonnés de ne pas obtempérer. Le gouvernement s'accroche à son refus de faire collaborer la
police française aux rafles de Juifs français, même
si sa position sur les étrangers et sur la latitude des
autorités allemandes à procéder seules reste conci-
liante :

En prenant la décision de faire participer la police française à l'exécution des mesures de police contre les Juifs étrangers, notifie Fernand de Brinon au général Oberg, le président Laval, chef du Gouvernement, insiste et m'a demandé d'insister tout particulièrement auprès de vous pour que les Juifs français ne soient point désormais l'objet d'arrestations ou de mesures de coercition. Le gouvernement français accorde un grand prix à ce que leur condition soit désormais garantie en accord avec vous[20].

Les autorités françaises essaient de faire valoir la multiplication des tâches urgentes qui incombent à présent à la police et à la gendarmerie et qui sont bien plus utiles à l'occupant que la chasse aux Israélites, à commencer par le combat contre les « terroristes » qui ruinent les gains escomptés de la mise en place du STO, sabotent les usines et les transports et intensifient les attentats contre tous ceux qu'on soupçonne d'aider les Allemands. Pierre Laval lui-même vient d'échapper à un attentat (le 17 septembre 1943) et le maréchal Pétain a tenté d'obtenir des SS l'éviction de son chef de gouvernement en dénonçant son impuissance à éradiquer le terrorisme.

En décembre, la branche policière des SS, la Sipo-SD, a arrêté elle-même à Bordeaux une centaine de Juifs (français pour les trois quarts). En janvier 1944, elle réclame au préfet une opération de la police française pour rafler tous les Juifs encore présents dans le département, Français compris. Au lieu d'atermoyer et de renvoyer au gouvernement, le préfet s'enferre en négociant lui-même. L'accord est si avancé que Laval cède, en ayant soin de faire transmettre les ordres par le nouveau secrétaire général au Maintien de l'ordre, le chef de la Milice Joseph Darnand. Aussitôt, le doyen de la faculté de médecine de Bordeaux, ami et soutien inconditionnel du chef de l'État, écrit à l'un des proches collaborateurs de Pétain :

> Quand on voit comme hier ici [15 janvier 1944] la police française collaborer à la déportation des Juifs, à l'arrachement des enfants, à la déportation des parents, nous sommes bien obligés de dire que c'en est trop et que, sûrement, le Maréchal a dû protester. Mais jusqu'où ira la violence allemande ? Et nous, les fidèles du Maréchal, devrons-nous toujours rester passifs[21] ?

Philippe Pétain n'a pas protesté. Quant à Pierre Laval, il abandonne les Juifs de province. À Paris, la préfecture de police se tient périlleusement sur sa crête xénophobe, en continuant à renâcler à opérer trop systématiquement contre les Juifs français. Mais les Allemands répètent les opérations, à Poitiers, à Dijon, parfois seuls, parfois avec la police française, parfois aussi avec des miliciens. La Milice, qui devient chaque jour davantage l'auxiliaire indigène de l'occupant, prend part aux rafles locales, comme à toutes les actions de répression qu'on veut bien lui ordonner. Mais plutôt que de vastes opérations administratives, il s'agit souvent de mêler représailles, extorsions de fonds, tortures, arrestations arbitraires et exécutions sommaires, par exemple en région Centre ou dans le Limousin. Au printemps 1944, le régime de Vichy s'accroche à l'idée que l'Allemagne, même si elle n'est pas victorieuse, ne sera pas vaincue. Il est allé trop loin pour avouer ses erreurs. Moitié complice, moitié soumis à un occupant qui lui fait peur, mais dont il partage les haines, il continue bon an mal an à servir ses intérêts.

Le gouvernement de Vichy
et le maréchal Pétain ont-ils sauvé
les Juifs français ?

Environ 330 000 Juifs vivaient en France métropolitaine à la fin de l'année 1940, dont 60 % étaient des Français.

Soixante-seize mille d'entre eux ont été déportés, dont un tiers de Français comprenant une majorité de naturalisés et d'enfants nés de parents étrangers. Seuls 2 500 de ces déportés ont survécu. Il faut ajouter qu'environ 3 000 Juifs sont morts dans les camps d'internement en France.

Les 250 000 Juifs de France qui ont échappé à la déportation doivent leur salut à une combinaison de facteurs propres à la France, qui compliquent les comparaisons entre pays : l'existence d'une zone libre jusqu'en novembre 1942 et d'une zone d'occupation italienne, qui fut un asile jusqu'en septembre 1943 ; l'éloignement de l'Afrique du Nord française (où l'on comptait environ 400 000 Juifs que Vichy priva de leur nationalité française), passée en novembre 1942 sous la houlette de pouvoirs français dissidents alliés aux Anglo-Saxons ; la géographie du pays, qui offrait des possibilités de fuite par les frontières ou de cachettes sur un territoire vaste et divers ; la sympathie d'une majorité de la population ; l'aide apportée aux Juifs par une minorité agissante de Français, de fonctionnaires, par des membres des Églises et des œuvres caritatives françaises ou étrangères.

Le gouvernement français, quant à lui, a contribué au recensement, à l'isolement, à l'arrestation, à l'internement et au transport de Juifs français et étrangers.

Dès l'été 1940, il a eu le souci de gagner la considération de l'occupant et futur vainqueur sur le terrain antisémite, qui était si évidemment crucial pour les nazis. Cette démonstration a été facilitée par son propre tropisme antijuif qui imputait à des Juifs trop puissants une part déterminante dans la catastrophe de 1940 et qui revêtait une forte dimension xénophobe. Pour autant, cet antisémitisme était différent de celui des nazis. Non pas à cause des querelles d'antériorité ou parce qu'il aurait été plus « raisonné », comme le prétendaient certains Français, dont le premier commissaire général aux Questions juives, mais parce que l'antisémitisme de Vichy n'était pas exterminateur. Il voulait établir une ségrégation qui ferait des Juifs des citoyens de deuxième ordre, au point de vue politique et économique : c'est leur influence qu'il s'agissait d'éliminer, et non leurs personnes, quitte toutefois à les contraindre à une existence compliquée et probablement misérable. Il voulait aussi contrôler et trier les Juifs étrangers et fraîchement naturalisés et les évacuer par une réémigration ou une transplantation, par exemple dans l'Empire colonial, avec ou sans leur consentement ; la législation xénophobe et

antisémite adoptée presque aussitôt après la défaite
par le gouvernement de Vichy, de sa propre initiative,
porte la marque de tous ces objectifs. Par la suite, il
n'a cessé de devoir s'adapter à la politique antijuive
nazie, mais moins souvent sous l'effet de menaces
concrètes que par une combinaison de surenchères,
de démonstrations de bonne volonté collaboratrice et
de calculs politiques ou diplomatiques erronés, l'amenant à échanger l'illusion de la souveraineté contre la
réalité de la complicité dans le crime.

Dans cette série de compromis, Vichy a eu le plus
souvent le dessous par aveuglement volontaire et par
maladresse arrogante. Le maréchal Pétain lui-même
est un bon exemple de ces contradictions. À partir
de la fin de l'année 1943, il tenait le règlement de
la « question juive » pour une source de frustrations
et de déceptions répétées. À ses yeux, les Allemands,
au lieu de se contenter de contribuer à débarrasser la
France des Juifs indésirables, s'en prenaient indistinc-
tement aux Français. Le statut des Juifs, plus généralement toute la législation antisémite proliférante,
restait des objets insaisissables et insatisfaisants par
rapport à des buts qu'il s'obstinait à penser simples
et de bon sens. Il ne réfléchit à aucun moment au
fait que son action et ses décisions avaient contribué
aux arrestations et aux déportations, dont il imputait
l'entière responsabilité aux seuls Allemands, en exagérant leurs pressions.

En effet, en l'absence de gouvernement légal rallié
au principe de la Collaboration, en l'absence d'une
législation antisémite autochtone accompagnée d'un
discours justificatif et souverainiste, les réticences
de l'administration et de l'opinion auraient été plus

immédiates et plus fortes. Les victimes potentielles se seraient davantage tenues sur leurs gardes, par exemple lors des recensements ou des convocations, si elles n'avaient pas eu l'impression de bénéficier d'une garantie de la part de l'État et du Maréchal. La caution donnée par le gouvernement, et par Pétain en personne, à la politique d'exclusion a retardé la solidarité des Français pendant près de deux ans et conditionné l'obéissance des fonctionnaires pendant plus longtemps encore.

Les forces de police allemandes étaient insuffi-santes sur le territoire français pour assurer l'arres-tation, la surveillance et le transport de plusieurs dizaines de milliers de personnes par grandes vagues, malgré l'emploi éventuel de supplétifs français recru-tés directement. Le gouvernement de Vichy aurait pu refuser le concours massif et répété de la police et de la gendarmerie. Il pouvait s'en tenir à l'absence de coopération, quitte à ne pas prendre parti sur le droit de la puissance occupante à sévir contre cer-taines catégories de la population. C'est d'ailleurs le choix qui fut fait par Laval dans un premier temps, en juin 1942, et qui fut répété à plusieurs reprises par la suite, parfois avec succès, mais souvent sans ténacité. La tentation de se débarrasser des indésirables (en ne se préoccupant de la violence nazie qu'en cas d'ex-trême nécessité) jointe à la volonté de disposer d'un gage apparemment commode dans les incessantes négociations avec l'occupant a causé d'irréparables revirements.

En dépit de toute une rhétorique justificative sur les intolérables pressions subies par le gouvernement français, il apparaît que les Allemands, dont les SS, n'ont pas eu besoin de menaces de représailles pour obtenir le concours de l'administration française à la déportation de Juifs de France, femmes, enfants, vieillards et Français compris. L'équilibre avec les autres exigences, sécuritaires et économiques, indispensables à l'effort de guerre, ainsi que la nécessité de conserver un gouvernement français d'apparence légale les ont même obligés à moduler, à retarder, voire à annuler certaines de leurs opérations contre les Juifs. Après les grandes rafles de l'été 1942, le coup d'arrêt dicté au gouvernement par les réactions de l'Église et de l'opinion publique s'imposa aux responsables de la SS, sauf à vouloir se débarrasser de Laval (que les Allemands venaient de remettre en avril à la tête du gouvernement), voire de Pétain, dont Hitler en personne jugeait la présence si pratique.

La même configuration est reproduite lorsque Laval et Pétain finissent par se dérober devant la grande loi de dénaturalisation qui aurait directement livré de nouvelles victimes aux nazis (à condition que la police française coopère). Là encore, les SS, qui avaient à l'origine essayé de s'engouffrer dans une brèche ouverte par les Français, renoncent sans déclencher de riposte sanglante. Leur réponse sera politique, consistant à introduire dans le gouvernement, quelques mois plus tard, des hommes à eux. Mais la présence de Darnand au secrétariat d'État au Maintien de l'ordre n'a qu'un impact marginal sur les persécutions antisémites. Il semble pourtant que Vichy n'ait pas compris que ses possibilités d'abstention étaient réelles et ait continué à fonctionner avec cette logique toujours démentie selon laquelle son action limitait les dégâts et empêchait l'accession au pouvoir d'une équipe encore plus inféodée à l'occupant et dénuée de conscience nationale.

Le 17 juin 1940, Pétain avait bien précisé qu'il resterait sur le territoire métropolitain, faisant le don de sa personne à la France, pour atténuer son malheur. En l'occurrence, sa présence et sa caution à l'antisémitisme actif ont augmenté le malheur de dizaines de milliers de gens, humiliés, enfermés, brutalisés, abandonnés, trahis, mis à mort. Sa xénophobie assumée a livré à l'arbitraire policier des personnes particulièrement vulnérables et dépourvues d'autre protection que celle qu'elles pouvaient espérer de la France. Et elles ont contribué à faire porter à l'État français une part de responsabilité dans la perpétration de la Solution finale. C'est contre le Maréchal et contre son gouvernement que des Français, que des fonctionnaires, que la hiérarchie de l'Église catholique ont agi, à leurs risques et périls, pour protester contre les persécutions et porter secours aux persécutés. Vichy s'est laissé entraîner, par idéologie et par vanité, dans la logique du bourreau qui consiste à obliger des complices, des témoins et parfois des victimes à participer au crime. Mais choisir l'ordre des mises à mort ou les justifier par le sacrifice à l'intérêt supérieur de la patrie, ce n'est pas le sens communément admis du verbe « sauver ».

9

Qui ne voulait pas la mort de l'amiral Darlan ?

Décembre 1942

À qui profite le crime ? Cette question s'impose traditionnellement dans toute enquête sur un meurtre. Dans le cas de l'amiral Darlan, au lieu de réduire la liste des suspects, cette démarche d'investigation l'allonge à plaisir aux Allemands, aux Italiens, aux royalistes, aux gaullistes, voire aux Américains, puis aux Britanniques. Des milieux, des groupes, des individus sont tour à tour incriminés, ne serait-ce que par la rumeur publique, et même formellement accusés ou poursuivis par la justice. Depuis des décennies, les livres s'ajoutent aux articles et aux émissions pour proposer ou réfuter des hypothèses, évoluant au gré des événements, des ruptures de l'Occupation aux partis pris de la guerre d'Algérie.

Or l'assassin a été arrêté sur-le-champ, pris en flagrant délit. Il n'y a aucun doute sur son identité : il a de surcroît avoué. Il a d'ailleurs été condamné à mort et exécuté en moins de quarante-huit heures.

Mais cette exécution ressemble beaucoup à un second assassinat. Si bien qu'à l'issue de ces événements, la question demeure entière : qui a tué l'amiral Darlan ?

Fortuitement

Le 8 novembre 1942 se produit le débarquement anglo-américain en Algérie et au Maroc, dont la réussite est conditionnée à l'intervention d'une coalition hétéroclite de résistants locaux qui ont en partie neutralisé les autorités et les forces vichystes sur place. Mais l'amiral François Darlan, commandant en chef des forces militaires, se trouve à Alger et c'est naturellement lui qui prend le commandement des opérations visant à repousser les Alliés. Alors qu'il a hésité à prendre des initiatives, dans l'attente de la réaction d'Hitler et des ordres de Pétain, la réalité de la progression alliée le contraint à accepter un cessez-le-feu. Désavoué par le Maréchal, il annule ses ordres et se constitue prisonnier. L'invasion de la zone libre par la Wehrmacht, le 11 novembre, l'ayant amené à considérer que l'armistice est rompu, il décrète que l'Afrique du Nord française sera dorénavant défendue avec l'aide des Alliés contre l'Axe, en se targuant de l'« accord intime » du Maréchal « empêché ». Il est désigné comme haut-commissaire et commandant en chef des armées en Afrique, avec le soutien des autorités civiles et militaires locales, et l'aval des Américains.

Ceux-ci, pourtant, avaient planifié le débarquement sans compter avec l'amiral Darlan. Ils se sont assurés sur place des complicités emmenées par des conjurés qu'on désigne sous le nom de groupe des cinq (Jacques Lemaigre-Dubreuil, Jean Rigault, Henri d'Astier de La Vigerie, Jacques Tarbé de Saint-Hardouin et le colonel Van Hecke). Ils ont prévu d'acheminer à Alger, pour prendre la tête de l'armée d'Afrique, le général Giraud, qui, depuis son évasion de la forteresse allemande de Königstein en avril 1942, fait figure de patriote intrépide prêt à la revanche. Mais Darlan se trouve à Alger depuis le 5 novembre et il s'est avéré utile pour les Américains de compter avec lui, comme il va s'avérer utile de lui conserver d'importantes responsabilités. D'autant que les combats se poursuivent longuement et violemment en Tunisie, où les forces allemandes et italiennes ont pris pied.

Pourquoi Darlan est-il si opportunément en Afrique du Nord lors du débarquement anglo-américain ? Pourquoi, avant de quitter Vichy, a-t-il pris la peine de mettre de l'ordre dans ses papiers ? Il n'est pas difficile de se figurer qu'il était au courant des préparatifs du débarquement et qu'il souhaitait s'y joindre, soit qu'il l'ait fait de sa propre initiative, pour se refaire une virginité auprès des Alliés, soit qu'il ait été sollicité par les Américains ou certains de leurs alliés français, en tant que représentant qualifié du gouvernement légal de la France. L'arrivée en Méditerranée de la flotte alliée n'est pas passée inaperçue dans les jours précédents, à tel point que le maréchal Pétain, quand il a été réveillé le 8 novembre au matin pour être informé du débarquement en cours, a répondu qu'il venait d'en rêver...

Cependant, Darlan a une tout autre raison de séjourner à Alger, une raison d'ordre purement privé.

Son fils unique, Alain, âgé d'une trentaine d'années, a été hospitalisé le 15 octobre pour une poliomyélite. L'amiral, en tournée en Afrique à ce moment, s'est arrêté pour lui rendre visite les 28 et 29 octobre. On attendait une amélioration de son état pour le rapatrier en métropole. Mais le 3 novembre, une complication cardio-pulmonaire a fait croire que le pronostic vital était engagé. François Darlan a regagné Alger d'urgence, le 5 novembre, à bord de l'avion de la présidence du Conseil, prêté par Laval jusqu'au 10[1].

Bien conscient des soupçons suscités par cette coïncidence inouïe qui l'a conduit au cœur des événements à point nommé, Darlan ne cessera d'affirmer qu'il était à Alger, le 8 novembre, « fortuitement », selon le terme qu'il emploie par prédilection.

> Quand j'ai quitté Vichy pour Alger, j'ignorais absolument de A à Z ce qui allait se produire quelques jours après. Les télégrammes reçus d'Alger avaient seulement trait à la santé de mon fils. Mais en raison de certains sons de cloche et d'avertissements très généraux et très vagues, je pouvais prévoir le déclenchement de certains événements sans cependant en connaître le caractère, la nature et la portée et surtout la date. J'ai pris mes précautions. De plus, j'étais depuis longtemps au courant de la mauvaise tournure prise par les affaires de l'Allemagne. Je sais qu'elles vont de mal en pis. Nous devions être prêts. Plus que tout autre, je devais être prêt à faire face à n'importe quelle éventualité. Je l'ai fait et je continue[2].

Darlan a certes pris des contacts secrets avec les Anglo-Saxons à partir de décembre 1941, mais sans renoncer à sa politique « neutraliste », ménageant les négociations avec l'Allemagne. Il n'envisageait pas un éventuel débarquement allié en Afrique avant le printemps 1943. Sa tournée d'inspection à Dakar et au Maroc à l'automne 1942 avait d'ailleurs pour objet de préparer les forces françaises à contrecarrer toute tentative alliée. Effectivement, le 8 novembre 1942, il a d'abord réagi en considérant que l'opération anglo-américaine était prématurée.

L'expédient provisoire

Par son ampleur et ses enjeux stratégiques, le débarquement en Afrique du Nord française (AFN) est pour les Anglo-Saxons une première à réussir absolument. Les impératifs militaires prennent le pas sur les considérations politiques. Sur place, la population européenne a approuvé l'accession au pouvoir du maréchal Pétain et la Révolution nationale. L'armée d'Afrique, forte de 120 000 hommes, se veut fidèle au serment prêté au chef de l'État et est très hostile tant aux Britanniques qu'aux gaullistes. La précipitation, la modification de leurs plans, le retard pris par Giraud, la présence inopinée, puis la conversion de Darlan ont finalement offert aux Américains, au prix de péripéties et d'atermoiements, un interlocuteur doté d'assez d'autorité pour leur procurer l'ordre public et l'aide matérielle susceptibles de faciliter leur course vers la Tunisie pour y contrer, avec des forces françaises à leurs côtés, les premières unités allemandes. Aussi, choisissant d'ignorer les efforts récemment encore déployés par Darlan pour rechercher la collaboration avec les Allemands, le commandement

américain, approuvé par l'administration et le président Roosevelt, a investi l'amiral. « Comprends
votre stupéfaction, a télégraphié à Roosevelt le
général Eisenhower, commandant en chef des forces
américaines en Europe. [Mais] sans gouvernement
français fort ici serions contraints à occupation militaire complète. Coût en temps et en ressources serait
effroyable[3]. » On accepte donc l'amiral Darlan comme
« expédient provisoire », le temps que s'achèvent les
combats qui font rage en Tunisie. On lui fait grâce à
cet égard du grave revers subi en Tunisie où aucune
résistance n'a été opposée à l'arrivée des Allemands
après le 11 novembre, puis de l'énorme échec du
sabordage de la flotte française préférant se détruire
plutôt que de se joindre aux Alliés.

Si les Britanniques sont extrêmement réticents,
Staline se montre très compréhensif, écrivant à Roosevelt :

> Pour moi et les miens, la politique suivie par Eisen-
> hower en ce qui concerne Darlan, Boisson, Giraud, etc.,
> est parfaitement correcte. Je pense que vous avez rem-
> porté un grand succès en amenant Darlan et quelques
> autres dans l'orbite des alliés qui combattent Hitler[4].

Aussi les communistes d'Algérie s'abstiennent-ils de
participer à la campagne qui s'est déchaînée contre
l'amiral, condamné « au poteau » par bien des graffi-
tis qui couvrent les murs d'Alger. Car, côté français,
les avis sont tranchés. La haute administration
vichyste et une partie des officiers supérieurs, avec
cette irrésistible propension à toujours préférer une
injustice à un désordre, soutiennent Darlan comme

garant de la continuité maréchaliste qui les justifie eux aussi. Une autre partie des officiers et de l'armée d'Afrique, sans s'être départis de leur rejet des « anglo-gaullistes », se satisfont de rentrer avec les Américains dans la guerre contre l'Allemagne. Mais ils considèrent Darlan comme un opportuniste, voire comme un traître, et tendent à lui préférer Giraud. Le groupe des cinq est partagé devant la tournure prise par les événements qui démentent les promesses faites par les émissaires américains. Certains se sont joints au « gouvernement » Darlan, sans avoir pour autant renoncé à leurs propres objectifs : Rigault est au secrétariat général aux Affaires intérieures, Henri d'Astier lui est adjoint avec la responsabilité de la Police et du Renseignement, Saint-Hardouin est aux Relations extérieures. Lemaigre-Dubreuil s'est récusé, refusant de travailler avec Darlan, mais soucieux de rester étroitement connecté aux Américains.

Les jeunes gens, souvent juifs et souvent gaullistes, qui ont pris les armes pour aider les Alliés dans la nuit du 7 au 8 novembre 1942 ont de quoi se sentir trompés. Ils n'ont certes pas couru de tels risques pour porter Darlan au pouvoir et prolonger Vichy. Beaucoup d'entre eux continuent une sourde agitation et certains ont choisi de s'engager dans une unité armée et équipée par les Britanniques (le French Commando ou Special Detachment), échappant ainsi au commandement de Darlan.

Les gaullistes d'Alger, emmenés par le professeur de droit René Capitant, demeurent dans une semi-clandestinité, réclamant plus que jamais le départ de Darlan et l'arrivée en Afrique du Nord du général de Gaulle.

À Londres comme en métropole, la consternation règne parmi les résistants. Ce *Darlan deal* prouve que les Américains pourraient, par réalisme cynique, traiter le cas échéant avec Vichy, sans tenir compte de la sincérité, de l'ancienneté ou de la valeur du combat mené contre l'ennemi commun.

Le général de Gaulle, déjà laissé dans l'ignorance du débarquement, a été placé devant le fait accompli de la promotion de Darlan. Il a réagi en dénonçant une faute américaine, en demandant au gouvernement britannique de ne pas s'y associer et en s'abstenant de tout contact avec les nouvelles autorités d'Alger.

> Il va sans dire que ni moi-même, ni le Comité national, ni aucun de mes compagnons ne consentirons à entrer directement, ni indirectement dans « cette combine » à la Vichy. Nous ne voulons pas d'une libération pourrie. Au contraire, nous voulons l'union pour la guerre et dans l'honneur de tous les Français de bonne volonté, et nous voulons que cette union se fasse de Français à Français, sans interférence des étrangers qui jouent leur jeu à eux, et non point celui de la France[5].

En même temps, les assurances que lui donnent les Britanniques et les difficultés rencontrées par Darlan le persuadent bientôt que cette choquante résurgence de Vichy ne durera qu'un temps.

> [Churchill et Eden] m'ont donné la preuve que le gouvernement britannique faisait d'expresses réserves pour l'avenir au sujet des combinaisons vichysso-américaines d'Alger. Cependant, il les tolère actuellement comme

expédient pour le maintien de l'ordre pendant la bataille de Tunisie. Mais Churchill et Eden ne consentent pas à voir bâtir quelque chose de sérieux autour de Darlan [...] la fiction de son autorité au nom du Maréchal est en train de s'évanouir car le Maréchal le renie et le condamne. Je pense que la combinaison n'a pas d'avenir[6].

Les semaines qui passent augmentent son impatience, mais confirment son pronostic : « Il est probable qu'après la disparition de la flotte à Toulon et en raison de la tournure favorable des opérations en Tunisie, l'autorité de Darlan, déjà précaire, va se trouver affaiblie[7]. » Il a l'impression que le soutien de l'opinion publique lui permettra de réaliser l'union « du bas vers le haut » au profit de la France libre.

Prêt à partir ?

Darlan n'est apparemment pas non plus persuadé de rester longtemps au pouvoir. Tout au long du mois de décembre, il multiplie les lettres, les déclarations, les notes où il suggère qu'il est prêt à se retirer. Le corollaire de l'affirmation selon laquelle il s'est trouvé à Alger au jour J « fortuitement » est, selon lui, sa totale absence d'ambition personnelle : il n'est intervenu, en vertu de ses fonctions légitimes, que pour limiter les morts inutiles, puis assurer la cohésion des territoires coloniaux français qui permettait de les remettre dans la guerre aux côtés des Alliés. Dès ses premiers propos, il se veut rassurant : une fois la victoire acquise et la France libérée et restaurée, il prendra sa retraite. Le pays choisira librement son futur régime[8]. Il se met à envisager la désignation d'une personnalité militaire et même civile pour le remplacer, à condition qu'elle ne soit pas gaulliste. Le cas échéant, il ne demandera qu'à reprendre ses fonctions à la tête de la flotte. Dans une note du 23 décembre, il passe en revue diverses hypothèses pour sa succession, y compris des hommes politiques de la IIIe République, sans toutefois s'arrêter à une solution qui le satisfasse[9].

Darlan ne peut ignorer qu'Alger ne bruit que des diverses entreprises qui visent à le pousser à la démission, et, plus largement, à se débarrasser de lui d'une façon ou d'une autre. Le 23 décembre, il confie à ses interlocuteurs américains qu'il y aurait quatre complots en cours pour le tuer. Son chef de la police, tout à ses propres intrigues, se fait d'ailleurs un plaisir d'alimenter ses craintes. Aussi l'amiral se dit-il contraint de passer plus de temps à déjouer les complots et à surveiller Alger qu'à administrer l'Afrique et à faire la guerre[10]. La sécurité militaire, toutefois, est plus rassurante.

Darlan a pourtant contre lui à la fois les partisans de Pétain, ceux de De Gaulle et les hommes qui ont préparé le débarquement. Tous le considèrent comme un usurpateur ou un traître. Ses propres soutiens, peu nombreux, ne sont pas dépourvus d'arrière-pensées. L'amiral aurait précisé à plusieurs officiers supérieurs qu'il « ne défendrait pas sa place si on la voulait », à charge pour eux de le faire savoir.

Un complot parmi d'autres

Par certains côtés, la situation en AFN est assez décevante pour toutes les parties en présence. L'agitation ne cesse de croître, y compris parmi les indigènes. Les ramifications des manœuvres en tous genres sont si nombreuses qu'elles se croisent éventuellement sans se confondre, chaque groupe poursuivant son propre projet quant aux moyens et aux fins. Dans ce foisonnement d'initiatives où l'imagination n'est pas en reste émerge un projet qu'on a appelé par commodité le complot monarchiste.

Au nombre de ceux qui ont facilité le débarquement du 8 novembre, on compte certains hommes, dont Henri d'Astier et le banquier Alfred Pose, devenu le secrétaire général aux Affaires financières, qui non seulement ne sont pas gaullistes, mais doutent que de Gaulle puisse refaire l'unité française autour de lui. Ils se sont ralliés à contrecœur à l'expédient provisoire Darlan pour ne pas se couper des Américains. Mais ils demeurent attachés à une solution comparable à celle qu'ils avaient prévue à l'origine, la « solution Giraud » qui permettait la réconciliation française autour d'un homme qui n'était ni gaulliste ni vichyste, et qui sauvegarderait la souveraineté française que les Américains traitent avec un peu trop de désinvolture. Malheureusement, Giraud s'est révélé peu doué de sens politique et, en se mettant à la remorque des Américains, il a fini par se placer sous les ordres de Darlan. Il leur faut donc trouver une nouvelle incarnation du fédérateur au-dessus des partis auquel se rallieraient tous ceux qui veulent se battre contre les Allemands et procurer à la France une chance de figurer parmi les vainqueurs à la fin de la guerre.

Sans doute parce que leurs opinions – qu'ils ne dissimulent pas – les portent vers le royalisme, ils ont eu l'idée, dès la mi-novembre, de confier cette fonction symbolique au comte de Paris, qui réside par chance au Maroc espagnol. C'est ignorer qu'Henri d'Orléans s'est, depuis 1940, montré d'un opportunisme aussi maladroit que forcené qui l'a amené à solliciter Pétain, Laval, les Anglais, les Allemands et les Italiens, dans son désir de se rapprocher du trône. Laval devait d'ailleurs, en décembre 1942, le tourner en ridicule en citant des extraits d'une lettre d'allégeance qu'il lui avait envoyée le 16 novembre[11]. Car miser sur le comte de Paris revient aussi à méconnaître que son caractère ne le prédispose pas aux entreprises d'envergure :

> Sans être infantile, il est superficiel et enfant gâté. Il souffre, à l'approche de la maturité, de l'éducation que le duc de Guise n'a pas su lui donner assez ferme, de la courtisanerie de ses premiers conseillers [...]. Il se décide vite, après avoir lu mal ou saisi de travers[12].

À moins que les faiblesses mêmes du prétendant n'aient donné à penser aux conjurés qu'ils l'utiliseraient à leur guise.

À l'initiative du projet se trouve apparemment Marc Jacquet, l'un des proches collaborateurs d'Alfred Pose. Puisqu'aucun chef qui fasse l'unanimité n'est disponible, son intuition est de faire du comte de Paris le cheval de Troie du gaullisme en Afrique, le gaullisme n'étant lui-même que la vitrine des mouvements de résistance de métropole, seuls légitimes à ses yeux. À peine Darlan a-t-il été porté au pouvoir, à peine Giraud a-t-il fait la preuve de son inexpérience politique que Jacquet a proposé son idée à Henri d'Astier, qui, selon lui, est l'un des rares à avoir démontré son « énergie efficiente » au moment du débarquement.

> Des événements de la semaine passée et de notre échec, il faut maintenant tirer les enseignements. Deux conclusions indiscutables : la carence une nouvelle fois affirmée, et clairement, des militaires sur le plan politique, l'absence presque totale d'énergies efficientes.
>
> [...] Il faut que nous nous disions que la métropole vit aujourd'hui et depuis deux ans de l'espérance gaulliste, les organisations gaullistes représentent incontestablement la seule force véritable existante et capable d'agir ; que la propagande gaulliste a sur l'opinion française de zone occupée une influence capitale, à laquelle il sera bien difficile de se substituer immédiatement. Restons donc dans le concret et, en vertu de notre notion d'arbitrage, proposons la conciliation par l'instauration d'un pouvoir civil neuf, s'affirmant comme un gouvernement unique de la France impériale dissidente des deux pouvoirs militaires actuellement coexistants : Gaulle et Darlan.
>
> Vous connaissez bien mes sentiments. Ma position est d'ailleurs purement rationnelle, je ne suis pas un monarchiste de tradition, mais je pense qu'aujourd'hui il faut mettre le Prince devant ses responsabilités et lui imposer de prendre position, je dis dès maintenant car je ne pense pas que par opportunisme il faille se dérober aux conséquences plus ou moins imprévisibles pour la restauration durable de la monarchie de l'imbroglio actuel.

[...] Il faut qu'au départ de cette croisade, qui doit redonner la France aux Français, le Prince, s'il veut être monarque, se présente comme le conciliateur des différentes dissidences françaises et comme le libérateur à la tête des armées françaises qui reprendront le territoire aux côtés des forces anglo-saxonnes[13].

Or ce projet pour le moins compliqué et improbable rencontre une approbation active de la part de membres importants du haut-commissariat, preuve que, pendant ces folles semaines, aucune extravagance n'est *a priori* inconcevable. Aussi le voici mis en route presque aussitôt, puisqu'à partir du 20 novembre, Pose et Jacquet rencontrent le prince, qui envoie à son tour des émissaires à Alger. Ceux-ci sont séduits par d'Astier, qui propose une combinaison très originale[14]. En effet, les présidents des conseils généraux des trois départements algériens ont l'intention de démontrer à Darlan que, le gouvernement du Maréchal dont il prétend détenir son autorité étant prisonnier, il ne remplit aucune des conditions qui font qu'un pouvoir est légal et indépendant. Aussi doit-il se retirer pour faire place à la légitimité antérieure, celle issue de la IIIᵉ République. Il n'est pas exclu que Pierre-Étienne Flandin, ancien président du Conseil sous la République et brièvement successeur de Laval à Vichy, providentiellement installé à Alger depuis octobre 1942, soit derrière cette entreprise. Mais d'Astier espère capter la dynamique de démission ainsi créée. Aussi Pose entreprend-il de rallier à la cause du comte de Paris ces républicains à géométrie variable, qui se montrent hésitants.

Mis à son tour au courant, Henri d'Orléans n'éprouve pas moins de doutes. On le persuade qu'il ne manque

que l'accord américain pour lui offrir le pouvoir dans des conditions quasi légales. Le 9 décembre, d'Astier lui envoie au Maroc espagnol une voiture munie des sauf-conduits nécessaires et Jacquet ramène le prétendant à Alger le lendemain. Il s'installe chez divers amis de Pose, puis finalement chez d'Astier lui-même.

On lui présente de nombreuses personnes, qui doivent le convaincre... ou être convaincues par lui. L'enthousiasme gagne les esprits les plus disponibles. À tous ces interlocuteurs, d'Astier et Pose vantent les ralliements cruciaux déjà engrangés et démontrent combien leur entreprise est avancée. Ils ont écrit le message radiodiffusé par lequel le comte de Paris annoncera remplacer Darlan : « Je suis la voix de la continuité française qui vous ordonne de vous arracher aux dissensions de l'heure pour vous unir dans le respect de votre commune grandeur. » Henri d'Astier a fait préparer les maquettes photographiques où le comte de Paris apparaît, encadré par les généraux Giraud et de Gaulle. La longue proclamation qui accompagnera la prise du pouvoir est rédigée et une liste des membres du futur gouvernement est établie. Reste à en parler aux Américains... Sondés à leur tour, le consul Murphy, puis le général Eisenhower mettent un veto formel à cette nouvelle combinaison : l'opinion publique américaine déjà très réticente face à l'« expédient provisoire », Darlan, ne comprendrait plus du tout que l'Amérique remette en course un prétendant au trône de France. Quant au gain sur le plan militaire – qui est primordial –, il est loin d'être évident. Entre-temps, Darlan s'est en outre plié à l'exercice consistant à annoncer une amnistie pour tous ceux qui ont enfreint la loi dans le cadre du débarquement allié, la fin des lois racistes, l'égalité pour toutes les populations de l'Empire colonial, un engagement militaire sans restriction aux côtés des Alliés, son retrait dès la Libération acquise. Autant d'efforts qui le rendent plus présentable aux yeux de l'opinion publique internationale et suffisent pour l'heure aux Américains. L'herbe paraît avoir été coupée sous le pied des conspirateurs. Le 22 décembre, le comte de Paris va s'installer en dehors d'Alger. Il dira plus tard que le veto américain l'avait fait renoncer[15]. À dire vrai, il est souffrant et cette mise au vert offre l'intérêt de le placer légèrement en retrait, au cas où les événements se précipiteraient. Selon certains témoins, la maladie du prétendant s'explique d'ailleurs par sa difficulté à supporter l'excitation croissante de ses coachs, ainsi que le stress d'une situation aussi risquée[16].

L'entrée en scène de François d'Astier de La Vigerie

L'une des plus graves et persistantes difficultés rencontrées par le général de Gaulle avait été la rareté des personnalités civiles ou militaires de premier plan qui avaient accepté de se joindre à lui depuis juin 1940. Quand, au printemps 1942, Emmanuel d'Astier de La Vigerie, le chef d'un fragile mouvement de résistance de zone libre (et frère d'Henri d'Astier), est venu à Londres et lui a révélé que son autre frère, le général d'aviation François d'Astier de La Vigerie, partageait leurs vues, de Gaulle n'a pas hésité à lui remettre une lettre de sollicitation : « Mon général, venez !

Nous avons besoin de vous. » Divers contretemps ont retardé l'arrivée de François d'Astier de La Vigerie en Angleterre où il est parvenu, le 18 novembre 1942, en pleine crise d'Alger. Le général de Gaulle manifeste à cette arrivée une satisfaction exceptionnelle[17]. Il fait de François d'Astier son adjoint au commandement en chef des FFL. Il répand partout la nouvelle de ce ralliement et assure la publicité de ses opinions sur Darlan. Le général arrive en effet de métropole avec deux idées fixes qui, soutient-il, traduisent le sentiment unanime de ses compatriotes : « Darlan est un traître qui doit être liquidé, Giraud a le devoir de se rallier à la France combattante[18]. » Il est crucial pour de Gaulle de trouver dans ces circonstances si périlleuses un soutien aussi catégorique. Il demande aussitôt aux Anglo-Américains de permettre au général de se rendre en Afrique du Nord pour une mission d'information, ce qui est beaucoup demander si l'on compare le choix des Américains de miser sur Darlan et les prises de position publiques de François d'Astier. Le général Eisenhower finit néanmoins par consentir et l'émissaire de De Gaulle atterrit à Alger le 19 décembre.

Il est muni d'un ordre de mission officiel lui prescrivant de s'informer, de rendre compte et de faire d'éventuelles suggestions pour hâter l'union dans l'effort de guerre. Mais, comme il l'explique aux gaullistes d'Algérie, François d'Astier est également chargé de faire connaître en AFN la position intransigeante de la France combattante[19]. Il est porteur d'une forte somme en francs et en devises à remettre aux gaullistes d'Alger, dont la position est précaire. Il a été convenu qu'il pourra s'entretenir avec Giraud, mais qu'il devra s'abstenir de voir Darlan, pour manifester clairement le refus de tout compromis (ou compromission).

Aussitôt arrivé, le général se jette dans le brasier algérois, dont son frère Henri n'est pas le dernier à attiser les braises. Il rencontre effectivement beaucoup de monde, dont le comte de Paris et divers protagonistes des manœuvres en cours pour pousser Darlan à passer la main.

Il ne peut se dérober à l'insistance américaine et accepte un rendez-vous avec Darlan, en présence de dirigeants du haut-commissariat : le général Bergeret, haut-commissaire adjoint, sur ses gardes, le général Giraud, mutique, quoique François d'Astier de La Vigerie fasse mine de ne s'adresser qu'à lui. L'inévitable clash se produit au sujet d'une éventuelle coopération des troupes placées sous le commandement de Giraud et des forces de la France combattante. Darlan fait remarquer qu'on ne peut pas passer pardessus son autorité en matière militaire, ce à quoi le général d'Astier de La Vigerie réplique qu'il est pourtant l'obstacle principal à l'unité et qu'il doit se retirer. À la suite de cet éclat, Darlan obtient des Américains que le séjour de François d'Astier de La Vigerie soit écourté : le général devra repartir dès le 22 décembre.

Il y a à ce contretemps deux conséquences : d'abord, François d'Astier de La Vigerie a limité ses entretiens à la seule ville d'Alger, alors qu'il était supposé visiter l'Algérie, le Maroc et la Tunisie ; d'autre part, l'interruption soudaine d'une visite qui n'aura duré que quatre jours ne peut lui avoir donné qu'une vision incomplète de la situation et avoir influé sur les consignes qu'il est susceptible de laisser, soit en les empêchant, soit en leur conférant un caractère improvisé et partiel. En outre, ceux qui lui ont parlé peuvent se targuer d'être dans le secret et ne répercuter de leurs conversations que ce qu'ils veulent bien dire, sans risque d'être contredits. Cela contribue à rendre difficile de trancher le point crucial de savoir si François d'Astier de La Vigerie ordonna, par l'intermédiaire de son frère Henri, qu'on agisse pour évincer Darlan et, le cas échéant, dans quels termes, incluant ou non de le tuer.

Les archives n'ont pas livré de rapport de mission du général d'Astier de La Vigerie. Il n'est pas impossible qu'il s'en soit tenu à rendre compte de vive voix au général de Gaulle, qui se fait sans doute l'écho de ses propos dans ses *Mémoires* : « De son passage à Alger, il rapportait la conviction que Darlan, sentant le sol se dérober sous ses pas, quitterait à bref délai le pouvoir[20]. » S'il le quittait bientôt, contraint ou forcé, point n'était besoin de le tuer. Il apparaît en outre que de Gaulle semble avoir eu une opinion très négative de l'activité déployée par Henri d'Astier :

[Il] n'a pas travaillé pour moi, mais pour Giraud, pour le comte de Paris et les Américains. Il aurait dû prendre mes ordres plus tôt. Il a accepté un poste sous le régime Darlan-Giraud, il est vrai dans l'intention d'éliminer Darlan, mais c'est un procédé florentin[21].

Le meurtre

Le 24 décembre, vers 15 h 30, l'amiral Darlan regagne son bureau au palais d'Été, en compagnie de son chef d'état-major particulier, le commandant Hourcade. Le haut-commissariat n'est pas gardé de façon stricte : il suffit de donner un motif plausible pour y entrer. Le bureau de l'amiral se trouve dans un pavillon dépourvu de surveillance. Sa double porte fait face, au bout d'un couloir assez étroit, à l'entrée principale. Le couloir tourne ensuite à droite pour desservir les bureaux de ses collaborateurs. Il n'y a ni véritable salle d'attente ni aucune sécurité digne de ce nom[22].

Un « jeune homme bien mis » attend devant la porte du bureau de l'amiral, sans retenir particulièrement l'attention. Hourcade a à peine commencé à s'engager dans le coude du couloir pour gagner son propre bureau qu'il entend un coup de feu. En se retournant, il voit le jeune homme faire feu une deuxième fois sur Darlan. Il se jette sur lui alors qu'il s'apprête à tirer encore. Pendant la lutte, un coup part de nouveau. Le tireur se dégage et vise Hourcade qu'il blesse à la cuisse. Des personnes accourent qui le maîtrisent. Il prend quelques coups violents et s'écrie : « Ne me tuez pas ! » Darlan, à terre, a perdu connaissance.

« Du jeune assassin lui-même, rapporte Hourcade, je ne me rappelle rien qu'un visage aigu et tendu, manifestement sous l'emprise d'une excitation extraordinaire, avec des yeux dont je garde le souvenir, un regard très bleu, très particulier[23]. »

On improvise en voiture le transport du blessé jusqu'au grand hôpital militaire d'Alger, qui n'est pas tout proche. L'amiral Darlan meurt sur la table d'opération : la balle de petit calibre qui l'a atteint à l'abdomen a provoqué une hémorragie interne fatale.

Le général Noguès, qu'une ordonnance secrète du 2 décembre chargeait d'un éventuel intérim, est au Maroc, dont il est résident général. Le général Giraud se trouve sur le front tunisien, ainsi d'ailleurs que le général Eisenhower. On leur demande de rentrer sans perdre un instant. Le seul haut responsable français présent à Alger est le général Bergeret. Le secret de la mort de l'amiral ayant été éventé dans l'instant, il diffuse une proclamation qui impute le crime à un agent de l'Axe. Elle s'achève par la mention de ce qui sera, dans les semaines à venir, le souci primordial de l'équipe militaire au pouvoir : le maintien de l'ordre. « Toute tentative de désunion sera impitoyablement réprimée[24]. »

Cependant, le meurtrier est gardé plusieurs heures sur le lieu du crime. Il est ensuite conduit dans les locaux de la police judiciaire. Le commissaire qui l'interroge brièvement se contente de constater un flagrant délit. Il le trouve atone, marqué par les coups reçus au moment où il a été appréhendé. Au soir du 24 décembre, il n'y a encore aucun procès-verbal d'interrogatoire établi[25].

Quelques constatations, de brefs interrogatoires sont opérés sur la scène de crime. Le meurtrier est porteur d'une fausse carte d'identité au nom de Morand. Mais à peine est-il sorti du palais d'Été qu'il est reconnu par quelques personnes. Son nom commence à circuler en ville.

Fernand Bonnier de la Chapelle a eu 20 ans le 1er novembre. Les rares photos de l'époque montrent un visage juvénile, celui d'un lycéen plutôt que d'un étudiant. Un menton, des joues encore rondes, une frange un peu longue, à la mode de l'époque. Son père est rédacteur dans un quotidien algérois. Sa mère est italienne. Ses parents sont divorcés. C'est pour cette raison qu'en 1930, il a été envoyé chez un oncle, à Paris, pour poursuivre sa scolarité. Il a pris part aux manifestations patriotiques qui, le 11 novembre 1940, se sont déroulées à l'Arc de Triomphe. Craignant la répression allemande et n'arrivant pas à passer en Angleterre malgré ses efforts, il a fini par obéir à son oncle qui l'a renvoyé dans sa famille à Alger, fin décembre 1940. Là, il a essayé de s'engager dans l'aviation, avec l'idée de détourner un avion jusqu'à Gibraltar, territoire anglais, mais il a été rapidement éconduit. En désespoir de cause, il est retourné au lycée puis s'est engagé dans les chantiers de la jeunesse, mais sans perdre de vue ses projets. On comprend en effet, dans une lettre que lui a adressée une amie et qui a été interceptée par la censure, qu'à la fin de l'été 1942, il désirait toujours aller se « faire casser la figure là où il y a une bonne cause à soutenir ». On comprend aussi qu'il a été brièvement dans le viseur du Service des menées antinationales qui surveillait gaullistes, communistes et agents de l'étranger[26].

Au moment du débarquement anglo-américain, il était sur le point de s'embarquer pour revenir étudier en France. Il a été terriblement frustré de ne pas avoir eu l'occasion de compter parmi les insurgés[27].

Dans son désir éperdu d'agir, il rejoint le French commando, une unité équipée, financée et protégée par les Britanniques où viennent s'engager les hommes désireux d'aller se battre en Tunisie sans intégrer l'armée d'Afrique d'obédience maréchaliste. Au grand embarras rétrospectif des services secrets anglais et américains, il y est formé par des instructeurs issus de leurs rangs, en particulier au maniement des armes[28].

Persuasion

Comme beaucoup de patriotes, Bonnier se sent floué par l'arrivée au pouvoir de Darlan, l'ex-champion de la collaboration franco-allemande. C'est ce qu'il exprime très clairement dans ses déclarations après le meurtre : « J'ai tué l'amiral Darlan parce que c'est un traître, il vendait la France à l'Allemagne pour son profit. J'ai eu en main la preuve écrite de sa trahison. C'est la même chose pour Laval. Ces gens-là veulent le pouvoir pour eux[29]. »

Certes, les radios de la France libre n'économisaient pas leurs efforts pour disqualifier Darlan. Nombreux sont ceux qui diront par la suite qu'ils avaient, eux aussi, rêvé d'abattre Darlan. Mais il semble que Bonnier n'ait pas juste été frotté de propagande ordinaire.

Les brèves confessions faites après son arrestation montrent qu'il était à la fois persuadé d'avoir pris, de lui-même, la décision de tuer Darlan et qu'il l'avait fait, en réalité, après avoir été sollicité, convaincu, peut-être « chambré ». « J'ai décidé de tuer l'amiral il y a quelques jours », déclara-t-il peu avant son exécution. Avant d'ajouter des détails qui révèlent le processus qui a conduit à sa « décision » :

> J'ai appris qu'une personne venant de la part du général de Gaulle avait demandé à être reçue par l'amiral. Le général de Gaulle était prêt à faire sa soumission si une personnalité que je connais prenait le pouvoir à la place de l'amiral Darlan. L'amiral a refusé de recevoir l'envoyé du général de Gaulle, marquant sa volonté de garder pour lui le pouvoir. Certaines personnalités ont parlé devant moi de cette démarche infructueuse et ont dit : « Il faut que Darlan disparaisse. » J'ai dit alors : « Eh bien moi, je me charge de le faire disparaître[30]. »

Dans une autre déposition – qui ne sera pas communiquée au tribunal militaire et a très probablement été arrangée par un commissaire de police –, il nommait celui qui lui avait fourni les moyens et, sans doute, l'idée originelle de ce qu'il appelle, de façon révélatrice, « la mission qui m'était assignée » : l'abbé Louis Cordier.

> J'affirme avoir tué l'amiral Darlan, haut-commissaire en Afrique française, après en avoir référé à l'abbé Cordier, sous forme de confession. C'est M. Cordier qui m'a remis le plan des bureaux du haut-commissariat et du cabinet de l'amiral, et c'est par lui que j'ai pu me procurer le pistolet et les cartouches qui m'ont servi[31].

Plus tard, il mentionne même une deuxième motivation à son geste, qui s'inscrit dans un plan plus vaste, consistant à amener le comte de Paris au pouvoir :

Si la personnalité pour l'arrivée de laquelle j'ai fait disparaître Darlan ne prenait pas le pouvoir, nous serions anglicisés, américanisés. Cela, il ne le faut pas pour la France. Bien que mon nom me désignait [*sic*] pour être royaliste, il n'y a guère que depuis deux mois que je le suis[32].

Selon les déclarations de Bonnier et selon des témoignages postérieurs aux événements, on comprend qu'il pensait disposer d'un excellent plan, préparé avec des complices efficaces. Il possédait de « vrais » faux papiers pouvant lui permettre de quitter rapidement la région d'Alger. La fenêtre du bureau de l'amiral situé au rez-de-chaussée lui permettrait de s'éclipser sans perdre de temps et de gagner le front tunisien pour participer à la guerre aux côtés des Britanniques. Au pire, s'il était pris et même condamné, il serait gracié. Sa libération ne serait plus alors qu'une question de courte patience[33].

Aussi se fait-il discret sur ses commanditaires et ses complices dont il attend, après son arrestation, un secours providentiel.

En tout début d'après-midi, le 25 décembre, un juge d'instruction militaire demande à la police de lui remettre le dossier et les scellés. Gardant par-devers lui la confession signée la veille au soir par Bonnier, le commissaire transmet deux déclarations où Bonnier reconnaît sans se faire prier avoir tué l'amiral Darlan. La justice militaire n'y a ajouté aucun document. Le dossier ne contient que le strict minimum : l'acte de décès de Darlan, les constatations de la police, les déclarations de Bonnier affirmant avoir agi seul pour des raisons patriotiques, les pièces formelles d'audience[34].

Rentré aussi vite que possible du front tunisien, le général Giraud suit les recommandations du général Bergeret qui avait prescrit, au nom du commandant en chef, qu'une cour martiale se réunisse aussitôt. « Il ne faut pas que l'exemple devienne contagieux. Nous n'avons pas le droit, actuellement, d'avoir la moindre agitation [...]. Que la justice suive son cours [...]. Elle jugera en toute impartialité. Son jugement, quel qu'il soit, sera sans appel[35]. »

Le procès s'ouvre le jour de Noël, à 18 h 30. L'amiral Darlan est mort depuis à peine plus de vingt-quatre heures. La cour martiale est présidée par un colonel. Elle est composée d'un commandant, d'un capitaine, d'un lieutenant et d'un caporal. L'accusé reconnaît la préméditation. Il affirme avoir agi seul et ne pas éprouver de regrets puisqu'il a agi « de façon convaincue ». Le commissaire du gouvernement demande la peine de mort. Les deux avocats plaident les circonstances atténuantes eu égard à la jeunesse de leur client, tout en réclamant, logiquement, un supplément d'information. Ils ne mentionnent pas de complot, ni de commanditaire éventuels[36]. Fernand Bonnier de la Chapelle est condamné à mort.

La course à la grâce

Le jeune homme, dit-on, a assisté à son procès avec un étonnant sang-froid, comme s'il s'agissait d'une formalité sans conséquence. Percevant l'aspect indéniablement factice de la procédure et la hâte qui y était apportée, il paraît les avoir interprétés comme les signes que ce simulacre de justice masquait simplement une manœuvre en sa faveur.

Durant la nuit qui suit sa condamnation, Bonnier continue à manifester la même certitude confiante qu'une intervention aussi haut placée que déterminante va le tirer de ce mauvais pas. Il donne l'impression aux officiers de gendarmerie chargés de le surveiller d'être inconscient ou affabulateur[37].

Tandis qu'il attend avec une certaine sérénité un coup de théâtre, quel qu'il soit, se déroule non pas la manœuvre bien huilée qu'on lui a fait miroiter, mais une course de plus en plus éperdue et désordonnée pour obtenir sa grâce.

Certains participants du complot du débarquement avaient été placés sur écoutes après que Darlan était devenu haut-commissaire, au cas où ils auraient fomenté une nouvelle intrigue. Ce sont ces interceptions téléphoniques qui restituent aujourd'hui, avec les raccourcis et les ambiguïtés des conversations privées et la prudence de ceux qui se savent écoutés, ce que furent ces heures terribles. Elles tournent surtout autour de deux hommes qui vont demeurer près du téléphone, pendant que les autres se déplacent, puis se démènent : l'abbé Cordier, installé chez Henri d'Astier, et Me Sansonetti, l'un des deux avocats du jeune Bonnier.

Dès la soirée du 24 décembre, l'abbé Cordier et Henri d'Astier ont fait comprendre au commissaire Achiary, qui fut leur complice lors des préparatifs du débarquement, que Bonnier a été envoyé par eux. Ils lui ont demandé d'aider à son évasion. Jugeant la chose infaisable, le commissaire les a éconduits[38]. Pourtant, vingt-quatre heures plus tard, après la condamnation à mort, les deux hommes semblent encore confiants. Henri d'Astier répand sa conviction qu'on peut rédiger un recours très argumenté dont l'étude permettrait de gagner du temps. Selon lui, le général Noguès, haut-commissaire par intérim, est accessible à la pitié, même s'il souhaite prendre l'avis de Bergeret et de Giraud. Vers 1 h 30 du matin, le 26 décembre, Cordier incite même Me Sansonetti à demander confirmation de la décision de grâce au haut-commissariat. À lire au plus près la retranscription de ces conversations, il semble bien que tous ont, à ce moment, tendance à prendre leurs désirs pour des réalités, chaque transmetteur d'information se montrant un peu plus catégorique que celui qui lui a parlé auparavant.

D'ailleurs, à 3 heures du matin, le père et l'avocat du condamné sont brutalement mis en alerte par la prudence ostensiblement affichée par un officier attaché au haut-commissariat. D'après lui, les généraux sont encore en train de discuter et aucune décision n'a été arrêtée. Elle sera probablement définitive vers 4 h 30, ce qui paraît dangereusement proche de l'échéance fatale. Cordier sollicite alors Marc Jacquet, qui se montre rassurant : « Le maximum est fait dans le sens que l'on pouvait faire. C'est à l'intelligence politique de comprendre. Le général Noguès a été très intelligent. Il n'y a plus qu'à attendre demain. » On décide donc d'attendre, comme convenu, et non sans espoir. Aussi est-ce un coup de tonnerre quand, le père de Bonnier s'étant effectivement rendu au haut-commissariat à 4 h 30, il s'entend répondre qu'il n'y a plus rien à faire. « Le général Giraud et le général Bergeret ont répondu non. »

La brusque détérioration de la situation remet à l'ordre du jour l'idée, toutefois assez vague, de tenter une évasion avec les complicités disponibles dans la police. En même temps, de rapides conciliabules persuadent les protagonistes que Giraud n'a pas bien compris que le sort de Bonnier s'insère dans un ensemble plus vaste. Le général s'est déjà acquis la réputation d'être d'une rare incompétence en matière politique, il faut simplement lui expliquer plus nettement les choses. Mais qui s'en chargera ? Henri d'Astier semble assez mal en cour. Cordier téléphone à Jean Rigault qui suggère qu'on essaie de faire réveiller Giraud par son officier d'ordonnance pour lui refaire tout l'argumentaire. Ils ignorent probablement qu'un peu plus tôt, Alfred Pose a déjà tenté une intervention comminatoire, qui va se révéler à double tranchant :

Alfred Pose :	Je vous parle d'une chose très grave. Il paraît qu'on va exécuter très rapidement, aujourd'hui même, l'assassin de l'amiral Darlan. Est-ce exact ?
L'officier :	Oui, si le recours en grâce est rejeté, comme cela semble probable.
Alfred Pose :	C'est très grave. Il faut à tout prix obtenir un sursis. J'étais en contact ce soir avec certains milieux qui sont décidés au pire si l'exécution a lieu. Il faut l'expliquer au général Bergeret. Il ne faut pas que l'exécution ait lieu ce matin.
L'officier :	Je ferai part de ce que vous me dites au général Bergeret, mais je serais bien étonné qu'il intervienne. Personne de bonne foi ne pourrait comprendre une démarche en faveur d'un assassin.

Alfred Pose :	Ce serait une erreur formidable de procéder à cette exécution. Les milieux dont je vous parle sont décidés à rendre la vie impossible au gouvernement qui succéderait à Darlan. Ils rendront impossible la vie à Giraud. Il faut faire un geste politique. Sans cela, un gouvernement Giraud aura la vie impossible et il se passera des choses terribles.
L'officier :	Dites à vos amis que nous avons la liste des vingt ou trente personnes à mettre sous clef pour avoir la paix.

Les minutes courent dorénavant de plus en vite. À 5 h 30, l'avocat de Bonnier avertit qu'on lui a demandé de rejoindre son client, l'exécution étant prévue à 7 heures. À 6 heures, le refus de la grâce est confirmé par l'officier d'ordonnance de Giraud :

> Le général refuse. Il a donné des raisons. Il a dit qu'une affaire comme celle-là ne rompt pas les ponts, qu'il n'y avait pas deux poids deux mesures ; que si on passait dessus, il n'y avait pas de raison que ça ne recommence pas.

Un peu avant 6 heures du matin, l'avocat du condamné le rejoint au tribunal militaire. Conformément aux usages, il l'escorte jusqu'au lieu de l'exécution. Ce n'est que face au peloton que Bonnier comprend que son destin est scellé. Il est fusillé à 7 heures. Quelques heures plus tard, encore sous le coup de l'émotion, Me Sansonetti raconte à un ami : « Ils ont été trop vite. Tout ce que j'ai pu faire, c'est

d'aller jusqu'à le mettre en caisse, le pauvre gosse [...].
C'est un grand monsieur qu'il faut admirer. Il avait un
courage formidable[39]. »

Giraud est dorénavant considéré comme le principal responsable du refus de la grâce. Effectivement,
questionné quelques jours plus tard par des journalistes anglo-saxons sur le sujet, le général exprime sa
surprise de voir faire tant de bruit autour de l'exécution d'un meurtrier, alors que tant de braves soldats
sont en train de se faire tuer sur le front tunisien.
S'il était si patriote, conclut-il, l'assassin aurait mieux
fait de se trouver parmi eux à faire son devoir militaire[40]. Il ignore bien sûr que le jeune homme n'a
aspiré qu'à cela depuis deux ans et demi et que ce
sont les hasards de la vie qui n'ont cessé de contrarier
son projet de se battre contre les Allemands (et les
Italiens).

La succession

Peu après l'exécution de Bonnier se déroulent les
obsèques de l'amiral Darlan. La veille, le corps a été
exposé au palais d'Été et une foule nombreuse est
passée, apparemment plus curieuse que choquée. Elle
a été impressionnée par l'apparat militaire entourant
le cercueil, apparat renouvelé dans un grand déploiement de faste lors de la messe à la cathédrale d'Alger et plus encore lors des honneurs militaires où
la marine le dispute à l'armée, qui le dispute aux
Anglais et aux Américains... Mme Darlan a demandé
qu'on évite les discours. Selon les mots mêmes de
son fils, si la famille de l'amiral ne peut excuser le

meurtre, elle pardonne au meurtrier, ayant compris que son geste résulte d'un concours de circonstances où aucun protagoniste n'est vraiment innocent. « Mon père, à Alger, put être assassiné parce qu'en réalité, il était seul, sans vrais partisans[41]. »

Contrairement à ce qu'on aurait pu penser, la mort de Fernand Bonnier de la Chapelle ne permet pas d'évacuer les problèmes soulevés par l'assassinat de Darlan. Certes, on a fait bon marché de la vérité judiciaire, comme de la justice éventuellement due à l'amiral. Mais, en dépit – ou à cause – du secret qui a entouré la personnalité de l'assassin, de la confidentialité de la procédure judiciaire, de la hâte mise à le juger et à l'exécuter, le bruit se répand aussitôt dans Alger, apparemment dans tous les milieux et parmi toutes les nationalités, que le meurtre de Darlan n'a pas été commis par l'accusé ou, du moins, pas par l'accusé seul. L'agence américaine Associated Press commente : « Le meurtre de Darlan est-il un acte isolé de vengeance politique ou personnelle, ou est-il le premier d'une série d'assassinats, d'attentats et d'actions ? [...] Les motifs attribués à l'assassin sont pour le moins obscurs, ainsi que les personnalités, les factions ou les intrigues qui y ont trempé. » Faisant chorus avec délice, les collaborationnistes parisiens voient dans l'étouffement de l'affaire la preuve de la satisfaction britannique et de l'équivoque américaine[42].

Réuni dans l'après-midi du 26 décembre, le conseil impérial désigne le général Giraud commandant en chef civil et militaire. Noguès s'est effacé, estimant qu'il serait dans une position aussi impossible que l'avait été celle de Darlan.

Qu'est-il advenu entre-temps de l'hypothèse de la dévolution du pouvoir au comte de Paris ? Dès 8 heures, au matin du 26 décembre 1942, Pose a fait demander une entrevue au général Giraud, en le prévenant qu'il serait accompagné. Le visiteur qu'il présente au général s'avère être le comte de Paris, qui commence par intercéder en faveur de Bonnier de la Chapelle. Pose et lui manifestent une certaine émotion en apprenant qu'il est trop tard, ce qui ne les empêche toutefois pas d'exposer le motif de leur visite : ne serait-il pas approprié de proposer le nom du comte de Paris comme successeur de Darlan, pour sceller l'union de tous les Français dans la guerre contre l'Allemagne ? Giraud les écondui avec son argument préféré : il ne fait pas de la politique, mais « la guerre, rien que la guerre[43] ».

Noguès fait connaître son opposition, teintée de mépris. Bergeret, en dépit de ce qui lui a été suggéré par les conjurés, s'abstient de faire mention de la candidature du prétendant lors de la séance du conseil impérial tenue dans l'après-midi. Elle n'est d'ailleurs évoquée par personne d'autre. Ce silence et la rapidité avec laquelle Giraud est désigné à l'unanimité réduisent en un instant les calculs mirifiques des semaines précédentes. Quant aux Américains, ils veulent moins que jamais entendre parler du préten- dant, alors que la ville est pleine des rumeurs d'un vaste complot soutenu par des complaisances amé- ricaines.

Le complot : acte II ?

Giraud est un homme de la droite conservatrice, un homme d'ordre dans l'acception la plus étroite et la plus traditionnelle. Il n'est sensible ni au romantisme d'un geste à la Lorenzaccio, ni aux théories sur le tyrannicide. Son refus de gracier Bonnier en est l'illustration et doit avoir valeur d'exemple. Il ne demande qu'à être convaincu que le « maintien de l'ordre » sur les arrières du front est un impératif absolu pendant la conduite des opérations militaires. Le général Bergeret lui représente que les conspirateurs sont toujours à l'œuvre, visant à l'éliminer à son tour, voire à tuer aussi le consul américain Murphy, réputé faire et défaire les équipes dirigeantes françaises en Afrique. Il faut les mettre hors d'état de nuire et stopper toute cette fermentation source de désordre. « La situation militaire en Tunisie, fait valoir Bergeret, comme les difficultés rencontrées dans la mobilisation des indigènes donnaient un caractère d'urgence à ces mesures [...]. Une agitation politique certaine s'exerçait dans le pays tendant, à l'aide d'un complot parfaitement organisé, à renverser le gouvernement de l'époque[44]. » Les sous-entendus d'Alfred Pose, lorsqu'il exigeait la grâce de Bonnier, passent pour des menaces qui accréditent un complot en plusieurs temps. L'idée s'affirme qu'un coup de force est en cours.

En outre, les Américains, Eisenhower en tête, s'inquiètent des rumeurs qui attribuent l'assassinat de Darlan à leurs services secrets et veulent voir faite toute la lumière, ce qu'a empêché l'exécution hâtive de Bonnier.

Les 29 et 30 décembre sont opérées par des gardes mobiles (qui avaient été en pointe dans les luttes contre les insurgés lors du débarquement) les arrestations d'une vingtaine de responsables de la police et de leaders du mouvement du 8 novembre. Quelques hauts fonctionnaires se trouvent soudain mobilisés dans des unités combattantes et sommés de quitter au plus tôt leurs fonctions. Comme dans le cas de Bonnier, les communiqués officiels qui annoncent les arrestations de personnes impliquées dans la mort de Darlan et dans des projets d'attentat ne donnent aucun nom, laissant la rumeur les répandre et les accompagner de commentaires. Les arrestations, manifestement dirigées contre des hommes qui avaient pris le parti des Alliés lors du débarquement, suscitent un certain émoi dans les rangs anglo-américains, dont leurs journalistes se font l'écho en interrogeant Giraud. Le général, avec son habituel manque de sens politique et même commun, se montre parfaitement catégorique. Il se présente comme un militaire autoritaire sans aucune notion des principes élémentaires du droit et de la démocratie. Il décrète avoir la « preuve absolue » que d'autres assassinats étaient en préparation. Il se donne la peine de rassurer les journalistes en précisant que les détenus (sans mandat, sans procédure judiciaire) « ne seraient pas fusillés ». Il croit minimiser le tout en parlant d'une opération de « nettoyage intérieur » sans portée internationale[45].

En même temps, estimant ne pouvoir se fier à aucun service de l'État à Alger, Giraud et Bergeret font venir des magistrats militaires du Maroc pour leur confier la reprise de l'enquête sur le meurtre de Darlan. L'un d'entre eux était procureur lors du procès par contumace où le général de Gaulle fut condamné à mort, en août 1940. Il semble peu empressé de se mêler de cette nouvelle affaire à risque. L'autre, en dépit des limites données d'emblée à ses investigations – dont l'interdiction d'interroger le comte de Paris –, a tôt fait de faire progresser l'enquête.

L'instruction

Comptant parmi les internés du 29 décembre, le commissaire Achiary, en échange de la promesse de ne pas être poursuivi, révèle au juge ce qu'il sait des agissements d'Henri d'Astier et de Cordier. Il les accuse formellement d'être les « instigateurs du meurtre de l'amiral Darlan [...] pour le compte et au profit du comte de Paris ». Dans les heures qui suivent son interrogatoire, d'Astier et Cordier sont arrêtés. Le juge d'instruction les inculpe de complicité d'assassinat et de complot contre la sûreté intérieure de l'État. Les perquisitions fournissent les documents qui auraient dû servir au moment de la prise de fonction du comte de Paris. Henri d'Astier nie toute participation au meurtre et soutient que les proclamations du prétendant n'ont été préparées qu'après l'annonce de la mort de Darlan. Rejetant toute idée de plan concerté avec son frère, il explique que le général François d'Astier de La Vigerie lui a remis de l'argent simplement pour financer la propagande gaulliste[46]. Interrogé le lendemain, Cordier refuse d'endosser la moindre responsabilité dans le meurtre, même s'il admet de la sympathie pour Bonnier et son geste. Il se réfugie derrière le secret de la confession pour éluder les questions insistantes du juge d'instruction[47].

Suite logique de ces interpellations, le comte de Paris est prié de quitter le territoire français. Le général Bergeret lui procure l'avion qui le ramène au Maroc espagnol. Le juge d'instruction prépare des mandats d'arrêt contre Pose et Jacquet, mais le général Giraud intervient pour y mettre fin. Les deux hommes cessent simplement de faire partie de l'administration du haut-commisssariat[48]. Giraud et Bergeret demandent au juge de stopper ses investigations, en se déclarant suffisamment renseignés. Cordier et d'Astier sont maintenus en détention jusqu'en septembre 1943, au secret même jusqu'au début du mois d'avril. L'avocat de ce dernier fait malgré tout savoir qu'« un procès de M. d'Astier, avec toute la publicité que cela ne manquerait pas d'entraîner, ne pourrait lui être que favorable. Il n'en serait certainement pas de même pour le gouvernement actuel[49] ».

Ce n'est que le 30 mai 1943, au terme de tractations longues et âpres, que le général de Gaulle rejoint Alger pour coprésider avec Giraud le Comité français de la libération nationale. Les deux hommes vont devoir cohabiter dans un équilibre instable pendant encore des mois, à coups de concessions apparentes et de prises de gage bien réelles. En août, de Gaulle s'arroge la prééminence politique, laissant à Giraud le commandement en chef. La coprésidence est abolie le 2 octobre.

Le 23 octobre 1943, le général Bergeret est placé en détention, inculpé d'atteinte à la sûreté de l'État, d'arrestations arbitraires et de trahison. Henri d'Astier dépose contre lui devant un juge d'instruction du tribunal militaire d'Alger. Entre-temps, il a été fait compagnon de la Libération. Le général Bergeret bénéficiera d'un non-lieu en novembre 1948...

La réhabilitation de Fernand Bonnier de la Chapelle

Sur demande du père de Fernand Bonnier de la Chapelle, le commissaire à la Justice à Alger, le résistant François de Menthon, publie dans les premiers jours de décembre 1943 un communiqué qui réfute que le geste du jeune homme ait été dicté par les puissances de l'Axe. « De l'examen du dossier, il ressort au contraire avec évidence qu'un sentiment patriotique a inspiré l'acte meurtrier[50]. » Ces bonnes paroles officielles sont renforcées par le rassemblement sur la tombe de Bonnier, le 26 décembre, d'une cinquantaine d'assistants, dont de nombreuses personnalités du CFLN et des instances dirigeantes, toutes étiquetées gaullistes. Parmi elles figure le nouveau commissaire à l'Intérieur, Emmanuel d'Astier de La Vigerie, frère de François et Henri[51].

À partir de l'éviction du CFLN des derniers caciques de Vichy et de Giraud, le père et l'oncle de Fernand Bonnier de la Chapelle se mettent à demander la réhabilitation du jeune meurtrier. Tout en reconnaissant la justesse de sa démarche, le cabinet du général de Gaulle les prie d'attendre la Libération, l'installation à Paris du gouvernement provisoire, puis la fin de la guerre et, enfin, le procès du maréchal Pétain. La famille la Chapelle patiente donc jusqu'en août 1945, puis laisse passer le procès de Laval et même les élections à l'Assemblée constituante avant de revenir à la charge. Entre-temps a été adoptée une ordonnance d'une extrême importance qui légitime les actes délictueux, voire criminels, commis pour la cause de la libération de la France*. Elle s'applique parfaitement au cas de Bonnier. Finalement, le 21 décembre 1945, la cour d'appel d'Alger annule l'arrêt du 25 décembre 1942 condamnant à mort Fernand Bonnier de la Chapelle, tout en prononçant un jugement contre l'amiral Darlan dont le procès n'aura jamais lieu :

> D'après les documents découverts depuis la libération de la France, il apparaît certain que l'amiral Darlan agissait contre les intérêts de la France et que, par suite, l'acte ayant entraîné la condamnation de Bonnier de la Chapelle a bien été accompli dans l'intérêt de la libération de la France[52].

En 1953, Fernand Bonnier de la Chapelle est décoré à titre posthume de la croix de guerre et de

---

* Ordonnance du 6 juillet 1943 : « Article 1er. Sont déclarés légitimes tous actes accomplis postérieurement au 10 juin 1940 dans le but de servir la cause de la libération de la France quand bien même ils auraient constitué des infractions au regard de la législation appliquée à l'époque.

« Art. 2. En conséquence, sont suspendues toutes poursuites exercées et seront soumises à révision toutes condamnations prononcées par des juridictions répressives, civiles ou militaires, intervenues pour des faits postérieurs au 10 juin 1940 dans les affaires se rapportant soit à la reprise de la guerre par la France, soit à des faits de prise de service ou de tentative de prise de service dans les Armées françaises ou alliées, soit à des services rendus à la résistance française ou aux puissances alliées, quelle que soit la nature de l'infraction commise. »

la médaille militaire. Peu après, le général de Gaulle lui rend hommage dans ses *Mémoires de guerre* :

> Ce tout jeune homme, cet enfant bouleversé par le spectacle d'événements odieux, pensait que son acte serait un service rendu à la patrie déchirée en débarrassant d'un obstacle à ses yeux scandaleux le chemin de la réconciliation française. Il avait cru, d'autre part, comme il ne cessa de le dire jusqu'à l'instant de son exécution, qu'une intervention extérieure, assez haute et assez puissante pour que l'autorité de fait en Afrique du Nord ne pût lui refuser rien, se produirait en sa faveur. Certes, nul particulier n'a le droit de tuer en dehors du champ de bataille. D'ailleurs, la conduite de Darlan relevait de la justice nationale et non point, assurément, de celle d'un groupe ou d'un individu. Pourtant, comment méconnaître la nature des intentions qui soulevèrent cette juvénile fureur[53] ?

Qui a tué l'amiral Darlan ?

La responsabilité d'Henri d'Astier et de Louis Cordier, en dépit de leurs silences, de leurs dénégations et, pour le dernier, d'une volonté prolongée pendant trente ans d'embrouiller les pistes, apparaît clairement. Après avoir souhaité déposer Darlan par des voies politiques, Henri d'Astier s'est résolu, pris par le temps, à l'éliminer physiquement ou à l'effrayer suffisamment pour qu'il parte de lui-même.

L'abbé Cordier, qui avait la réputation de ne pas dédaigner trancher dans le vif, fut chargé de trouver l'exécutant, quitte à le manipuler comme Henri d'Orléans venait de l'être[54].

Après deux autres tentatives d'approche, le choix de Cordier se porta sur Fernand Bonnier de la Chapelle qui, comme agent de liaison du French commando, venait quotidiennement au domicile d'Henri d'Astier[55]. Son désir éperdu d'action et sa jeunesse en faisaient un candidat idéal.

Cordier recourut à une large gamme d'arguments. Il montra à Fernand Bonnier de la Chapelle les documents qui, quels qu'ils aient été, le persuadèrent que Darlan était bien un traître. Par ailleurs, il lui exposa plusieurs solutions pour échapper au châtiment : une fuite immédiate bien organisée avec faux papiers et argent, une évasion aidée par des complices au sein de la police, une grâce permettant de laisser les événements se décanter au cas où il serait tout de même jugé. Pour étayer cette promesse, l'abbé vanta les très hautes autorités qui approuvaient, selon lui, le plan. Ainsi justifia-t-il l'absolue nécessité de ne pas révéler le nom de ses commanditaires et de ne pas éventer le complot, pour ne pas compromettre ses chances d'être aidé. Il lui affirma aussi que, depuis Ravaillac, assassin d'Henri IV en 1610, « aucun meurtrier d'homme politique n'avait été exécuté », ce qui est absolument faux, ne serait-ce que parce que deux assassins de présidents de la République avaient été guillotinés en 1894 et 1932[56]. Surtout, il mit en avant que la décision de tuer Darlan avait été prise en concertation avec la France combattante. Enfin, Cordier transforma sa dernière rencontre avec Bonnier, dans la matinée du 24 décembre 1942, en confession, afin de pouvoir se retrancher derrière son inviolable secret s'il devait être inquiété à son tour. Or c'est apparemment pendant cette « confession » que furent données à Bonnier le plan du palais d'Été et les ultimes consignes. Après avoir essayé son arme et estimé qu'elle fonctionnait mal, Bonnier en demanda une à un camarade. Cette arme, de faible calibre, rendait le résultat aléatoire. Il fallut un concours de circonstances pour que l'une des balles qui atteignit l'amiral soit fatale.

Une première tentative était prévue en fin de matinée, mais l'amiral était parti déjeuner. L'après-midi, le fils d'Henri d'Astier et deux camarades raccompagnèrent Bonnier au siège du haut-commissariat. Cette fois, l'amiral était annoncé. Bonnier entra dans les locaux en utilisant le prétexte que lui avait soufflé Cordier. Quand l'amiral Darlan parut, il ouvrit le feu.

10

Le SS-*Sturmbahnführer* Darnand

Août 1943

Pour l'immense majorité des Français, Joseph Darnand, chef de la Milice, a incarné la répression sanglante, les exactions, les exécutions après un éventuel simulacre de justice, le banditisme déguisé, la complicité abjecte avec l'occupant nazi et l'avilissement ultime au service de l'ennemi. Il est à la Libération l'un des hommes les plus haïs de France. En octobre 1945, il n'y a personne pour intercéder en sa faveur quand il est condamné à mort à l'issue d'un procès qui ne dure que cinq heures. Son exécution, survenue une semaine plus tard, est unanimement saluée comme celle d'un traître et d'un criminel.

Ce curriculum n'était pas encore assez, cependant, pour certains nazis. Lorsqu'en décembre 1943, les SS choisissent de faire entrer Darnand au gouvernement comme secrétaire général au Maintien de l'ordre, le ministre des Affaires étrangères Ribbentrop s'inquiète du risque de voir ce « chauviniste français à tous crins » retourner contre ses protecteurs allemands les armes qu'ils lui auraient fournies. L'ambassadeur Abetz se fait alors rassurant :

> Darnand est une vaillante nature de soldat, doué d'une grande énergie et d'un grand talent d'organisateur, mais il manque d'expérience administrative et son intelligence politique manque de formation ; cela explique que son esprit est facilement influençable. Il ne devrait pas y avoir lieu de craindre pour l'instant, en raison des liens étroits qui l'unissent à la SS, de voir des influences ennemies utiliser un jour à leur profit le caractère facilement influençable de Darnand. Le jugement borné de Darnand et son manque d'expérience administrative impliquent le danger que sa bonne volonté ne puisse pas complètement se manifester. Le Chef des SS et de la police lui adjoint en conséquence un conseiller allemand en permanence[1].

Joseph Darnand, à ce moment, appartenait depuis cinq mois à la Waffen-SS et avait, à ce titre, prêté serment à Hitler. C'est donc bien un homme à eux que les Allemands ont fait entrer dans le gouvernement français. Non sans qu'auparavant il n'ait eu quelque peine à se trouver une allégeance.

Darnand l'activiste

Le sergent Joseph Darnand a été, à 20 ans, un héros de la Grande Guerre. Il a reçu la Légion d'honneur pour avoir réussi un coup de main qui a permis de déjouer une attaque allemande décisive en juillet 1918. Le président de la République, en lui remettant sa décoration, l'a désigné comme l'un des « artisans de la victoire », au même titre que les commandants en chef Foch et Pétain. Une distinction dont il peut être difficile de se remettre, surtout quand le retour à la vie civile – après qu'on lui a fait comprendre qu'il ne deviendra jamais officier – en a fait un vendeur de meubles, puis le patron d'une petite entreprise de transports à Nice. Dans les années 1920, il se lance dans le militantisme politique, d'abord à l'Action française, dont il démissionne lorsque l'indépendance est refusée aux Camelots du roi qu'il dirige pour toute la Provence. Il passe ensuite aux Croix-de-Feu, puis au PPF, sans y trouver satisfaction. Par anticommunisme et par hostilité au Front populaire, il rejoint la Cagoule, organisation souterraine vouée à faire échec à une insurrection communiste, qui rêve de renverser la République en ralliant l'armée. Il en est le chef pour tout le Sud-Est et noue alors des relations avec les hommes qui seront ses compagnons à l'état-major de la Milice. Attentats, meurtres politiques, préparatifs de coups de force, le tout avec l'aide de l'Italie fasciste qui fournit les armes, conduisent à des arrestations et à l'ouverture d'une instruction judiciaire. Darnand est écroué vingt ans jour pour jour après le coup de main qui lui avait valu la gloire sur le front de Champagne. Libéré au bout de cinq mois, ayant bénéficié d'un non-lieu, il s'engage en 1939 et demande à être affecté dans une unité combattante pour y constituer un corps franc. Son action en Lorraine – alors que l'armée française est enlisée dans la drôle de guerre – lui apporte, avec des distinctions supplémentaires, une célébrité renouvelée. En mars 1940, il fait la couverture de *Match*.

Capturé par les Allemands pendant la campagne de France, Darnand paraît, pendant sa détention dans un *Frontstalag*, soit avoir entendu, soit avoir été mis au courant des appels du général de Gaulle.

> J'avais hésité à y répondre. Mais je me suis décidé à aller vers le Maréchal parce qu'il représentait pour moi la légalité, qu'il avait été accepté par l'ensemble de la population française et reconnu par les puissances [un mot illisible]. Le général de Gaulle m'apparaissait comme un jeune général un peu théoricien, ayant évidemment des idées, mais aussi à mes yeux le désavantage d'être à l'étranger un réfugié politique entouré seulement de quelques fidèles. [...] Ceci avait amené chez moi la réaction suivante : le Maréchal reste avec nous, tandis que les parlementaires s'en vont et que de Gaulle accepte pour ceux qui sont avec lui la naturalisation anglaise [...]. D'autre part, les idées du Maréchal me convenaient tandis que le général de Gaulle et son entourage étaient favorables à l'ancien régime, à tout ce qui était démocratie[2].

En août 1940, il s'évade de son camp de prisonniers, avec l'aide de ses amis. Il est nommé président pour les Alpes-Maritimes de la Légion française des combattants, un organisme créé par Vichy pour regrouper les anciens combattants et faire obstacle à un éventuel parti unique de type fasciste, dont les conservateurs ne veulent pas. Entouré de ses proches, il transforme la Légion à Nice en un succès remarquable par le nombre des inscrits et l'adhésion patriotique à la personne du maréchal Pétain.

Mais au fond, il n'est jamais satisfait des fonctions qu'on lui attribue et de la façon dont il les remplit. La

Légion n'est qu'une masse sans doute pleine de bonne volonté, mais impossible à faire bouger et, bientôt, une coquille vide. Il est toujours impatient d'agir. Or, là où les circonstances l'ont placé, l'action n'est pas celle qu'il aime et connaît. Aussi est-il sans cesse tenté de démissionner pour passer à quelque chose qui, croit-il, répondra mieux à ses aspirations.

En 1940, il a été assez naturellement recruté par un autre activiste d'extrême droite connu du temps de la Cagoule, le colonel Groussard. Celui-ci a monté, sous les auspices du ministère de l'Intérieur, un service de maintien de l'ordre, les groupes de protection, dont l'objectif lointain est la revanche sur l'Allemagne et l'objectif plus proche la lutte contre les communistes. Mais dès le mois de décembre, Darnand a offert sa démission en se disant trop occupé par la direction régionale de la Légion. Lorsque deux mois plus tard, après que son implication dans le renvoi de Pierre Laval a provoqué son éviction, Groussard est venu le relancer pour une action clandestine contre l'occupant, Darnand a donné son accord enthousiaste. Mais il a été fortement désappointé en apprenant qu'il fallait se contenter pour l'heure de prendre des contacts et de voir venir. Il ne veut pas attendre, il veut agir. Il se détourne donc de Groussard et entreprend, avec succès, la constitution, au sein de la Légion des Alpes-Maritimes, d'un groupe restreint, mais motivé et mobilisable, qui sera le fer de lance de la Révolution nationale : le Service d'ordre légionnaire (SOL). Cette organisation présenterait aussi l'avantage de permettre de retarder une attaque brusquée de l'Italie qui, depuis sa minuscule zone d'occupation, continue à avoir des vues sur Nice, la Corse et la Savoie[3].

Le SOL, c'est la conséquence de cette légion mal fichue, expliquera Darnand à son procès. J'ai tout de suite compris qu'on ne pourrait jamais appuyer un gouvernement du Maréchal, jamais une association groupant un million et demi de membres qui n'étaient pas d'accord entre eux. Et j'ai choisi, ou plutôt, j'ai invité ceux qui étaient de véritables révolutionnaires, ceux qui pensaient, sur le plan social, qu'une véritable révolution devait se faire, j'ai invité tous ces hommes à se joindre[4].

Le SOL acquiert peu à peu un uniforme, un hymne, un emblème, une devise, puis un programme politique, des manifestations « viriles », toutes choses qui le distinguent des légionnaires. L'organisation de Darnand se fait remarquer à Vichy par son activisme et son efficacité comme « avant-garde de la Révolution nationale ». De chef départemental de la Légion, Darnand est promu chef régional dans le Sud-Est. Le SOL essaime au-delà des milieux anciens combattants. Alors que la direction nationale de la Légion, emmenée par François Valentin, reste méfiante, l'amiral Darlan comme Pierre Pucheu, ministre de l'Intérieur, soutiennent Darnand et le SOL, en caressant l'idée de s'assurer le contrôle de cet éventuel bras armé. En janvier 1942, l'expérience est étendue à toute la zone libre.

Pour faire accepter, puis comprendre et enfin aimer un État totalitaire à un peuple qui a vécu depuis soixante ans dans une démocratie parlementaire, un rassemblement de masse comme la Légion n'est pas suffisant sous sa forme actuelle. Il faut qu'à l'intérieur même de la Légion existe une force réelle, une force agissante qui soit l'instrument révolutionnaire par excellence[5].

Darnand à Vichy

Le voici dorénavant inspecteur général des SOL, entouré de ses amis comme lui issus de l'activisme d'extrême droite et souvent combattants décorés en 1939-1940. Mais il demeure placé sous l'obédience du directeur général de la Légion, toujours aussi réticent devant ce qu'il devine être un parti en devenir. Un mois plus tard, Darnand propose déjà sa démission s'il ne lui est pas signifié un soutien public plus explicite[6]. Valentin est bien obligé de faire le déplacement à Nice pour assister, lors d'une grande cérémonie, au serment des SOL.

Au mois d'avril 1942, Laval revient à la tête du gouvernement, sur une évidente intervention allemande. Certains ministres ou secrétaires généraux préfèrent alors quitter Vichy. Darnand non seulement reste, mais fait explicitement allégeance au nouveau chef du gouvernement et profite de l'éviction de Valentin pour faire donner une autonomie croissante au SOL, qui s'apparente de plus en plus à une troupe de choc[7]. Il regrette toutefois de n'avoir pas su se faire nommer à la tête de la Légion française des combattants.

En juin 1942, il effectue son premier voyage à Berlin, avec incursion au camp d'entraînement de la LVF en Pologne. Les méthodes allemandes de préparation au combat et la quantité de jeunes soldats font son admiration. Jamais il ne se départira de cette conviction de la supériorité de l'armée allemande, qui semble une explication presque rassurante de la défaite de 1940 : « Je suis ancien combattant et, en tant que soldat, je ne puis m'empêcher d'admirer la valeur de l'armée allemande et son courage au combat. C'est une opinion d'homme que j'ose exprimer[8]. »

Cependant, la « germanisation » et le cynisme des Français de la LVF ou des travailleurs volontaires français l'inquiètent. À son retour, il prend publiquement parti pour la collaboration avec ce vainqueur allemand si généreux, si soucieux d'éviter le retour des guerres inutiles, et incite les SOL à se joindre au combat contre les bolcheviques sur le front de l'Est, afin d'y amener une présence authentiquement française[9]. Cette prise de position suscite la désapprobation dans une partie de ses troupes, entraînant un millier de démissions. Darnand commence à se rendre régulièrement à Paris. Il y rencontre les chefs collaborationnistes, ainsi que l'ambassadeur Abetz et Helmut Knochen, commandant de la police de sûreté SS en France, qui le courtisent. Il vit encore ces entrevues comme une obligation imposée par les nécessités du combat contre le bolchevisme, sans se départir, de son propre aveu, de sa méfiance viscérale à l'égard de ceux qu'il continue à appeler les Chleus ou les Boches.

À l'automne 1942, il fait demander à un responsable pour la région Provence-Côte d'Azur du jeune mouvement de résistance Combat s'il y aurait moyen de quitter la France pour rejoindre les Forces françaises libres à Londres. Il lui indique, en gage de bonne volonté, l'emplacement, dans les gorges du Verdon, de plusieurs caches d'armes qui dateraient de l'époque où les services secrets fascistes ravitaillaient les cagoulards[10]. Mais, peu auparavant, il a couvert de son autorité les violences infligées par des SOL de Haute-Savoie à François de Menthon, un homme « affichant d'une façon trop ostensible des sentiments gaullistes » et qui fait partie des créateurs de ce même mouvement Combat...

Après le débarquement allié de novembre 1942 en Afrique du Nord, Darnand veut appeler les SOL à prendre les armes contre les envahisseurs anglo-américains. Laval le lui interdit. Derechef, il démissionne une fois encore :

> Partisans sur le plan extérieur d'une alliance militaire avec l'Allemagne, aboutissement logique de la politique engagée à Montoire par le Maréchal [...] nous ne comprenons pas l'inertie et le vague où l'on semble nous maintenir à l'heure où, plus que jamais, il convient de « prendre parti hardiment ».
>
> [...] J'ai perdu maintenant l'espoir de voir jouer au SOL le rôle auquel je le croyais destiné dans l'esprit du chef de l'État comme dans le mien : la réalisation de la révolution nationale.
>
> [...] Ne voulant trahir ni la confiance du Maréchal, ni celle de mes hommes, je me vois contraint de vous donner ma démission [...] j'éprouve en partant l'amer regret du volontariat inemployé[11].

Trois jours plus tard, il reçoit l'autorisation de lancer à la radio un appel véhément en faveur des enrôlements dans la Phalange africaine qui doit aller combattre en Tunisie aux côtés des Allemands : « Jamais vous ne ferez votre révolution si les Anglo-Américains ramènent dans leurs bagages de conquérants la démocratie, le capitalisme et la juiverie internationale... » Il n'est plus question de démission. Il rêve déjà des SOL formant le noyau de la Phalange africaine, puis du grand parti unique.

Dans cette période, les seules avances auxquelles il ait résisté sont celles du comte de Paris. Depuis son exil au Maroc espagnol, le prétendant au trône l'a fait approcher deux fois en vain[12]. Mais le passé monarchiste de Darnand semble, en 1942, bien oublié.

Les décevants débuts de la Milice

Si les Allemands, comme d'habitude, n'ont aucun désir de voir se reformer une force armée française qui prendrait part, si peu que ce soit, à leur victoire, ils exigent du gouvernement de Vichy la formation d'une police supplétive pour assurer en France le maintien de l'ordre et la sécurité des troupes d'occupation, maintenant que l'armée a disparu. Laval accepte bien volontiers de constituer le SOL en « Milice française » et de la reconnaître d'utilité publique. Il espère ainsi faire pièce aux ultras de la Collaboration parisienne de plus en plus critiques à son endroit. Darnand est promu secrétaire général à la Milice.

À cette époque, les « diplomates » allemands qui surveillent le gouvernement le considèrent comme « absolument dévoué à la personne de Laval et connu pour ses sentiments nationaux-socialistes, anticommunistes et antibolcheviques[13] ». Ils encouragent, aidés par les SS, le rapprochement de la Milice avec les partis collaborationnistes de la zone occupée, au grand dam de Laval, peu pressé de voir s'unir ses potentiels rivaux[14].

Lorsque le chef de la SS en France, le général Karl Oberg, lui parle de la volonté d'Himmler de créer un régiment de Waffen-SS français, Darnand, toutefois, élude. Les plus chauds partisans de la Collaboration préviennent d'ailleurs qu'on va avoir du mal à trouver des volontaires et l'ambassade allemande conseille d'en rester prudemment à l'appellation de LVF[15].

« Donnez-nous les moyens et vous ne serez pas déçus », a dit Darnand au chef du gouvernement lors de la séance inaugurale de la Milice, le 31 janvier 1943. Mais la frustration l'emporte à nouveau. Non seulement l'opinion est immédiatement hostile à la Milice, mais le recrutement est décevant, y compris parmi les anciens SOL. En avril 1943, Darnand est une fois de plus sur le départ. Un agent de renseignements de la France libre, tout en communiquant cette information, suggère que l'on réfléchisse s'il serait opportun de prendre contact avec lui au cas où il y aurait un quelconque profit à en tirer[16].

Si Joseph Darnand envisage une fois encore de démissionner, c'est que la Milice recrute peu et mal, et s'organise avec peine. Elle ressemble à une féodalité de petites bandes locales. Il se pourrait qu'elle soit forcée de revenir dans le giron de la Légion, alors qu'elle rêve de conquérir l'État. Et Darnand aurait échoué avec elle. Ses proches le poussent à aller de l'avant, sans que l'accord se fasse sur le sens de cette avancée. Il se veut prudent : il lui faut renforcer la Milice, avant de prendre le risque de se couper des traditionalistes ou des conservateurs, non plus que des nationaux-socialistes.

Après moins de six mois de fonctionnement, la Milice soumet au gouvernement une demande de budget supplémentaire représentant cinq fois le budget initial. Les besoins d'argent sont considérables et ils iront toujours croissant. Tandis que commence l'organisation de la Franc-Garde, destinée à être son élément d'intervention immédiate dans « la recherche des foyers de propagande adverses, la poursuite des meneurs de forces hostiles, la répression des menées et des manifestations antigouvernementales », les armes aussi font défaut. Même les étuis que les miliciens chargés de la sécurité au siège de l'organisation portent à leur ceinture sont vides... Or Laval, qui pour l'heure dispose de la police et de la gendarmerie, n'a pas réellement besoin de l'appoint milicien. Il se défausse en renvoyant Darnand aux Allemands. Ces derniers, Wehrmacht en tête, ont toujours été extrêmement prudents devant toute force armée française et cette Milice, en partie peuplée de nationalistes plus ou moins maurrassiens ou cagoulards, ne leur inspire pas tellement confiance. Pourtant, les SS envisagent d'armer au coup par coup des chefs miliciens locaux, en échange de « services » dans l'espionnage, le pillage et la répression. Le chef du service de renseignements de la Milice, Jean Degans, est déjà en relations suivies avec la police allemande installée à Vichy. S'il laisse faire, Darnand n'aura bientôt plus d'autorité sur ses hommes que les Allemands utiliseront à leur guise. Après avoir mis en vain sa démission dans la balance, il doit impérativement se procurer des moyens, ce qui peut impliquer de choisir ce qu'il fera et avec qui il le fera. Déjeunant chez Brinon avec Roland Nosek, responsable du renseignement politique au sein des services parisiens de la SS, Darnand tâte le terrain. Il lui parle de l'organisation en cours de la Milice, de l'attitude antiallemande de nombreux protagonistes du gouvernement français, de ses démêlés avec Laval, de la nécessité de lutter frontalement contre la Résistance[17].

Dans les premiers jours de juin, Darnand juge nécessaire d'adresser aux chefs régionaux de son mouvement un bilan très mitigé, qui est un cri d'alarme. Cachant à peine que la Milice est menacée de disparition, il en appelle à la plus stricte discipline et conclut : « C'est moi qui ai le choix de décider des méthodes et je suis mieux placé que n'importe lequel d'entre vous pour en juger l'opportunité et le bien-fondé[18]. » Et il possède apparemment une vision très large des méthodes possibles.

Le télégramme de Jean Moulin

Or, tandis que cette crise bat son plein, c'est Jean Moulin en personne, commissaire national en mission et président du Conseil de la résistance, qui, le 4 juin 1943, informe Londres de la possibilité que Darnand – ainsi que son ancien supérieur, l'ex-directeur général de la Légion François Valentin – soit prêt à rallier les Forces françaises combattantes. Il envoie un télégramme, forcément bref, mais dont chaque mot compte :

> Darnand je dis Darnand ex-cagoulard chef de la Milice est disposé rallier unité combattante FFC étant dégoûté de Vichy. Vous laisse soin examiner ce ralliement sensationnel peut servir négociations actuelles. Seriez d'accord vous proposerai envoyer avec

lui Valentin ex-chef Légion. À condition que dès arrivée ils confessent leur erreur à la BBC et devant journalistes alliés. Et immédiatement après soient affectés unité combattante. Fin[19].

Pourquoi Jean Moulin, qui non seulement défend pied à pied l'autorité exclusive du général de Gaulle sur la Résistance, mais incarne la République et l'engagement à gauche, voudrait-il envoyer à Londres une telle recrue, alors qu'il a renâclé devant des hommes tels que les généraux de La Laurencie ou Giraud, au pedigree tout de même moins accablant ?

D'après son câble, il est difficile de discerner s'il est favorable ou non à ce ralliement. Mais quel que soit son sentiment, il ne peut passer sous silence une offre qu'il décrit comme sensationnelle, dans le sens d'étonnante et spectaculaire. Il l'envisage sous des conditions destinées à la rendre peut-être un peu moins « sensationnelle » : un engagement purement militaire de Darnand, l'attelage avec l'ancien directeur de la LFC, une repentance publique.

Tout aussi bien, le fait que Darnand puisse seulement envisager de rejoindre le général de Gaulle est stupéfiant, lorsqu'on sait l'hostilité qu'il témoigne envers la « dissidence ». Il vient de siéger dans le tribunal d'État qui a condamné à dix ans de prison le général de Lattre, au motif qu'il aurait pu vouloir rejoindre de Gaulle. On pourrait multiplier les citations dans lesquelles Darnand proclame, depuis la création de la Milice, sa vocation à pourchasser les résistants et à éradiquer la Résistance. Selon lui, les gaullistes, bourgeois et revanchards, ne sont que les marionnettes stupides de la démocratie enjuivée et du communisme conquérant. Mais au même moment, il vient de faire profession d'ouverture d'esprit dans le journal de la Milice. Attend-il la réciproque ?

> Nous sommes prêts à accueillir dans nos rangs, quels que soient l'horizon politique et le milieu social d'où ils nous arrivent, tous les Français désireux de se joindre à nous pour participer au redressement du Pays. Tout en restant prudents, nous ne voulons pas être sectaires dans le choix des hommes[20].

Les termes évidemment elliptiques du télégramme envoyé par Jean Moulin ne permettent pas de savoir sous quelle forme et par quels intermédiaires la proposition de Darnand lui a été soumise. Mais il la tient à l'évidence pour une offre très sérieuse, et non pour une simple rumeur ou une hypothèse. On peut envisager qu'elle fait suite à l'éventualité suggérée à la fin du mois d'avril par un autre agent de la France combattante, où il était question de faire contacter Darnand par son ancien chef de bataillon de 1917-1918.

En outre, il semble que celui-ci ait sollicité en Suisse, par un intermédiaire, le colonel Groussard, qui, après avoir été interné par Vichy, avait monté un réseau de renseignements travaillant directement pour les Britanniques. Sur la foi du témoignage de Pierre Cance, alors premier adjoint de Darnand à la direction de la Milice, le projet aurait pu être considérable dans sa taille et ses implications. En effet, passé clandestinement en Suisse, Cance a testé auprès de Groussard la possibilité pour l'état-major de la Milice de démissionner en bloc et de conduire ses hommes au maquis pour lutter d'abord contre les occupants, puis contre les communistes[21]. Au printemps 1943, on croit que le débarquement allié en France est susceptible de se produire très prochainement et qu'il faudra à la fois se battre pour la libération du territoire, maintenir l'ordre et supplanter la dynamique des communistes. Et, au sein de la Milice, ils sont apparemment quelques-uns à spéculer sur ces étonnants projets de retournement :

> Au début de la Milice, certains d'entre nous envisageaient que la Milice passerait un jour du côté de la Résistance pour rassembler autour d'elle les résistants anticommunistes et faire échec à l'insurrection[22].

Dans ses Mémoires, malheureusement, le colonel Groussard n'évoque ni cette rencontre ni son opinion sur cette proposition (selon Cance, il l'aurait jugée irréaliste, les communistes constituant l'élément le plus actif dans la Résistance). Mais il donne la teneur de sa réponse à l'offre de service de Darnand : d'abord, une lettre dans laquelle il rappelle leur travail commun dans le passé et l'intérêt bien compris qu'aurait Darnand à participer à la victoire sur l'Allemagne qui paraît dorénavant certaine ; ensuite, les termes d'un engagement écrit à servir sous ses ordres[23]. On ne s'étonnera pas que la formule retenue par Groussard n'ait pas convaincu Darnand, qui cherche un point d'entrée à un haut niveau et non l'allégeance à un chef de réseau, maintenant qu'il est devenu lui-même un officiel de l'État français*. Au

---

* Peut-être Moulin avait-il été mis au courant par Groussard : Moulin était très ami avec Antoinette Sachs, dont la sœur

fond, il n'a pas besoin de l'aide ou de l'aval de résistants pour monter un éventuel maquis à une époque où ceux de l'Armée secrète ou des FTP communistes sont eux-mêmes improvisés et embryonnaires. Certes, les miliciens manquent d'armes, mais les résistants n'en ont pas tant qu'ils puissent les équiper. Ce témoignage très surprenant conforte donc l'idée que durant ces quelques semaines, Darnand passe en revue une gamme de solutions pour le moins contradictoires.

En effet, cinq jours après que Moulin a adressé à Londres son télégramme, Darnand, qui a obtenu des Allemands le droit de venir présenter la Milice en zone Nord, prend pour la première fois la parole à Paris, durant un meeting. Il glorifie le sacrifice des SOL qui se sont battus contre les Anglo-Américains en Afrique du Nord comme le « symbole même de la fidélité française ». Il lance un appel à l'union contre le bolchevisme et les Anglo-Saxons. « Pourvu que nous consacrions toutes nos forces à l'œuvre commune de la construction de l'Europe nouvelle. » Il fustige ceux qui espèrent « creuser entre la France et l'Allemagne un nouveau fossé de sang[24] ». Les collaborationnistes parisiens lui font un accueil soit hostile, soit hypocrite, peu pressés de voir émerger un nouveau concurrent dans un milieu qui ne compte déjà que trop de « chefs » en puissance. Une partie des miliciens refusent réciproquement d'envisager d'être mêlés à la tourbe politicienne des partis de Paris.

Suzanne fut la collaboratrice puis la compagne de Groussard. Les deux hommes se suivaient de loin depuis 1941.

Une proposition « moralement inacceptable »

À Londres, la discussion sur l'offre de Darnand est vive au sein du BCRA (le service qui assure les liaisons politiques et militaires avec la métropole) et du commissariat à l'Intérieur. Seuls Maurice Duclos (lui-même ancien cagoulard et l'un des premiers agents parachutés en France) et le commandant Manuel, qui dirige la section Renseignement, se montrent disposés à envisager l'hypothèse Darnand. Les autres responsables, choqués, en dénoncent immédiatement les considérables inconvénients[25]. Le 12 juin, la France combattante fait parvenir à Moulin une réponse très claire : « Votre proposition Darnand, je répète Darnand, moralement inacceptable. Pour Valentin, questionnons Alger. Câblerons décision[26]. » Le retour, qui ne s'embarrasse pas de justifications, n'a donc pas tardé.

En septembre 1942, Charles de Gaulle avait pu constater l'accueil très mitigé qu'avait reçu à Londres le député du PSF Charles Vallin, qui, après avoir été partie prenante des instances de Vichy, avait choisi de rompre et de se rallier à la France libre. Aujourd'hui que le général est aux prises en Afrique du Nord avec les vichystes mal reconvertis et leurs séquelles, il serait aussi incohérent que périlleux de s'encombrer d'un homme aussi compromis que Darnand, avec ou sans ses troupes. Dans les *Mémoires de guerre*, il a évoqué son cas, ce qui, à défaut d'un compte rendu des discussions qui se déroulèrent entre Londres et Alger, où il venait juste de prendre la coprésidence du Comité français de la libération nationale, donne une idée des arguments qui s'échangèrent.

À cet homme de main et de risque, la collaboration était apparue comme une passionnante aventure qui, par là même, justifiait toutes les audaces et tous les moyens. Il en eût, à l'occasion, connu d'autres en sens opposé. À preuve les exploits accomplis par lui au commencement de la guerre, à la tête des groupes francs. À preuve aussi le fait que, portant déjà l'uniforme allemand, il m'avait fait transmettre sa demande de rejoindre la France libre. Rien mieux que la conduite de ce grand dévoyé de l'action ne démontrait la forfaiture d'un régime qui avait détourné de la patrie des hommes faits pour la servir[27].

Même si, en juin 1943, on ne peut pas anticiper exactement ce que vont devenir la Milice et son chef, ce dernier incarne déjà la filiation cagoularde et anti-démocratique de Vichy, ainsi que sa pente inexorable à devenir un instrument de répression contre des Français au service de l'occupant. Le ralliement de Darnand, en tant que personne, ne serait d'aucune utilité, car il n'est ni un modèle ni un leader dont l'exemple puisse inspirer de nouveaux partisans. Son revirement ne serait pas compris comme l'aboutissement de la réflexion d'un patriote attaché à distinguer le bien du pays, mais comme le soubresaut éventuellement opportuniste d'un homme à la dérive. Sa défection ne causerait pas grand tort au régime de Vichy. Au contraire. Quant à l'incorporer dans les FFC, ce serait illogique : les SOL ont été, en Afrique, des opposants actifs au débarquement allié, puis au gaullisme. Ils combattent aux côtés des Allemands en Tunisie. Maintenant qu'on peut envisager de les sanctionner, ce n'est pas pour accueillir leur ancien chef et lui donner l'occasion de se racheter sur le front. Dans la mesure où ce qui se passe en Algérie et au Maroc est supposé préfigurer la libération de la France, il paraît malvenu de réhabiliter les responsables après avoir puni les sous-fifres. Il serait aussi contre-productif de faire une place dans la France combattante à un membre de l'appareil d'État vichyste, alors qu'on réclame depuis des mois au général Giraud qu'il se débarrasse des anciens ministres, gouverneurs et hauts fonctionnaires qui l'entourent depuis qu'il a hérité des fonctions de l'amiral Darlan à Alger. Darnand faisant en outre figure de collaborateur et de traître, il n'y aurait rien à gagner à l'entendre « confesser son erreur », puisque l'immense majorité des Français est déjà on ne peut plus persuadée qu'il s'est fourvoyé. En fait, le seul avantage prévisible serait la mise hors d'état de nuire d'un adversaire, accompagnée de la désorganisation temporaire de son camp. Encore les Français de Londres, informés toujours avec retard de ce qui se passe en métropole, n'ont-ils pas mesuré la crise que traverse une Milice au bord de la faillite.

En octobre, le BCRA est mis au courant par un réseau de renseignements de l'enrôlement de Joseph Darnand dans la Waffen-SS[28]. Ceux qui avaient immédiatement rejeté l'idée de son ralliement à la France combattante se voient donner raison de manière éclatante. D'autant qu'il apparaît que les démarches effectuées par Darnand étaient concomitantes.

Le choix des SS

À la fin du mois d'avril 1943, un premier milicien a été tué dans un attentat. Il s'agissait du chef adjoint pour le département des Bouches-du-Rhône, dont il se disait qu'il avait pris contact avec des résistants anticommunistes. L'affaire, peu claire, ne sera jamais élucidée. Elle n'en est pas moins suivie d'autres attentats, dont la responsabilité incombe à des résistants. On peut considérer qu'à l'été 1943, le risque d'être tué devient non négligeable pour les miliciens en vue, installant parmi eux une psychose facile à comprendre. Leurs protestations poussent Darnand à réagir :

> À partir de juin 1943, les forces de la résistance manifestèrent une activité de plus en plus grande. Les attentats se multipliaient à une cadence extraordinaire. Presque tous étaient dirigés contre des chefs miliciens [...]. Les dirigeants locaux ne cessaient de réclamer des armes pour assurer leur défense[29].

Exigeant des armes, des exemptions de STO pour ses hommes, des places dans la haute fonction publique, Darnand présente une fois de plus sa démission (et celle de Cance) à Pierre Laval, le 14 juillet. « J'avais, écrit-il, la volonté de servir le Gouvernement dont vous êtes le chef avec un loyalisme absolu. Personne n'a le droit de penser que j'ai failli à ce dessein[30]. »

Des responsables de la SS en France lancent alors une opération de séduction envers Darnand en choisissant exactement ce qui peut l'attirer. Ils lui font miroiter le projet d'une unité française de la Waffen-SS, commandée par des chefs français, à la tête desquels il pourrait prendre place. Ce serait très différent de la LVF, noyée dans l'armée allemande et politisée par les collaborationnistes. Il reçoit une invitation pour un « voyage d'études » en Allemagne, avec les principaux chefs des partis collaborationnistes. Il est fort bien traité. Depuis Berlin, il fait une déclaration sur la « mission des SS français ». Les généraux SS lui font comprendre qu'on est entre soldats, puis finissent par lui poser la question de confiance : accepterait-il d'entrer dans une unité française de la Waffen-SS ? Accepterait-il d'encourager ses miliciens à s'y engager ? À dire vrai, les réflexions menées entre SS et avec leurs affiliés français, comme l'expérience catastrophique de la LVF, leur ont démontré que le recrutement d'éléments nombreux et valables constitue toujours la pierre d'achoppement[31]. Il est vrai que les miliciens, issus de la zone libre, répondent assez mal aux critères « raciaux » germaniques qui sont consubstantiels de la SS. Aussi Himmler a-t-il brodé sur cette France placée « dans une position intermédiaire comme pays celtique-germanique et de Méditerranée occidentale ». Les SS sont bien décidés à passer à une nouvelle phase de leur expansion vers une armée de masse, sans se laisser arrêter par la rapide diminution de la ressource humaine disponible dans le Reich au fur et à mesure de la mobilisation de toutes les classes d'âge. La défaite de Stalingrad a démontré que le besoin d'hommes se fait de plus en plus pressant. Ils substituent donc à leur concept d'« élite raciale » une nouvelle « élite idéologique » du combat pour l'Europe, aux contours beaucoup plus élastiques, qui permettrait d'encadrer efficacement les recrues étrangères, quelles que soient leurs origines. Un but supplémentaire, non avoué, est d'économiser si possible le « sang allemand ».

Darnand demande à consulter les chefs de la Milice avant de répondre. En prévision de son retour, on recommande au général Oberg, chef suprême de la police et des SS en France, de le recevoir chaque fois qu'il en fera la demande et de « lui témoigner une certaine déférence[32] ».

Les adjoints de Darnand – nombreux, car les services centraux sont pléthoriques et fortement pourvus en « chefs » – sont dans l'ensemble partisans de l'adhésion à la Waffen-SS, soit par enthousiasme, soit par opportunisme. La propagande allemande qui bat son plein au cinéma, dans les journaux, par voie d'affiches (« Avec tes camarades européens, sous le signe SS, tu vaincras »), peut séduire ceux qui rêvent de plaies, de bosses et de chevalerie moderne. D'ailleurs, en s'abouchant avec la SS, la Milice pourrait prendre le pas sur les partis collaborationnistes, conforter sa place au sein de l'État français. Peut-être que l'unité française de la Waffen-SS finirait par devenir la matrice de l'armée française renaissante au sein de l'« Europe nouvelle ». Darnand semble leur avoir rapporté qu'Himmler aurait évoqué l'idée que les partis collaborationnistes soient mis en demeure de céder leurs forces armées à la Milice, qui se verrait à terme donner la haute main sur la LVF et sur toutes les organisations qui enrôlent des Français au service de l'Allemagne[33].

Mis au courant, Laval se montre circonspect, non par refus de voir des Français engagés dans l'armée allemande, mais parce qu'il va perdre son emprise exclusive sur un mouvement qui n'a déjà que trop tendance à manifester ses velléités d'indépendance[34]. Le sort, de toute façon, en est jeté : il n'a pas l'intention d'affronter les SS pour le contrôle de la Milice.

Le serment

Dès que Darnand sollicite une première entrevue avec Oberg, le général l'informe qu'il a été promu officier dans la Waffen-SS (ce que l'armée française lui a toujours refusé...). « Au cours de la conversation que nous avons eue, rapporte Oberg, le chef de la Milice m'a confié que, six mois auparavant, il considérait l'Allemagne comme un pays ennemi. Les récents événements du front de Russie l'avaient incité à un retour sur lui-même et lui avaient donné la conviction que seule la lutte aux côtés de l'Allemagne permettrait d'endiguer l'assaut du bolchevisme[35]. »

Les réflexions de Darnand et les motifs de sa décision apparaîtront deux ans plus tard dans la lettre qu'il adressera au général de Gaulle à l'avant-veille de son exécution. Sollicitant la clémence pour les miliciens, Darnand transposera ses propres sentiments pour justifier « ces hommes [qui] sont d'authentiques Français, avec toutes les qualités guerrières de leur race et animés d'un patriotisme allant jusqu'à l'extrême sacrifice ». « Je peux vous affirmer, moi qui les connais bien, ajoutera-t-il, que même ceux qui ont porté l'uniforme allemand avaient le cœur bien français. [Ils] n'ont commis l'erreur que d'être fidèles à un grand soldat et ils ont été à peu près les seuls à ne pas vouloir trahir leur serment, à ne pas abandonner une cause perdue[36]. »

Le gouvernement de Vichy, qui, depuis juillet 1940, poursuit pénalement ceux qui se sont engagés dans une armée étrangère ou ont prôné l'engagement dans une armée étrangère, autorise par une loi du 22 juillet 1943 les Français à rejoindre la Waffen-SS pour « combattre le bolchevisme hors du territoire ». Seule réserve préalable de Laval : il aurait souhaité que l'on reste discret sur cette appellation de Waffen-SS, vraiment trop allemande, comme sur les campagnes de recrutement... Quelques jours plus tard, les premières recrues quittent Paris.

En août 1943, dans les locaux de l'ambassade d'Allemagne, à huis clos, Darnand, nommé *SS-Sturmbahnführer* (l'équivalent de commandant), devient le premier dirigeant d'un organisme public de l'État français à prêter serment à Hitler, « Führer germanique et réformateur de l'Europe ». Pourtant, Darnand soutiendra toujours que son serment ne l'aurait engagé que s'il s'était enrôlé dans une unité combattante. Et il insistera sur le fait qu'il ne porta jamais l'uniforme allemand en France[37]. Il est suivi de plusieurs cadres de la Milice qui souscrivent un engagement pour un temps limité.

Le 11 juillet, les Alliés ont débarqué en Sicile. Le 25, Mussolini a été destitué par le roi d'Italie, à la suite d'une motion de défiance du Grand Conseil fasciste. Le 2 septembre, les Alliés prennent pied dans le sud de l'Italie, le 8 sera conclu un armistice. Entretemps, Darnand a sauté le pas et choisi son camp. Il s'engage de plus en plus ouvertement, jusqu'à évoquer à mots à peine couverts le ralliement à de Gaulle auquel il a renoncé, comme s'il avait été sollicité, et non l'inverse :

> De leurs voix de sirènes, ils nous affirment, au nom de leurs relations dissidentes, que l'on nous saura gré en Alger et que, si nous consentons enfin à comprendre, la pénitence sera douce.
>
> Je ne vais pas ce soir vous annoncer un virage de la Milice. Nous ne sommes ni des Badoglio ni des Valentin. Peut-être nous traitera-t-on de naïfs, mais nous croyons à l'honneur et nous n'éprouvons que mépris pour les parjures. Que nos conseilleurs se résignent. Nous ne rejoindrons jamais les assassins de nos militants[38].

Il déclare placer avant tout autre considération le combat contre le communisme et l'Union soviétique dont les Allemands sont les champions. Ses adjoints sautent le pas avec lui et Darnand, fin septembre 1943, informe les chefs régionaux de leurs engagements. Il est révélé dans la presse quelques jours plus tard.

> Je leur suis très reconnaissant du geste courageux qu'ils accomplissent ainsi dans le but surtout de continuer à servir l'action politique que j'ai entreprise et que je poursuivrai jusqu'au bout avec tous mes amis de la Milice française[39].

En novembre, il lance son premier appel public pour l'enrôlement des miliciens dans la Waffen-SS : « Moi aussi je me suis engagé [dans la Waffen-SS]. J'ai prêté serment. Bientôt j'irai les rejoindre sur le front de l'Est, le seul combat, lorsque leur entraînement sera terminé. Je suis fier de le dire à nos amis et à nos ennemis. » C'est lui qui choisit de révéler son serment à Hitler[40].

En décembre, les SS lui remettent cinquante mitraillettes Sten de fabrication anglaise. Elles proviennent de parachutages destinés aux résistants. Interceptées par la police française qui les avait remises aux Allemands, elles finissent entre les mains des miliciens[41]. Darnand a enfin obtenu les moyens auxquels il aspire depuis des mois. Il les a obtenus sur ordre allemand. Une nouvelle ère s'ouvre.

> J'ai eu scrupule à engager mes hommes privés d'armes contre des terroristes puissamment armés, explique-t-il en meeting à Nice. On a pu prendre notre silence depuis cinq mois pour de la peur. J'armais nos troupes. Je leur apporte aujourd'hui les armes nécessaires ! Nos derniers martyrs seront vengés ! Nos adversaires sont prévenus : nous nous battons[42] !

Darnand et les chefs miliciens ne cachent plus qu'ils sont en opposition avec le gouvernement de Vichy et ont échangé l'allégeance à Laval contre une allégeance à l'occupant. « Cette rupture, déclare l'un d'eux lors d'une conférence publique, est la conséquence de l'inertie opposée par Laval à armer les miliciens lâchement assassinés sans pouvoir se défendre[43]. »

Devenu un homme clef dans le dispositif nazi en France, Darnand est imposé par les SS, contre l'avis du ministère allemand des Affaires étrangères, au secrétariat général au Maintien de l'ordre. L'extension de la Milice est autorisée en zone Nord. Or le maréchal Pétain s'accommode de la nomination de Darnand, le « brave soldat », tout en ayant conscience que l'engagement dans la Waffen-SS doit signifier que les Allemands ont exigé des gages en échange des armes fournies. Dans ces conditions, l'intégrer au gouvernement peut passer pour une façon de garder un contrôle sur lui. Quant à Laval, il se croit apparemment très habile en lui imposant un préfet comme doublure administrative. D'une façon vertigineuse, le jugement porté secrètement sur Darnand par les collaborateurs de Pétain rejoint presque au mot près les propos tenus par Abetz pour rassurer son ministre de tutelle :

> C'est un bon chef au sens militaire, son empire sur la troupe est indiscutable. Mais il veut en toute occasion « agir » ; agir pour lui, c'est combattre. Ses vues politiques sont sommaires. Il est de plus très influençable et accorde trop facilement sa confiance. [...] On peut, semble-t-il, sous certaines réserves au point de vue de ses lieutenants et de ses idées politiques, accorder un préjugé favorable « au bon Français qui se trompe, mais sincère » que représente Darnand, tout au moins pour quelque temps encore[44].

Cette confiance conditionnelle se retrouve donc côté allemand, comme si tout le monde était au courant des doutes dont Darnand ne cesse d'être la proie. Puisque le général SS Oberg l'a choisi de son propre chef, à lui d'en prendre la responsabilité, conclut le ministre des Affaires étrangères Ribbentrop. « Je suppose qu'il connaît parfaitement Darnand et que nous pouvons lui faire confiance dans le cas de certains événements, tels que le débarquement, etc. [...] Si en pareil cas Darnand venait à faire défection, nous aurions certes enfermé le loup dans la bergerie[45]. »

Le loup, il est vrai, hésite encore. Il hésitera jusqu'au bout. Tout en couvrant les exactions contre les résistants et les populations accusées de les aider, tout en essayant de porter les miliciens contre les Alliés sur le front de Normandie, tout en suivant les Allemands jusque dans leur pays, tout en engageant des hommes dans des opérations d'espionnage et de sabotage dans la France libérée, tout en cherchant une fois encore le combat dans le nord de l'Italie alors que l'Allemagne s'effondre, Joseph Darnand continuera d'imaginer nouer des liens avec des officiers supérieurs français qui font la guerre aux Allemands, mais sont anticommunistes. Il voudra leur envoyer des émissaires. Il rêvera d'un renversement des alliances, d'un coup de théâtre final, d'une réconciliation nationale à son idée. Il espérera sauver les débris de la Milice pour les réserver à d'« autres tâches ». Dans son ultime lettre au général de Gaulle, dans son dernier message aux miliciens rédigé peu avant son exécution, il réécrira son histoire et celle de la Milice en parlant de patriotisme, de devoir et d'honneur. Il croira encore que, tant qu'il y aura des guerres – et celle d'Indochine vient de commencer, contre des communistes –, la France aura encore besoin d'hommes tels que ses miliciens et tels que lui. Il prédira que l'« Europe nouvelle » adviendra telle qu'il l'avait annoncée. Le monde qui l'entoure, décidément, sera jusqu'au bout resté un livre fermé pour Joseph Darnand, expliquant les spectaculaires oscillations de ses allégeances aussi sincères, sans doute, qu'incompatibles entre elles.

11

« Il disait la vérité… Ils l'ont tué ! »
Juin 1944

Le mercredi 28 juin 1944, à 5 h 15 du matin, trois voitures transportant en tout dix-sept hommes convergent vers l'intersection des rues de Bellechasse et Las Cases dans le VIIe arrondissement de Paris. Le couvre-feu allemand est à peine levé et le quartier des ministères est particulièrement tranquille. Deux hommes descendent d'un véhicule. Leur tâche est de neutraliser les agents en faction devant le ministère de l'Information, rue de Solférino. Mais, alors qu'ils arrivent, ils ont la mauvaise surprise de découvrir que les deux policiers, au lieu de se trouver à leur poste habituel, se sont avancés à proximité des sentinelles allemandes qui gardent l'ambassade voisine. Cependant, l'un des deux hommes aborde calmement les policiers. Leur montrant son revolver et leur indiquant qu'il appartient à la Résistance, il leur intime l'ordre de remettre leurs armes et de le suivre vers le ministère. Les policiers obtempèrent.

Cependant, les trois voitures s'approchent du ministère, moteurs au ralenti. Sur le boulevard

Saint-Germain, elles croisent une ronde de police. Le chef du commando interpelle les policiers : « Messieurs les agents, un renseignement, s'il vous plaît ! » Lorsqu'ils s'approchent, deux voitures les bloquent. Plusieurs hommes en descendent et braquent des armes sur eux. Tout le monde se dirige à pied vers le ministère de l'Information.

La première équipe a perdu du temps à convaincre un préposé méfiant de leur ouvrir la porte du ministère, en prétendant appartenir à la garde du ministre. Quand leurs complices arrivent à leur tour, les policiers, qui n'opposent aucune résistance, sont enfermés dans la loge sous bonne garde. Les fils du téléphone sont coupés. Il est 5 h 40.

Un petit groupe se rend dans l'aile gauche du bâtiment pour neutraliser un second concierge et un vigile, et vérifier que les téléphones de la salle de presse ne fonctionnent pas. Une autre équipe prend position dans la cour pour surveiller l'entrée principale.

La dernière équipe, guidée par un concierge, monte vers les appartements du ministre. Elle découvre que le garde qui dort en principe dans l'antichambre ne s'y trouve pas. Il doit s'être installé quelque part dans les appartements.

Tout a été mené le plus silencieusement possible, le ministre ayant la réputation d'avoir le sommeil léger.

Enfin, le groupe est devant la porte de sa chambre. Le chef du commando frappe.

— Qui est là ?

Croyant parler au garde du corps, le résistant répond :

— Milice. Des terroristes veulent enlever le ministre. Il doit descendre avec nous pour que nous assurions sa protection.

Une voix de femme se fait entendre :

— N'ouvre pas ! Ce sont tes assassins.

Puis une voix d'homme, celle du ministre lui-même :

— Comment ? Qu'est-ce qui se passe ? Qui êtes-vous ?

Le résistant glisse sous la porte une fausse carte de membre de la Franc-Garde de la Milice.

La porte s'entrouvre. Les résistants la poussent et entrent dans le couloir où le ministre s'est avancé. Juste derrière se trouve la chambre, où se tient sa femme. Trois résistants pointent leurs armes sur le couple.

— Ah ! vous voilà... Évidemment...

— Il ne vous sera fait aucun mal, madame. Ce n'est pas à vous que nous en voulons.

Le ministre se jette en avant, il saisit le canon d'une mitraillette et tente de lutter. Un ou deux membres du commando tirent. Le ministre s'écroule. Il n'est pas mort, mais paraît très grièvement touché. Il est en tout cas intransportable. Un troisième tireur l'achève avec un pistolet automatique[1].

Tous font demi-tour et redescendent en hâte dans la cour où les attendent leurs compagnons.

— Alors ?

— Il a résisté. Je l'ai tué.

Il est 5 h 53.

Alertées par la première rafale de mitraillette, les sentinelles allemandes de l'ambassade s'approchent avant de repartir en courant au bruit de la deuxième. Sans doute vont-elles revenir avec des renforts.

Tous courent aux voitures qui s'éloignent précipitamment. Quelques minutes plus tard, le commando commence à se disperser. Les uns rentrent chez eux, d'autres gagnent une planque, les derniers vont au travail comme si de rien n'était.

Dans la matinée, Radio Paris annonce la mort de Philippe Henriot, secrétaire d'État à l'Information et à la Propagande, lâchement abattu par un « commando terroriste[2] ».

Obsèques nationales

Le corps du secrétaire d'État à l'Information est exposé au ministère pour permettre les hommages, puis transporté place de l'Hôtel de Ville où des miliciens forment une garde d'honneur autour du catafalque. Le cercueil est porté en début de soirée jusqu'à Notre-Dame, à la lueur des torches, dans une évidente volonté de démarquer le cérémonial nazi. La cérémonie religieuse est célébrée le 1er juillet. Des incidents éclatent autour de l'Hôtel de Ville, puis de la cathédrale, quand des miliciens estiment que des passants ou même des policiers ne font pas preuve d'assez de respect. Les images d'actualité montrent pourtant, comme on pouvait s'y attendre, une foule dense et émue[3].

L'exposition du corps, l'installation du cénotaphe sur le parvis et non *dans* l'Hôtel de Ville, la solennité des obsèques *nationales*, l'éventualité de donner le nom d'Henriot à une rue de Paris, tout prend la tournure d'une épreuve de force entre les collaborationnistes, soutenus par l'ambassadeur Abetz et le général SS Oberg, et les pouvoirs publics. Le préfet de police refuse que les policiers soient mêlés aux miliciens dans le service d'ordre. La tension est à son comble, incitant certains responsables à envisager le coup de force qui leur donnerait le pouvoir. « La Milice fut soulevée d'une rage folle, raconte l'un des miliciens. Certains voulaient arrêter Pierre Taittinger, président du conseil municipal de Paris, qui avait refusé d'accueillir la dépouille mortelle à l'hôtel de ville [...]. Knipping, Marionnet, Bassompierre montèrent un plan pour arrêter le préfet de police à la sortie de Notre-Dame et le remplacer par un milicien[4]. »

Le PPF prévoit de s'en prendre au gouvernement lors de son prochain meeting. Le préfet de police réagit par une interdiction d'accéder à la salle louée à l'avance. Le meeting s'improvise sur le trottoir. Tandis que les orateurs dénoncent la faiblesse du gouvernement face aux « terroristes », la foule crie : « Laval au poteau ! » Des heurts se produisent avec la police. Les quelques arrestations opérées parmi les manifestants ne seront pas maintenues : les Allemands ne le toléreraient pas[5].

La hiérarchie de l'Église se souvient sans doute qu'Henriot a été le conférencier chéri de la Fédération nationale catholique dix ans auparavant. Une fois entérinée l'idée d'une cérémonie à Notre-Dame, le cardinal Suhard, archevêque de Paris, accepte d'y prendre part et de donner l'absoute, mais refuse prudemment de prononcer une oraison funèbre. La dépouille part ensuite à Bordeaux, dont Henriot fut député. Un service solennel se déroule à la cathédrale le 4 juillet, en présence de 2 000 personnes. Mgr Feltin prononce un discours dans lequel il s'efforce de minimiser la portée politique de sa parole, tout en rappelant que le ministre de l'Information « participait au pouvoir établi que nous respectons[6] ».

Quelques jours plus tard, il donnera l'absoute lors de l'inhumation.

Les messes se multiplient à travers la France (une trentaine dans les grandes villes entre le 28 juin et le 29 juillet 1944), en présence du ban et de l'arrière-ban des autorités locales, augmentés de miliciens, de délégations du PPF, de la Légion française des combattants, de la LVF, éventuellement d'officiers allemands. Il y a 100 ersonnes dans la cathédrale de Toulon, 3 500 à la primatiale Saint-Jean à Lyon. Souvent, les Renseignements généraux notent que la grande majorité de l'assistance est composée de femmes. Le 9 juillet, à Dole, un pétard à poudre a explosé pendant la messe, brisant des vitraux, créant un début de panique et suscitant une interruption d'un quart d'heure. À Bourg, on s'est abstenu de paraître à l'église, au lendemain d'une vaste opération de la police allemande en ville. Les cérémonies se déroulent parfois en présence de cardinaux ou d'évêques qui prononcent l'oraison funèbre, parfois en leur absence, remarquée, comme à Lille ou Toulouse. Mgr Rastouil, évêque de Limoges, refuse de participer et persiste, malgré les pressions qui se multiplient. Le 7 juillet, sur ordre du chef départemental de la Milice, il est placé en résidence surveillée sous bonne garde[7].

Le 26 août 1944, quand le général de Gaulle assiste à un *Te Deum* écourté, à Notre-Dame, tandis que claquent des coups de feu, le cardinal Suhard est écarté de la célébration de la Libération[8].

Le projet était-il de tuer Henriot ?

Philippe Henriot a été tué par un groupe franc des Mouvements unis de résistance (MUR), destiné à accomplir les opérations de commando. Il était dirigé par Charles Gonard, dit Morlot, qui s'était déjà chargé d'abattre le dénonciateur du réseau de renseignements Brutus, ou de détruire le fichier du Service allemand de la main-d'œuvre à Versailles. Il ne travaillait toutefois pas avec une équipe stable. Les hommes qui ont pris part à l'opération contre Henriot ont été réunis pour la circonstance.

L'opération a été montée grâce à des renseignements fournis par des personnels travaillant au ministère de l'Information, installé dans l'ancien siège de la Fédération des fonctionnaires de la CGT.

Le corps franc n'a pas agi de sa propre initiative. Reste à savoir qui donna l'ordre de s'en prendre à Henriot et si cet ordre fut de le tuer ou de l'enlever pour l'envoyer à Alger où il serait jugé, comme l'ancien ministre de l'Intérieur Pierre Pucheu.

Selon des membres du commando, c'était bien l'enlèvement qui était prévu. Le premier témoignage public donné, dès septembre 1944, sous forme d'interview à l'hebdomadaire *Action*, par Charles Gonard explique en détail son projet et les circonstances fortuites de la mort d'Henriot. Il laisse voir les divergences qui existaient entre résistants sur la faisabilité de l'opération et sur son but.

Bien que l'ordre reçu et confirmé par plusieurs voies fût « d'exécuter », j'envisageais quand même un enlèvement. Un vieil ami corse mit à ma disposition une villa qu'il avait en Seine-et-Oise. Je reconnus les différents itinéraires possibles de la rue de Solférino à ce lieu. La maison était assez isolée pour que notre arrivée, prévue vers six heures du matin, puisse passer inaperçue.

Je demandais à rencontrer le délégué militaire susceptible d'organiser le transfert jusqu'à Londres. Celui-ci eut l'air sceptique quand je lui parlais de mes projets d'enlèvement, mais finit par me dire que lorsque Henriot serait vraiment sous mon contrôle, il ferait venir un avion le plus rapidement possible et me donnerait l'emplacement du terrain où je devrais l'amener au dernier moment.

Kriegel-Valrimont* devant mon projet me rappela quel était l'ordre, tout en disant qu'évidemment, un enlèvement serait plus élégant, à condition que cela ne fasse pas échouer l'opération. En aucun cas, me dit-il, il ne faut aller à un échec[9].

Gonard n'a pas de raison de mentir. À cette date et dans ce journal – communiste, issu de l'« action immédiate » qui lui a donné son nom, très en pointe sur le « châtiment des traîtres » et la légitimité du combat patriotique et révolutionnaire de la Résistance –, il n'a nul besoin de marquer des réticences quant à la mort d'Henriot. En outre, ses propos pourraient facilement être démentis par d'autres protagonistes des événements.

---

* Maurice Kriegel, dit Valrimont, était avant la Libération le responsable militaire des MUR et siégeait au comité d'action militaire dépendant du Conseil de la résistance. Après la Libération, il est devenu le directeur politique d'*Action*.

Jean Frydman, qui appartenait au commando, bien qu'encore adolescent, confirmera dans un témoignage de 1973 cette version, donnant à penser que l'intention était bien un enlèvement, y compris dans ses détails d'organisation.

> Le premier plan envisagé était d'enlever Henriot vivant et de le faire juger à Alger. On devait l'emmener dans la Creuse, dans un camion frigo qui comportait deux parties. Dans la Creuse, des atterrissages étaient possibles pour un avion Lysander[10].

Les recherches tant dans les archives du BCRA (les services secrets de la France combattante, chargés des liaisons avec la Résistance en France) que dans celles du commissariat national à l'Intérieur à Alger n'ont permis de retrouver aucun télégramme provenant de France, de Londres ou d'Alger qui ait trait à l'ordre d'exécuter ou d'enlever Henriot. Il n'existe pas de trace non plus des dispositions pratiques prises par un des délégués militaires pour organiser un transfert par une opération aérienne. Au contraire, l'hiver, puis le printemps 1944 furent marqués par une tragique pénurie de transports et de liaisons, dont les échecs jalonnent l'histoire de la Résistance durant ces mois. La rareté des places dans les éventuels avions Lysander, le report et l'annulation des opérations « pick-up » amenaient à d'incessantes réorganisations et à des pertes de temps considérables. Les passagers demeuraient des jours et des jours cachés, après de prudents et difficiles déplacements, pour finalement ne pas partir et devoir recommencer le mois suivant. Ces marches et contremarches suscitèrent des arrestations, y compris de hauts responsables de la Résistance. Dans de telles conditions, il aurait été très improbable d'arriver à déplacer, à dissimuler, à conduire sur un terrain improvisé, au milieu d'importantes personnalités résistantes, un Henriot évidemment hostile, voire décidé à faire échouer son enlèvement. À cet égard, sa mort dans les locaux mêmes du ministère a facilité les choses.

Toutefois, le témoignage de Jean-Louis Crémieux-Brilhac, secrétaire du comité de propagande de la France combattante à Londres, montre que l'idée de l'enlèvement était bien à l'ordre du jour : à la fin mai 1944, le chef de la section française du SOE (service secret britannique dédié à l'action subversive dans les pays occupés) suggéra à deux importants responsables du BCRA et du commissariat à l'Intérieur de se débarrasser par ce moyen du problème Henriot : « Kidnappez-le, je me charge du transport à Londres[11] ! »

Enfin, la date où l'opération eut finalement lieu, trois semaines après le débarquement en Normandie, devait laisser espérer qu'on pourrait cacher Henriot suffisamment longtemps pour faire l'économie d'un transfert hors de France grâce à l'avancée des armées alliées.

Restait un problème de taille. Il était déjà difficile de recruter des résistants. Il l'était plus encore de recruter des résistants décidés et aptes à l'action immédiate. Ce que l'on sait des membres du commando ayant participé à l'opération montre qu'ils sont très jeunes. Le chef du commando a 23 ans, ses compagnons entre 18 et 25 ans. C'est peu pour avoir de l'expérience, de l'efficacité et un jugement sûr dans des conditions exorbitantes. L'ensemble de ces difficultés explique peut-être la présence dans l'équipe d'au moins trois hommes qui paraissent avoir été, plus ou moins, des délinquants au sens crapuleux du terme et qui vont d'ailleurs constituer, *a posteriori*, le maillon faible du dispositif.

« Il disait la vérité… Ils l'ont tué ! »

Une campagne officielle d'affichage, remarquable par sa promptitude et son ampleur, a accompagné les obsèques de Philippe Henriot. L'affiche où figure un portrait de lui, encadré des phrases « Il disait la vérité… Ils l'ont tué ! », est l'une des plus connues de ces années, pourtant riches en images et slogans mémorables.

Dans le discours qu'il prononce à la radio en fin de matinée, le 28 juin, le chef du gouvernement, Pierre Laval, donne exactement cette interprétation de l'exécution d'Henriot : « Cette grande voix française n'était indifférente à personne. Elle était aimée ou elle était redoutée. Faute de pouvoir répondre à Philippe Henriot, on l'a fait taire ; faute de pouvoir lui fermer la bouche, on lui a fermé les yeux. »

Dans le camp de la Collaboration, il semble entendu que Philippe Henriot était en train de porter des coups décisifs à l'image de la Résistance et des Alliés auprès de l'opinion publique et qu'il a donc été éliminé en tant qu'adversaire redoutable.

Pour leur part, les journaux résistants, tout en témoignant d'une certaine allégresse, que partageraient beaucoup d'anonymes, lui contestent cependant tout talent.

L'éloquence de Philippe Henriot résidait dans l'affirmation fervente de célèbres mensonges ; d'arguments, il en avait peu et ils étaient pauvres, mais personne n'aurait pu mieux faire, ni même aussi bien. Voilà comment devient grand homme un raté du Parlement, un pauvre députaillon qui n'avait réussi qu'à se faire un renom de scandale. L'ordre nouveau n'est pas difficile[12].

D'ailleurs, la plupart n'entrent guère dans ces détails, se contentant de présenter la mort de Philippe Henriot comme la conséquence logique de son engagement en faveur de l'Allemagne :

Milicien et ami des nazis, Henriot hurlait à la mort des patriotes, vantait l'ordre des bourreaux allemands et du tueur Darnand. Il est tombé en service commandé, commandé par Hitler, et fusillé par des Français. C'est la guerre[13].

Qu'en était-il, en fait, de sa personne et de son action ?

Philippe Henriot, député de droite, avait été le porte-parole des mouvements protestataires catholiques entre les deux guerres. Il s'était installé après l'armistice en zone libre, où il écrivait dans plusieurs journaux à fort tirage. Il s'aventurait alors peu sur le terrain de la politique extérieure, réservant ses imprécations aux hommes politiques de gauche et à la défunte IIIe République. Il faisait aussi partie d'une sorte de pool de conférenciers, choisis par le secrétariat d'État à l'Information, qui sillonnaient la zone libre pour porter la bonne parole de Vichy.

L'attaque de l'Union soviétique par la Wehrmacht, en juin 1941, agit sur lui comme un révélateur : par anticommunisme, il se rallie à la Collaboration dont il se fait dès lors l'un des propagandistes les plus actifs.

Depuis 1940, il était en perte de vitesse sur le plan des idées, les siennes étant devenues banales et quasi officielles. Mais il lui restait son éloquence. En février 1942, il se voit donner sa première occasion de parler à la Radiodiffusion nationale (Radio Vichy), où il tient par la suite une chronique dominicale. Il adhère à la Milice peu de temps après sa création, début 1943, en y voyant une élite choisie, aile marchante de la Révolution nationale, augmentée des charmes du fascisme. Il écrit dans *Combats*, le journal de la Milice, et surtout multiplie les meetings, mélange d'intimidation, d'organisation savamment orchestrée et de succès réel. Son don pour l'improvisation (il parle sans note), son sens de la formule, l'impression qu'il sait créer, entre deux envolées, d'une conversation presque intime font florès.

La qualité du conférencier, commente le commissaire des Renseignements généraux du Tarn après un meeting à Albi, est la raison qui attire le concours d'affluence. De nombreuses invitations ont en outre été lancées par la Milice. M. Philippe Henriot parle devant un public par avance acquis en majorité aux idées développées. Si les applaudissements furent quelquefois assez nourris lorsque l'Angleterre et même les États-Unis étaient pris à partie, aucune réaction du même genre à propos de la nécessité de la collaboration avec l'Allemagne. Par contre, l'exposé relatif au danger communiste fut largement acclamé. C'est un excellent orateur, incisif, mordant, spirituel qui a dit, à côté de nombreuses vérités, des choses contestables. Mais il ne semble pas, bien qu'il ait vivement intéressé son auditoire, avoir modifié la position de ceux qui étaient venus l'entendre, la plupart par curiosité[14].

Dès cette époque, des attentats se produisent, visant non pas à l'éliminer, mais à saboter ses interventions[15].

En janvier 1944, les Allemands imposent son entrée au gouvernement comme secrétaire d'État à l'Information, où il s'entoure d'une équipe de jeunes miliciens. En fait, le tournant crucial s'est produit quinze jours plus tôt, lorsqu'il a commencé au Radio-Journal de France ses éditoriaux biquotidiens. Il déploie sur les antennes son talent oratoire, sa vivacité de réaction, sa force d'invective, sa capacité à jouer sur les ressorts des peurs bien réelles des Français pour les faire douter de la justesse du combat des Alliés et de la Résistance. Il tranche par son efficacité sur la kyrielle des speakers inconsistants ou déconsidérés qui, depuis trois ans et demi, occupent les antennes françaises dans l'indifférence ou l'hostilité de la plus grande part du public, qui leur préfère les stations étrangères. Un état de fait dont Henriot est bien conscient et qu'il s'efforce de saisir à bras-le-corps : « Je me suis donné le luxe de prendre mes renseignements chez les gens que vous ne cessez d'écouter depuis trois ans[16]. »

Parce qu'il est très écouté, on estime qu'il convainc. Dans les premières semaines, l'inquiétude grandit dans les milieux résistants. Une crise particulièrement douloureuse survient en février-mars 1944, durant la mobilisation, au plateau des Glières, des maquisards de Haute-Savoie. Alors qu'en réalité les miliciens, partout tenus en échec, doivent se plier aux ordres des Allemands pour un sanglant assaut final, Henriot tire habilement parti des circonstances pour stigmatiser l'impuissance des Anglo-Saxons, railler la faiblesse des résistants et déshonorer les vaincus. Des rapports alarmistes convergent vers Londres pour mettre en garde contre l'impact peut-être décisif de tels arguments pour « convertir » les hésitants à la cause de Vichy et de la Collaboration. Tandis qu'en France les journaux clandestins et les tracts se déchaînent contre Henriot, les animateurs des programmes français de la BBC, mais aussi de Radio Moscou et de Radio Alger comprennent qu'ils ont trouvé en lui leur premier adversaire de taille. Ils engagent avec lui des joutes oratoires par ondes interposées. La menace est considérée comme si sérieuse qu'en avril 1944 un rapport reçu par le commissariat national à l'Intérieur préconise de mettre fin d'urgence aux péroraisons d'Henriot, soit en organisant une riposte radio qui l'oblige à gâcher son temps d'antenne pour répondre, soit en « s'efforçant de supprimer la cause directe de cette propagande[17] ».

Si on évoque à Londres des solutions radicales, on envisage bien, en métropole, de passer à l'acte. Le plus simple paraît en effet d'empêcher Philippe Henriot de parler. Marcel Degliame, qui détient, au sein des Mouvements unis de résistance, des fonctions de direction de l'action immédiate, revendique l'initiative de cette décision :

C'est moi qui ai eu l'idée de neutraliser Henriot. Non pas de l'abattre, car cela ne correspondait pas, à cette époque, à mon état d'esprit, mais bien de le neutraliser [...]. Henriot venait de prononcer un discours et j'écoutais les conversations des voyageurs qui, dans mon compartiment, parlaient de ce discours. Il y avait là des gens que je connaissais, dont je savais qu'ils n'étaient pas collaborateurs. [J'avais été] frappé par l'importance que pouvait prendre, à leurs yeux, un discours d'Henriot et imaginant, à travers eux, les réactions du grand public, je m'étais dit que c'était là, pour nous certainement, l'un des personnages les plus dangereux. À partir de ce moment-là, l'idée ne m'a plus jamais quitté, il fallait se débarrasser de lui[18].

Pourtant, plusieurs éléments incitent à relativiser l'impact exercé par les chroniques radiophoniques d'Henriot sur les esprits. Tout d'abord quelques chiffres établis avant sa mort. Au printemps 1944, une enquête clandestine a été menée à Paris par le timide service de sondages et statistiques de la délégation en France du Comité français de la libération nationale, le « gouvernement provisoire » installé à Alger sous la direction du général de Gaulle. Il en ressort que 94 % des personnes interrogées écoutent les interventions d'Henriot au moins occasionnellement, mais 84 % d'entre elles estiment qu'il n'a pas d'influence sur eux. L'analyse des réponses montre que les auditeurs lui trouvent du talent dans son expression et reconnaissent la vérité de certaines de ses mises en garde, mais ils le considèrent sans hésitation comme le porte-parole de la propagande allemande. Les rapports officiels des préfets ou des Renseignements généraux en France reconnaissent que la majorité des milieux populaires et ruraux soit n'écoutent pas Henriot, soit le considèrent comme un agent allemand, que les auditeurs qui adhèrent à ses propos sont de toute façon conquis d'avance, et que les Français se préoccupent bien plus des évacuations ou du ravitaillement que des thèmes de prédilection du ministre[19]. On peut ajouter qu'il semble qu'au fil des semaines, l'effet des éditoriaux d'Henriot se soit émoussé, une fois passé l'attrait de la nouveauté de sa force oratoire et de ses arguments.

La fréquence de ses interventions, qui avait fait son premier succès, se retourne contre lui. Il parle sept jours sur sept et, la plupart du temps, il rédige deux éditoriaux originaux par jour, longs de seize à vingt minutes, pour commenter l'actualité et répondre aux radios étrangères. Le premier est diffusé à 12 h 40 et 13 h 40 et le second à 19 h 40 et 21 h 40, sur dix longueurs d'ondes. Il y a de quoi lasser même les plus convaincus. En outre, la préparation, l'écriture et l'enregistrement de ses textes mobilisent la plus grande partie de son temps et de son énergie, l'amenant à délaisser la gestion de son ministère et la direction de la radio. Il paraît essentiellement préoccupé de gagner la guerre des ondes. Et il confond le goût des auditeurs pour les joutes oratoires avec l'adhésion à ses propos.

L'analyse d'Henriot l'a conduit à privilégier l'utilisation de la peur comme ressort de son argumentaire. Il la conçoit comme le meilleur levier de la conviction et de l'union qu'il veut créer et ce levier est exploité avec beaucoup de ténacité. Mais la peur, si elle interpelle et peut être mobilisatrice, est aussi pénible et repoussante. Elle ne peut que finir par incommoder l'auditeur, à moins qu'on ne lui propose le moyen de surmonter ou de combattre cette peur. Et celui qui diffuse la peur devient très classiquement lui-même un objet de détestation.

Après des hésitations, la BBC a fait sien le projet de saturer le temps de parole d'Henriot[20]. Les speakers, prestigieux ou moins connus, habituels ou occasionnels, participent et le programme « Les Français parlent aux Français » désigne, pour lui répliquer systématiquement, l'humoriste Pierre Dac. Les injures, les arguments, les railleries, les réfutations pleuvent sur le secrétaire d'État à l'Information. Ses éditoriaux deviennent pour Henriot l'espace presque privatisé de duels à distance avec les divers speakers de radios qui émettent depuis l'étranger en direction des Français. Ainsi, non seulement il leur fait une intense publicité, presque deux fois par jour, mais encore il révèle aux Français, qui dans l'ensemble n'écoutent pas tous ces postes, la violence de la guerre des ondes. Et, pour faire bonne mesure, il y ajoute des citations tirées de journaux clandestins, voire des lettres anonymes qu'il reçoit.

Le contenu de certains de ses éditoriaux ne peut être réellement compris qu'à condition de connaître le détail des attaques dont il fait l'objet sur telle ou telle antenne. Ce qui implique soit que les Français deviennent des auditeurs assidus de toutes les radios dissidentes (résultat assez paradoxal de l'activité du ministre de l'Information), soit assistent en spectateurs ignorants à des joutes verbales qui les dépassent. Encore faudrait-il pouvoir tout suivre car, de toute façon, les coupures d'électricité, de plus en plus longues et fréquentes, rendent l'écoute de la TSF aléatoire.

À l'usage, la guérilla menée par les speakers des postes étrangers à l'encontre d'Henriot, qui pouvait paraître une perte de temps et d'énergie exagérée, aboutit à stériliser la parole du fameux orateur, tout occupé à rendre mot pour mot et insinuation pour insinuation, en délaissant le champ de la propagande gouvernementale éventuellement efficace. En concentrant leurs tirs sur Henriot, en lui conférant cette importance personnelle disproportionnée (et qui accrédite l'idée de son influence), ils détournent le secrétaire d'État de ce qui pourrait être son travail et son impact.

« Philippe Henriot, tu seras vengé »

Les conséquences de l'exécution d'Henriot se multiplient et répandent des ondes de choc étonnamment durables.

Aussitôt après l'annonce de sa mort, son appartenance à la Milice (dont il portait régulièrement l'uniforme) suggère à des miliciens, d'une manière spontanée, des projets de vengeance. Dans son éditorial radio du 8 avril 1944, Philippe Henriot avait prévenu les dirigeant du CFLN d'Alger que leurs familles et leurs amis demeurés en France étaient désormais susceptibles de subir les conséquences des condamnations prononcées par les tribunaux militaires d'Afrique du Nord contre d'anciens responsables des organisations paramilitaires ou d'anciens ministres et hauts fonctionnaires de Vichy. « Le gouvernement français vous a déjà fait connaître qu'il n'accepte pas sans réagir vos illégalités et vos condamnations. Il a été obligé

d'envisager les représailles qu'il aurait voulu éviter. »
Comment devinerait-il alors qu'il prêche pour son
saint ? L'idée des représailles, assurément, est bien
installée quand survient son exécution. Des affiches
apparaissent bientôt sur les murs des grandes villes :
« Philippe Henriot, tu seras vengé », et la Milice
annonce ses intentions dans son journal :

> Le milicien Philippe Henriot est mort et c'est à nous
> qu'il appartient de garder intacte sa mémoire, de frap-
> per ceux qui, de près ou de loin, ont préparé le crime.
> Je sais qu'il n'aimait pas que l'on verse le sang, que
> l'on multiplie les vengeances et les représailles, mais
> je sais aussi qu'il ne comprenait pas qu'une société
> curieusement indulgente distribue quelques années de
> prison à des criminels[21].

À Mâcon, la nouvelle de l'assassinat d'Henriot est
connue à l'heure du déjeuner, le 28 juin. Une riposte
s'organise aussitôt : une liste de sept notables réputés être de gauche et soupçonnés d'accointances avec
la Résistance est dressée ; sept équipes de trois miliciens sont constituées pour aller les abattre. Cinq des
hommes ainsi choisis sont tués, chez eux ou sur leur
lieu de travail. Des magasins sont saccagés et des fonctionnaires menacés. Toute la population est avertie qu'il
s'agit de venger Henriot. Après une journée d'effroi, le
préfet fait cesser la tuerie en obtenant une intervention
téléphonique de Vichy[22]. Darnand, chapitré par Laval,
fait incarcérer à Lyon Johannès Clavier, chef milicien
mâconnais trop entreprenant. Un tribunal du Maintien
de l'ordre le condamne à vingt ans de travaux forcés,
tout en lui reconnaissant des circonstances atténuantes.

Ceux qui avaient ordonné, commente l'un de ses juges, d'assassiner Philippe Henriot [...] portent la responsabilité d'avoir déclenché une vague de violences que, de représailles en représailles, personne ne contrôla plus. Comment imaginer que ces hommes insultés, menacés de mort par Radio Londres, submergés de rage, de frayeur, de désespoir, pouvaient garder le cœur assez serein pour refouler leur exaspération alors qu'ils pleuraient le meilleur d'entre eux[23] ?

Suivant cette même logique vengeresse, trois personnes sont abattues à Rennes, à leur domicile, la nuit suivante.

Dans l'après-midi du 28 juin, Paul Touvier, chef régional du 2e bureau de la Milice à Lyon, choisit sept Juifs pour être fusillés à Rillieux-la-Pape le lendemain, en mesure de rétorsion. Au passage, leurs biens sont pillés.

Ce chef d'inculpation ne figure pas dans les procès par contumace qui condamnent Touvier par deux fois à mort en 1946 et 1947. C'est lui-même qui révèle quels furent son rôle et ses motivations dans ces assassinats au moment où, en 1959, il sollicite la clémence du ministre de la Justice. Et c'est finalement pour ces meurtres, qui entrent dans la catégorie des crimes contre l'humanité imprescriptibles, qu'à l'issue de longues péripéties judiciaires, il sera traduit en justice devant une cour d'assises et condamné à la réclusion à perpétuité en 1994.

La mort de Georges Mandel

Cette évidence de la vengeance est si grande qu'elle paraît avoir été pressentie par certaines des victimes elles-mêmes. En apprenant l'assassinat de Philippe Henriot, l'ancien ministre Georges Mandel, qui, après avoir été interné par Vichy, est détenu au camp de Buchenwald avec d'autres personnalités françaises, note dans son journal qu'il éprouve une « très mauvaise impression ». Léon Blum, détenu avec lui, témoigne que lorsque, le 4 juillet, Mandel est emmené par la Gestapo, il est convaincu qu'il va servir d'objet à des représailles[24].

En dépit des investigations de la justice et des recherches des historiens, il est difficile de savoir précisément si la décision de tuer Mandel en représailles à la mort d'Henriot fut prise explicitement et, si oui, par qui et à quel niveau. Le retour de Mandel en France aurait été ordonné par Himmler, qui dirigeait la SS et la police allemande. Mais la suite des événements est confuse.

Ramené à Paris où il transite par les locaux de la Gestapo, l'ancien ministre est remis aux autorités françaises. Il est incarcéré quelques heures à la prison de la Santé. Des miliciens du service de sécurité viennent le chercher pour, disent-ils, le conduire au siège de la Milice à Vichy. Mandel monte dans une voiture avec quatre d'entre eux. Une autre voiture suit, avec peut-être à son bord – les témoignages étant contradictoires – un adjoint d'Helmut Knochen, chef de la police allemande en France[25].

En forêt de Fontainebleau, à une soixantaine de kilomètres au sud-est de Paris, les deux véhicules s'arrêtent au prétexte d'une panne. Mandel est invité à descendre pour se dégourdir les jambes. Alors qu'il parle avec l'un de ses gardes, il est abattu avec un pistolet automatique par un milicien du nom de Mansuy, truand patenté, agent allemand et de surcroît bon tireur. Il ajoute deux balles à bout portant par précaution, puis tire sur la voiture, afin d'accréditer la thèse d'une embuscade tendue par des résistants qui aurait accidentellement coûté la vie à Mandel[26]. Le corps est placé dans la voiture qui rebrousse chemin pour gagner Versailles, où l'intendant de police est un milicien sûr et un officier de police judiciaire incompétent. Pour justifier cette arrivée, les membres de l'équipe prétendent que les faits ont eu lieu dans la forêt de Rambouillet, effectivement plus proche de Versailles. Un commissaire de la police de Sûreté fait saisir le véhicule, demande l'autopsie du corps et interroge les miliciens (qui refusent de donner leurs noms), mettant à mal la fable qu'ils viennent de raconter[27]. Le meurtre de Mandel n'est révélé par la radio qu'une semaine plus tard. C'est à ce moment-là que sa mort est explicitement liée à celle d'Henriot.

Jean Mansuy, que l'on retrouve à plusieurs reprises dans les basses et tortueuses besognes de la Milice en zone Nord, est tué dans des circonstances troubles pendant la libération de Paris[28]. Lors du procès des autres miliciens de l'équipe, tenu dès octobre 1944, il s'avère très difficile d'établir qui savait que Mandel devait être tué, quand et comment l'opération était prévue, qui a donné l'ordre d'exécution, si les conditions de cette mort sont une mise en scène dans le goût milicien ou une improvisation[29].

Durant leur premier interrogatoire par la police après la Libération, les trois miliciens présents dans la voiture de Mandel ont incriminé Mansuy. Surtout, ils ont rapporté que le chef du service de sécurité de la Milice en zone Nord, Fréchou, les a prévenus à la prison de la Santé que l'exécution de Mandel avait été ordonnée par Knipping, pour venger la mort d'Henriot. Mais ils se rétractent ultérieurement[30].

Fréchou, réfugié en Argentine, n'a jamais pu être interrogé. Knipping (fusillé en 1947) a nié pour sa part avoir donné cet ordre et l'une de ses conversations, enregistrée à l'annonce de la mort de Mandel, ne suggère en rien qu'il ait été décisionnaire*. Selon son témoignage de 1945, ce sont les miliciens eux-mêmes qui ont eu cette idée non seulement en représailles du meurtre d'Henriot, mais pour ne pas être en reste par rapport à leurs « collègues » de zone Sud qui avaient assassiné peu avant l'ancien ministre radical Jean Zay[31].

Durant son procès, absolument bâclé, Darnand, le chef de la Milice, n'a pas été interrogé sur le meurtre de Georges Mandel (pas plus d'ailleurs que sur grand-chose d'autre). De toute façon, les dirigeants de la Milice ne se disputent pas la responsabilité d'avoir donné cet ordre et prétendent avoir été placés devant le fait accompli. Les témoignages de Laval, Abetz ou Brinon sont contradictoires, chacun donnant l'impression de ne pas avoir été prévenu du projet, mais de ne pas être étonné du résultat. Si tant est que l'on puisse débrouiller les informations données par les protagonistes proches ou plus lointains, et par les

---

* Voir *infra*.

documents disponibles, il semble que l'exécution de Mandel ait été une idée des SS au plus haut niveau, mise en œuvre par des miliciens qui travaillaient directement pour eux, puis approuvée par la direction de la Milice décidée à montrer résolument dans quel camp elle se rangeait.

« Mon opinion, lit-on dans le compte rendu d'une conversation qui s'est déroulée entre trois d'entre eux (dont Knipping), au lendemain de l'assassinat de Mandel, est que, tout en étant loyaux au gouvernement, il faut que nous représentions l'élément révolutionnaire qui le pousse à faire ce qu'il ne fait pas par tempérament et qui, depuis trois ans, nous a conduits dans l'impasse où nous nous trouvons. Ne pas agir dans l'affaire d'hier aurait eu pour conséquence de nous faire perdre entièrement la confiance des SS[32]. »

Le projet des SS n'était pas de venger la mort d'Henriot, dont ils n'ont que faire, mais d'empêcher, en versant encore plus de sang, une éventuelle entente de dernière minute entre Vichy et la Résistance. Faute de disposer de chefs de la Résistance à abattre – qui ont en général déjà été tués ou ne sont pas connus du grand public –, restaient les hommes politiques de la IIIe République[33].

La mort de Philippe Henriot est devenue le prétexte d'un geste d'allégeance supplémentaire de la Milice envers les Allemands. Deux jours après l'exécution de Mandel, des personnalités de la Collaboration publient un manifeste exigeant la direction d'un nouveau gouvernement et promettant de s'engager à fond derrière l'Allemagne. Le texte débute par un hommage appuyé à Henriot. Au Conseil des ministres suivant, Laval reprend la main en sommant les membres du gouvernement qui ont signé cette déclaration de se rétracter. Le sort du secrétaire d'État à l'Information décédé n'est qu'un instrument de l'ultime affrontement pour le pouvoir entre Vichy et Paris.

Le 6 août, le maréchal Pétain adresse un réquisitoire à Darnand sur les excès de la Milice, énumérant au nombre des griefs les plus évidents l'affaire de Mâcon et l'assassinat de Georges Mandel. La légitimité des représailles à la mort d'Henriot est ainsi déniée.

L'arrestation de membres du commando

Tandis que les miliciens se livrent à des représailles, il est tout de même logique de rechercher les véritables auteurs de l'exécution d'Henriot. C'est la police judiciaire qui devrait enquêter, mais ce sont les Renseignements généraux qui se chargent de l'affaire. Et le 2e bureau de la Milice, à la tête duquel se trouve Fréchou, mène ses propres investigations. À dire vrai, personne ne doute que des résistants soient responsables, bien que la presse incrimine l'Intelligence Service. Mais ni la police ni la Milice ne semblent compter obtenir de résultats autrement que grâce à une dénonciation. Aussi une récompense de 5 millions de francs est-elle offerte à ceux qui permettront d'arrêter les assassins du ministre*.

Une partie seulement de l'équipe de Morlot, à commencer par son chef, était aguerrie à l'« action directe ». Il lui a néanmoins fallu renouveler ses

_____

* Environ 925 000 euros.

hommes et convaincre de nouvelles recrues de faire un travail dangereux qui peut soulever chez certaines personnes des réticences morales. Un mois avant l'opération contre Henriot, quelques jeunes hommes travaillant aux Halles de Paris ont été approchés par un intermédiaire des groupes francs. Deux d'entre eux, dont un dénommé Ernest Marcadet, se sont rétractés quand il a été question de prendre part à des exécutions. Mais ils ont présenté à leur contact un « collègue », Pierre Demoulin, qui, lui, s'est engagé[34]. Il a fait partie du commando qui a opéré contre Henriot.

Celui qui les a contactés connaissait-il leur pedigree ? Est-ce à cause de lui ou en dépit de lui qu'il a pensé que de tels hommes pourraient faire l'affaire au sein d'un groupe franc ? Car il s'agit de petits escrocs, trafiquants, receleurs et cambrioleurs à l'occasion, toujours à la recherche d'argent facile. Marcadet a été condamné à deux reprises à six mois de prison, en 1942 et 1943. Demoulin s'est essayé aux vols opérés par de prétendus policiers, une activité qui a considérablement prospéré depuis que les Allemands ont multiplié les officines de « polices » parallèles à leur dévotion.

Après la mort d'Henriot, Demoulin confie à Marcadet qu'il a participé au commando. Marcadet en parle à une certaine Antoinette Hugues, dite Marguerite de Bernardy, qui n'a rien à lui envier en matière d'escroquerie et de vol. C'est elle, apparemment, qui a l'idée de dénoncer Demoulin directement à la Milice, pour toucher la récompense. Elle se fait fort de joindre Jean Bassompierre, qui, on l'a vu, a été en pointe dans les réactions qui ont suivi la mort d'Henriot. Et ce d'autant plus aisément qu'il est probable qu'elle était déjà une informatrice occasionnelle de la Milice.

Marcadet rencontre effectivement Bassompierre à plusieurs reprises entre le 10 et le 14 juillet, pour mettre au point une opération. Car, avec la Milice, rien n'est jamais simple et la haine se mêle de cupidité et de fourberie. Comme pour les représailles, l'arrestation de Demoulin (et peut-être de deux autres membres du commando) est prévue avec une mise en scène. Mais une mise en scène aussi malhonnête qu'inutilement risquée, si l'idée est bien de remonter la piste des auteurs de l'attentat contre Henriot.

Marguerite Hugues « gagne sa vie », entre autres, en prélevant des commissions sur les vols qu'elle indique. Six mois plus tôt, elle avait renseigné Demoulin et Marcadet sur l'opportunité d'attaquer un de ses sous-locataires, entrepreneur à la moralité chancelante qui conservait de l'or dans son bureau (pratique interdite qui l'empêchait, si le vol réussissait, de porter plainte). Mais l'affaire a tourné court, aucune des personnes présentes lors de la tentative de cambriolage ne détenant les clefs du coffre. Après s'être entendus avec Bassompierre, Hugues et Marcadet proposent à Demoulin de tenter de nouveau le coup. Ce dernier sera ainsi arrêté par la Milice à l'issue du cambriolage et ses dénonciateurs se partageront à la fois l'or volé et la récompense[35]. À titre d'encouragement, Marcadet et Hugues touchent 50 000 francs d'avance*.

Le 15 juillet, Demoulin et trois complices (dont Jean-Jacques Désiront et peut-être André Hérou, qui

_____

* Environ 9 000 euros.

auraient pris part au commando Henriot) se rendent sur les lieux du cambriolage, rue de Gramont. Puisque la mort les a empêchés de donner leur version (l'un d'entre eux est décédé durant un épisode fameux des combats de la Libération), nous ne saurons pas s'ils avaient l'intention de s'approprier cet or ou d'en faire profiter une cause patriotique*.

Accompagnés d'un commissaire des Renseignements généraux, ils sont attendus par des hommes du 2e bureau de la Milice (ceux-là mêmes qui ont participé à l'assassinat de Mandel), commandés par le commissaire Jouxtel. Alors qu'il tente de fuir, Demoulin est tué, apparemment par Jean Mansuy, le meurtrier de Mandel. Évidemment, l'« enquête » sur la mort d'Henriot s'en trouve stoppée. D'autant que les deux autres hommes arrêtés seront peu après remis en liberté, toujours par certains des miliciens qui ont pris part à l'expédition Mandel ! Aucun d'entre eux ne semble finalement très intéressé par la perspective de retrouver ceux qui ont exécuté Henriot. De toute façon, la version officielle prétend avoir mis tout le

---

* La version donnée par Charles Gonard, le chef du commando, est : « Quant à Pierre Desmoulins [*sic*], il fut vendu par un de ses amis. Pour vingt millions, un traître accepta de conduire Pierre dans le traquenard du boulevard des Italiens. Croyant trouver des armes à l'adresse donnée par son ami, Desmoulins s'y rend avec trois camarades. Ils sont reçus à coups de fusils. Les quatre amis ripostent. Deux miliciens et cinq allemands sont tués dans la bagarre, mais Desmoulins est tombé lui aussi. Deux sont faits prisonniers (ils ne tarderont pas à s'évader) et le troisième réussit à prendre la fuite » (*Action*, 22 septembre 1944).

monde hors d'état de nuire et dénonce une opération de l'Intelligence Service.

> La Milice française a arrêté samedi dernier, boulevard des Italiens, en plein cœur de Paris, la bande qui a assassiné Philippe Henriot [...]. Les bandits, tous âgés de moins de trente ans, avaient déjà à leur actif l'assassinat de plusieurs membres des partis nationaux. Il s'agit de tueurs payés par l'Intelligence Service, ils avaient touché une somme de dix millions de francs pour abattre le secrétaire d'État à l'Information[36].

Quant à la direction de la Milice, elle adhère étroitement à l'assimilation ressassée depuis des mois par la propagande entre les résistants/maquisards et les terroristes/gangsters. « Vous saviez que, dans cette affaire, les hommes que vous poursuiviez appartenaient au mouvement de résistance du colonel Morlot ? », demandera un juge d'instruction à Jean Bassompierre. « Je savais qu'ils appartenaient à la bande Morlot, rectifiera Bassompierre. J'ignorais qu'il s'agissait d'un mouvement de résistance[37]. »

Ernest Marcadet et Marguerite Hugues ne reçoivent qu'un million de francs* sur la récompense promise, Demoulin étant considéré comme un comparse. Cette somme, selon Bassompierre, provenait de Pierre Laval.

Les fonctionnaires des Renseignements généraux ayant la fâcheuse habitude de faire des rapports sur leur travail, Marcadet et Hugues sont identifiés comme les indicateurs de la Milice dès la fin du mois

---

* Environ 185 000 euros.

d'août 1944. Internés à la caserne de Saint-Denis avec des centaines d'autres suspects de collaboration, ils sont déférés devant la cour de justice de la Seine et l'instruction de leur affaire est jointe à celle de Bassompierre, alors en fuite. C'est sans lui qu'ils sont jugés, le 23 novembre 1945, et condamnés à mort pour intelligence avec l'ennemi. Marguerite Hugues a été défendue par Mᵉ Jacques Isorni, l'avocat de Robert Brasillach et du maréchal Pétain. Pourquoi un avocat si prestigieux et si à la mode s'est-il embarrassé d'une délatrice, déjà condamnée antérieurement pour extorsion de fonds ? Apparemment pour pouvoir déclarer, après lui avoir conseillé d'expliquer qu'elle avait été indignée par l'assassinat d'un ministre du gouvernement légal, qu'il ne ferait pas l'insulte à la cour de la qualifier de tribunal d'exception, mais qu'il lui rappellerait que sa cliente ne pouvait être condamnée pour avoir obéi au chef de l'État reconnu par tous les pays auquel les magistrats avaient prêté serment, et demander son acquittement[38].

Le général de Gaulle ayant pour ligne de conduite de gracier les femmes, la condamnation à mort de Marguerite Hugues est commuée en réclusion criminelle à perpétuité. Elle bénéficiera en 1954 d'une libération conditionnelle, à l'âge de 71 ans.

Quant à Jean Bassompierre, condamné à mort en janvier 1948, il est exécuté en avril. Les notes prises par le président de la République Vincent Auriol montrent que cette tortueuse affaire de la rue de Gramont et les justifications présentées par Bassompierre n'ont certes pas servi sa cause au moment de statuer sur sa demande de grâce[39].

En héritage

D'autres séquelles judiciaires vont se produire, où il sera question d'argent, à défaut d'autre chose.

Ce même 23 novembre 1945 où étaient condamnés à mort les délateurs, la veuve de Jean Zay, ancien ministre radical assassiné par des miliciens le 20 juin 1944, assigne, entre autres, les héritiers d'Henriot et ses éditeurs pour diffamation, provocation à l'assassinat et contrefaçon littéraire. L'affaire tourne autour de la publication des notes prises par Jean Zay en 1938 et 1939, à l'issue des Conseils des ministres. Ses carnets ont été volés chez son oncle et publiés à son insu et contre son gré, alors qu'il avait été condamné et emprisonné par le gouvernement de Vichy. En zone libre, c'est Philippe Henriot qui s'était chargé d'en assurer la sélection, la parution et le commentaire dans l'hebdomadaire *Gringoire*. En 1942, il a repris ces textes dans un petit livre édité par les Éditions de France. Il y présentait Zay comme l'un des principaux responsables du déclenchement de la guerre, de surcroît Juif étranger, et l'accablait de qualificatifs tels que « belliciste », « médiocre », « présomptueux ridicule », « bouffon scandaleux »[40]... Trois mille cinq cents exemplaires en avaient été écoulés.

L'audience se tient le 11 février 1948 devant le tribunal civil de la Seine. Si la plainte pour diffamation est jugée irrecevable – car la personne diffamée est décédée –, le substitut du procureur soutient l'action pour contrefaçon littéraire. L'avocat de Madeleine Zay plaide que les écrits intimes de son mari ont été volés, qu'ils ont été publiés, de façon trafiquée, alors qu'il n'était en mesure ni de refuser son autorisation, ni de faire valoir ses droits, et que cette publication a en outre été faite au profit financier exclusif d'Henriot et de ses éditeurs. Il demande des dédommagements pour le préjudice tant matériel que moral. Le verdict, rendu trois mois plus tard, s'il ne retient ni la diffamation ni l'incitation au meurtre, donne raison à la plaignante pour la contrefaçon. Les commentateurs et les éditeurs des « carnets secrets » sont condamnés à verser au total 3,15 millions de francs, dont 500 000 francs seront dus par les héritiers de Philippe Henriot*. La bataille pour obtenir le paiement (partiel) des sommes dues dure jusqu'en 1955, d'appel en pourvoi, et d'insolvabilité en confiscation[41].

Pendant ce temps, la famille de Philippe Henriot a fait célébrer un service commémoratif dans une chapelle de Notre-Dame, pour le cinquième anniversaire de sa mort. À l'issue se sont produits des incidents avec trois cents manifestants du comité d'action de la résistance qui exprimaient leur indignation[42].

En 1958, Louis Guitard, un avocat si impliqué dans la défense des collaborationnistes qu'il avait été emprisonné trois semaines durant pour complot contre la sûreté de l'État en 1945, intenta une action en justice contre la compagnie La Providence à propos de l'assurance-vie de Philippe Henriot. Il souhaitait obtenir la requalification de la mort du ministre en attentat politique et non en acte de guerre, cette dernière catégorie n'étant pas couverte par l'assurance[43]. Il fut débouté : sous prétexte d'argent, il s'agissait

---

* Soit respectivement environ 109 000 et 17 000 euros.

évidemment de faire reconnaître que la mort d'Henriot était un assassinat et ne comptait pas au nombre des « actes accomplis pour la cause de la libération de la France », couverts par l'ordonnance du CFLN du 6 juillet 1943. Ainsi, les auteurs de cette exécution – dorénavant connus – auraient pu être poursuivis devant la justice pénale et une instruction, pour ne rien dire d'un procès, aurait offert l'occasion d'une réhabilitation posthume de Philippe Henriot.

12

Les cent derniers jours de Pierre Laval
Juillet-octobre 1945

Depuis son retour à la tête du gouvernement, en avril 1942, Pierre Laval a passé son temps à faire la navette entre Vichy et Paris. En ce mois d'août 1944, alors que les armées alliées ont réussi à percer les lignes allemandes en Normandie, il n'a pas changé ses habitudes. Le 9, en fin de matinée, il arrive dans la capitale pour la dernière fois. Son dessein est de réunir l'Assemblée nationale, comme en juillet 1940, cette fois pour remettre la IIIe République en selle, barrer la route au général de Gaulle et se faire donner quitus de sa politique. « Mon intention, expose-t-il, est de me présenter devant l'Assemblée et d'y parler. J'expliquerai ce que j'ai fait, puis je passerai la main au gouvernement que l'Assemblée désignera. On fera de moi ce qu'on voudra[1]. »

Durant ces quelques jours, il rencontre sans désemparer tout ce qui peut rappeler une autorité représentative et légitime : bureaux du conseil municipal de Paris et du conseil général de la Seine, maires de Paris et de la banlieue, parlementaires pas trop compromis avec la Collaboration et qui acceptent de le voir. En dépit de quelques réserves, personne ne semble pour l'heure se demander comment on pourrait regrouper, après quatre années d'occupation et de répression et tandis que la bataille fait rage sur le sol national, assez de députés et de sénateurs pour suggérer un début de crédibilité. C'est que Laval pense posséder un atout décisif en la personne du président de la Chambre des députés, Édouard Herriot, interné par les Allemands à côté de Nancy et qu'il a persuadé l'ambassadeur Abetz de lui confier.

Il va le chercher lui-même le 12 août. À Paris, il l'installe au mieux, le traite cordialement, lui expose son projet jusqu'à plus soif. D'abord soulagé d'être libéré, Herriot joue néanmoins la prudence en mettant toutes sortes de conditions à son éventuelle participation. Alors que les communications sont devenues très difficiles avec Vichy, Pétain parvient à faire connaître son extrême réticence à venir dans la capitale se placer sous l'égide de Laval et la protection des Allemands. Tandis que chacun en est encore à essayer de tirer son épingle du jeu au détriment des autres, se produit le second débarquement, en Provence, qui confirme les pronostics allemands sur la prochaine coupure entre le sud et le nord du pays.

En Allemagne

Dans la soirée du 16 août, Abetz apprend à Laval que la capitale ne sera pas défendue. La Wehrmacht va se renforcer à l'est de Paris, Herriot sera reconduit à Nancy par les SS. D'ailleurs, une lettre officielle du gouvernement nazi enjoint à Laval de se « replier » à Belfort. Ses protestations n'y changent rien. Après un dernier ultimatum, il cède tout en précisant par écrit que, dans ces conditions, il cesse d'exercer ses fonctions de chef du gouvernement. Pour tout dire, il a quelques raisons de craindre pour sa sécurité. Cependant, dès son arrivée à Belfort, il se tient rigoureusement sur ses positions de totale abstention. À peine Pétain est-il à son tour amené en ville qu'il cherche à le voir – en vain – pour lui remettre formellement sa démission. Le 25 août, il refuse l'« invitation » faite par Hitler aux chefs de la Collaboration de venir « discuter » avec lui à son quartier général. Une fois transporté de l'autre côté de la frontière et installé au château de Sigmaringen, il évite soigneusement toute activité qui pourrait paraître politique ou même publique – mieux même que le Maréchal.

Les mois passés dans la résidence des princes de Hohenzollern, avec sa femme et quelques fidèles, à proximité de la « commission gouvernementale » désignée par Hitler et au milieu des réfugiés de la Collaboration, sont pour lui d'une immense vacuité. Le matin, il lit à son bureau, fait un peu d'allemand. Il s'entretient de l'actualité avec ses proches, partage avec eux inquiétudes et hypothèses. Le reste de la journée est occupé par de longues promenades à pied. Il rédige quelques notes sur son activité à Vichy, pour préparer une éventuelle défense. Sa femme écoutant presque continûment la radio, il a très probablement connu ses inculpations successives par le tribunal militaire permanent de Paris (13 septembre 1944), puis par la Haute Cour de justice (9 décembre). Il

n'ose toutefois pas être explicite dans ses justifications écrites, craignant selon toute apparence l'espionnage allemand[2]. Les SS, il est vrai, logent eux
aussi au château.

Plusieurs événements pénibles surviennent : sa
condamnation à mort par contumace par la cour de
justice de Marseille ; l'annonce – erronée – de l'arrestation de sa fille adorée et de son gendre ; la menace
allemande de l'envoyer en Silésie, à portée de l'Armée rouge ; la mort de l'ancien ministre Bichelonne
sur une table d'opération ; celle de Doriot, mitraillé
sur une route. Fin février 1945, on l'éloigne d'une
quinzaine de kilomètres de Sigmaringen, en compagnie des autres ministres qu'on appelle « dormants »
parce qu'ils estiment devoir s'abstenir de toute activité politique. On l'installe dans un manoir confortable, appartenant à la famille d'un des conjurés qui,
le 20 juillet 1944, ont essayé de tuer Hitler. Il est
entouré d'une exploitation agricole, ce qui enchante
Laval toujours attaché à la terre.

Les reculs de la Wehrmacht tant à l'est qu'à l'ouest
montrent que la partie est jouée sur le terrain militaire. Laval commence à envisager de gagner un
pays neutre, de préférence la Suisse, proche et sûre,
ou encore l'Espagne. L'ancien secrétaire général du
gouvernement, Jacques Guérard, qui l'a rejoint après
avoir été expulsé de Suisse, fait le pari de rejoindre
l'Italie du Nord où les Allemands ont fortifié le gouvernement de Mussolini et où se trouvent un certain
nombre de diplomates ou de militaires bien connus à
Vichy. Laval le charge d'intercéder pour lui.

Vers la mi-avril, il se trouve pris dans un nouveau dilemme. Les dirigeants nazis, dans leur folie

apocalyptique, ont donné l'ordre de transférer Pétain et Laval dans le « réduit bavarois », où ils prévoient de mener une ultime résistance. Obtempérer reviendrait à se résigner à une mort certaine. Pourtant, Laval ne veut pas attendre la Ire armée française qui approche de Sigmaringen, car il est convaincu qu'il sera assassiné sans autre forme de procès s'il tombe aux mains des soldats. Il semble avoir eu particulièrement peur des troupes indigènes. Le 19 avril, il adresse donc à l'ancien ambassadeur espagnol à Vichy, José de Lequerica, une lettre aussi pathétique qu'imaginative, pour demander l'asile.

> C'est en souvenir des longs jours passés ensemble que je vous fais parvenir ce message. Ce n'est ni l'homme d'État ni l'ami qui vous demande aide et assistance, mais seulement l'homme. L'Allemagne me met en demeure de quitter son territoire menacé désormais par les avances alliées, et c'est à vous que je m'adresse. Je vous demande en mon nom propre, comme en celui de mon épouse et de mon fidèle ami Maurice Gabolde, l'autorisation de pouvoir pénétrer en Espagne en attendant des jours meilleurs. Aujourd'hui, c'est un vieillard usé et fatigué qui vous écrit. En souvenir de notre longue amitié, je vous dis d'avance merci[3].

Le surlendemain, il doit partir vers l'Autriche en compagnie d'un diplomate allemand et sous escorte de la Gestapo. Dans cette nouvelle épreuve, trois circonstances sont relativement encourageantes : on voyagera en longeant la frontière suisse ; emmené de son côté, Pétain est lui aussi décidé à refuser de se laisser enfermer dans l'ultime chausse-trappe nazie ;

les Allemands en charge des Français sont partagés entre la peur des représailles de leurs chefs et une certaine résignation. Pour le reste, le voyage est périlleux, au milieu de foules de réfugiés et sous les bombardements alliés. L'étape se fait à Wangen, à proximité de la Suisse et du Liechtenstein.

Là se situe une anecdote qui prélude des illusions fatales dont va se bercer Laval. Par prudence, lui et sa femme ont passé la nuit dans leur voiture personnelle, garée sur une place du centre-ville. Au matin, alors qu'il procède à quelques ablutions à côté de son véhicule, Laval avise un petit groupe de travailleurs français. Sans craindre de se faire malmener, il les aborde et, retrouvant la faconde des campagnes électorales, il se met à expliquer sa politique et à se justifier. Les hommes ne se montrant pas hostiles, Laval, sans chercher plus loin, se persuade aussitôt qu'il les a conquis et convaincus. Il en déduit tout aussi bien que, s'il peut se faire entendre des Français sur un mode familier, il aura partie gagnée.

En fin de journée, on se rapproche encore de la frontière helvétique. Laval et sa femme s'installent, le 22 avril, dans une auberge de Feldkirch où ils vont passer une semaine d'anxieuse incertitude. L'idée la plus logique est d'adresser une supplique à Walter Stucki, présentement chef de la division des Affaires étrangères au sein du Conseil fédéral et, jusqu'au mois d'août précédent, ministre de Suisse à Vichy. Laval, ostensiblement, ne sollicite pas l'asile, mais une voie sécurisée pour regagner la France, ainsi qu'un répit – dont la durée n'est pas définie – pour préparer sa défense. Le prenant au mot, Stucki lui aurait concédé, quatre jours plus tard, un visa de transit de vingt-quatre heures... Au même moment, Pétain est autorisé à entrer en Suisse et invité à y demeurer s'il le souhaite. Il est reçu avec égard par les autorités et avec affection par une partie de la population. Au contraire, Laval représente pour la Confédération le « mauvais Vichy », celui qui avait des intentions inamicales, et il figure au nombre des personnalités que le pays s'est engagé auprès des Alliés à ne pas héberger, quand bien même elles seraient en danger de mort[4]. Ce même jour, Laval fait une nouvelle tentative en se présentant à la frontière du Liechtenstein où on le repousse sans ménagement. Le 29 avril, l'annonce de l'ignominieuse exécution de Mussolini donne crédit à ses craintes d'être mis à mort si les soldats français, désormais si proches, s'emparent de lui. Il est d'autant plus aux abois qu'il ne redoute rien tant que la violence physique.

Or, ce même jour, un diplomate allemand lui apporte, avec une réponse positive de l'Espagne, prétend-il, une solution pratique : se diriger immédiatement sur Merano où subsistent encore des vestiges de la Wehrmacht. Là sera mis à sa disposition un avion pour l'Espagne. En dépit d'un trajet périlleux dans les Alpes et des péripéties de l'arrivée sur place, l'accueil est très encourageant. Le départ de l'avion, prévu le 1er mai, est remis au lendemain à cause de conditions météorologiques exceptionnellement mauvaises. C'est une course contre la montre avant la conclusion d'un armistice qui interdira tout vol militaire. Nouvelle angoisse, guère apaisée à la vue du Junkers 88, un avion de transport militaire qui réserve à Laval et à sa courte suite (sa femme, les anciens ministres Gabolde et Bonnard, son ami

Néraud) un vol éprouvant physiquement et effrayant, à la merci de la chasse alliée.

En Espagne

L'aérodrome de Barcelone est atteint le 2 mai en fin de matinée, jour de la fête nationale espagnole. La stupeur, feinte ou réelle, des autorités semble démentir l'accord dont s'étaient targués les diplomates allemands. Faute de pouvoir obtenir des instructions du gouvernement central, le gouverneur militaire fait héberger les réfugiés dans une petite résidence neuve au sein du fort de Montjuich. Entre-temps s'est produit, selon les dires de Laval, un événement déterminant : ses bagages ont été fouillés et on lui a subtilisé une (ou deux) lettre(s) où Franco lui exprimait son indéfectible gratitude pour son soutien durant la guerre d'Espagne. Il aurait ainsi été privé de ses dernières garanties. Mais n'est-ce pas là encore une des illusions de Laval, qui tend à déformer la réalité pour la faire cadrer avec ses espoirs ? Car si cette (ou ces) lettre(s) est celle qui nous est connue, elle paraît bien peu engager le Caudillo : « À l'heure de la victoire, nous ne pouvons que féliciter les bons Français qui ont tant lutté pour sauver l'amitié des deux peuples. À vos efforts dans ce sens correspondent mes plus sincères sentiments envers votre nation et une loyale amitié[5]. » Peut-être faut-il plutôt imaginer que le gouvernement espagnol a fait vérifier ce qui pouvait être intéressant, au sens large, dans les papiers de Laval.

En ce début de mois de mai 1945, la position internationale de l'Espagne est délicate. Sa neutralité à géométrie variable, ses flirts avec l'Italie fasciste et l'Allemagne nazie l'obligent à étaler sa bonne volonté aux yeux des vainqueurs anglo-saxons. Avec la France, la ligne diplomatique est confuse, dominée des deux côtés des Pyrénées par l'attentisme et l'opportunisme. Le contentieux passé est lourd, le présent émaillé d'incidents. Le gouvernement provisoire de la République française ne peut ignorer la présence de quelques milliers de réfugiés de la Collaboration sur le sol espagnol, mais réserve ses négociations pour le rapatriement des évadés d'avant l'été 1944 encore internés et pour la conclusion d'accords commerciaux. Il ne demande pas officiellement l'extradition de Laval, ni même n'exerce de pressions, se contentant de miser sur les effets naturels de la situation. De son côté, l'Espagne est demandeuse de l'envoi d'une personnalité de premier plan comme ambassadeur de France à Madrid, en échange du remplacement à la tête du ministère des Affaires étrangères de Lequerica, décidément trop identifié à Vichy. Dans ces conditions, le débarquement de Laval est aussi intempestif qu'encombrant[6].

Aussi, dès le 3 mai, est-il informé que, contrairement à ses compagnons, il n'est pas le bienvenu et fait partie des personnes que l'Espagne s'est engagée à ne pas héberger. Dans les jours suivants, on le presse de choisir pour destination finale l'Irlande (neutre) ou un pays d'Amérique latine qui consentira à le recevoir. Il sera acheminé par l'avion allemand dans lequel il est venu, dûment approvisionné en carburant. Le 8 mai, Laval finit par écrire à Lequerica que, ces solutions ne lui convenant pas, il préfère être remis aux Américains.

Pendant ce temps, il demeure reclus dans l'enceinte du fort. Il n'est pas autorisé non plus à recevoir de visite, mais il peut lire des journaux, écouter la radio et se promener sur les remparts. La nourriture, apportée d'un hôtel de luxe, est abondante et lourde, ce qui ne convient nullement à l'ulcère qui le ronge. Il est soigné par un dentiste, ses dents étant particulièrement abîmées.

Le 31 mai, le gouverneur civil de Barcelone vient lui signifier l'ordre de se tenir prêt à quitter l'Espagne dès le lendemain. Il garde le libre choix de sa destination finale. Dans une lettre, Laval se déclare décidé à rentrer en France, puis, regrettant son bluff, il multiplie les appels pour se voir consentir un nouveau délai, toujours pour préparer sa défense. Il tente de se renseigner directement sur les risques qu'il courrait en France, en écrivant au père de son gendre, le général de Chambrun : « J'attends la réponse que vous aurez ensemble concertée pour me dire par une lettre si je peux rentrer immédiatement ou surseoir à mon retour. C'est un conseil dont j'ai absolument besoin et que vous me donnerez d'après tous les renseignements que vous possédez. J'agirai selon votre opinion. » La lettre ne parviendra à son destinataire que le 27 juin et la réponse aussitôt envoyée (« Restez donc quelque temps en Espagne en conservant votre courage ») ne sera jamais remise à Laval.

Cependant, des phalangistes de Barcelone, aiguillonnés par quelques réfugiés français, auraient proposé à Laval de le faire évader du fort, de le cacher et de l'exfiltrer vers le Portugal en cas de recherche policière sérieuse. Mais il aurait refusé pour ne pas attenter à sa dignité d'ancien président du Conseil, et peut-être avec l'intime conviction qu'il aurait intérêt à présenter un jour sa défense. Le 13 juin est pris en France le réquisitoire définitif contre Laval. La procédure par contumace initiée par la Haute Cour va bon train.

Le 21 juillet, Lequerica est remplacé aux Affaires étrangères par Alberto Martin Artajo, qui paraît moins lié avec Vichy. En dépit de la rancune exhalée ultérieurement par la famille de Pierre Laval envers Lequerica, force est de constater qu'il a jusque-là relativement protégé son hôte indésirable.

Deux jours plus tard s'ouvre à Paris le procès du maréchal Pétain. Rapidement, le nom de Laval surgit dans les débats, toujours assorti de lourds sous-entendus qui en font le mauvais génie de l'ancien chef de l'État. L'un des défenseurs du Maréchal, Me Payen, a manifestement choisi de le charger pour excuser le Maréchal. Alors que les dépositions s'enlisent dans les journées de juin et juillet 1940, les responsabilités de Laval dans le maintien du gouvernement en métropole et dans la disparition de la IIIe République sont sans cesse rappelées.

En transit

Au même moment, Laval se voit signifier qu'il doit immédiatement quitter l'Espagne. D'inquiétantes pannes du Junkers retardent le départ jusqu'au matin du 31 juillet. Les Espagnols insistent bien sur le fait que c'est Laval qui choisit la destination du vol. Néanmoins, les services de renseignements français ont été discrètement avisés qu'un avion

« clandestin » quittera la péninsule entre le 29 et le 31 juillet en partance pour l'Allemagne du Sud ou l'Italie du Nord. L'avion atterrit dans la zone d'occupation américaine en Autriche. L'étape dure à peine quatre heures. Laval est remis près d'Innsbruck (en zone d'occupation française) à un officier de la sûreté militaire française vers 21 h 30. On lui signifie qu'il est placé sous mandat d'arrêt. Sa femme et lui sont conduits dans deux chambres différentes dans une caserne. Ses dix bagages sont inventoriés et fouillés en sa présence. Neuf d'entre eux contiennent des vêtements, du linge, des effets personnels et même de la vaisselle. Une seule valise renferme des documents, dont des originaux. Laval en établit avec l'officier de la sûreté un classement sommaire. Ce travail leur prend six heures. Tout en classant, l'ancien chef du gouvernement dévoile des éléments de sa future défense. « Laval plastronnait visiblement et, dès le début, me déclara : "J'ai bon moral", me commenta celles-ci [ses archives] sous forme de plaidoyer *pro domo*. » Mme Laval a été confiée à la garde de l'épouse de l'officier, déportée au camp de Ravensbrück pendant deux ans, après avoir été livrée aux Allemands par des Français, et libérée depuis trois mois seulement. « La revanche est trop belle[7] », écrit-elle dans ses carnets.

Dans la matinée du 1er août, Laval et sa femme sont acheminés dans un avion français jusqu'à l'aérodrome du Bourget, puis conduits dans des voitures séparées à la prison de Fresnes où ils sont écroués[8]. Le juge d'instruction de la Haute Cour chargé de son affaire, Pierre Béteille, s'est déplacé pour lui signifier sa mise en accusation. Il est 20 h 15[9].

Dans une note saisie dans sa valise, rédigée durant son exil, Laval a écrit : « Le paradoxe est étrange. Me voilà conduit devant des juges pour me justifier d'une politique et d'actes qui devraient me valoir la reconnaissance du pays – qu'il s'agisse de la période antérieure à la guerre ou qu'il s'agisse de la période douloureuse de l'occupation, j'ai conscience d'avoir pleinement accompli mon devoir[10]. » Les bases du drame qui va se jouer sont jetées.

À Fresnes

Éprouvé par les conditions de son voyage, privé de son appareil dentaire, sans nouvelle de sa fille chérie, Laval apprend en outre son inculpation et l'arrestation de sa femme. On serait désemparé à moins. Une fois les formalités d'écrou et la fouille accomplies (il signale avec insistance que les Américains lui ont pris tout son argent), il est installé dans la cellule 169 de la section spéciale, qui regroupe les personnalités de la Collaboration et de Vichy en provenance d'Allemagne. Il se couche tout habillé et s'endort presque aussitôt. Il n'a pour l'heure en sa possession que sa robe de chambre (qu'il utilise comme drap de dessous) et une orange.

Le lendemain, en fin d'après-midi, le docteur Bernard Ménétrel profite qu'il remonte seul du parloir pour lui adresser la parole par l'œilleton cassé de la porte de la cellule. L'ancien secrétaire particulier du Maréchal, interné par les Allemands, arrêté par la Iʳᵉ armée du général de Lattre, est incarcéré à Fresnes depuis deux mois. Les deux hommes ont eu, par le passé, des relations chaotiques et Ménétrel redoute que Laval ait négocié avec les autorités, échangeant une promesse de clémence contre un témoignage à charge contre Pétain. Ils vont donc se tester. Toutefois, Ménétrel, bon garçon de tempérament, est apitoyé par la situation matérielle de Laval et lui offre de lui procurer argent, cigarettes, nourriture, papier et encre. Il lui recommande de prendre sans tarder un avocat, mais Laval ne semble pas très pressé et en est encore à envisager de s'assurer des services de son ami Me Gautrat, habile avocat d'assises. Il cherche à soutirer des informations à Ménétrel : quelles sont les intentions des avocats du Maréchal à son égard ? Que dit de lui la presse ? Comment sont les magistrats de la Haute Cour ? Ménétrel se dérobe : il n'est qu'un prisonnier ordinaire, soumis à la cour de justice et sait fort peu de chose. Mais lui, Laval, n'a-t-il pas obtenu des garanties pour faire ainsi irruption en plein procès Pétain ? Nullement, répond Laval, qui rappelle combien il était isolé en Espagne : « S'il y a quelque chose d'arrangé, c'est à mon insu[11]. »

Josée Laval de Chambrun, venue à Fresnes, n'a pas été autorisée à voir son père, faute de permis de visite. On lui promet d'avertir le prisonnier, mais elle est à nouveau éconduite le 3 août, car Laval a quitté Fresnes pour le Palais de Justice où il est appelé à déposer comme témoin au procès Pétain.

La veille, le président de la Haute Cour a fait sensation en annonçant qu'il avait décidé d'entendre Laval dès le lendemain. L'un des avocats a fait une objection : « Les affirmations, les dénégations, les contestations qu'il apportera, il faut tout de même qu'elles soient vérifiées. Vous n'imaginez pas qu'elles seront vérifiées et contrôlées suffisamment par les protestations qui s'élèveront de la part de ceux qu'il aura attaqués. » Les appréhensions sont réelles à l'idée des ravages que ses révélations pourraient causer. D'ailleurs, Pétain sera anormalement nerveux avant le début de cette audience. Mais l'un de ses avocats, Me Isorni, croit avoir conclu une sorte de cessez-le-feu par l'intermédiaire de la fille de Laval, sans savoir qu'en réalité, Josée et son père n'ont pas pu se parler.

Le tribunal est encore plus bondé que d'habitude. On s'écrase sur les bancs et dans les tribunes pour voir l'ancien chef du gouvernement. Tous les avocats présents au palais se sont trouvé une raison d'entrer dans la salle d'audience. Pétain peine à se frayer un chemin au milieu d'une foule aussi compacte. La cour s'installe et le président demande à l'huissier de faire entrer le témoin. Dans un silence avide, il apparaît, amaigri, voûté, les cheveux blanchis, les traits tirés, flottant dans son costume. Il pose les yeux de tous côtés, cherchant un repère ou un visage familier. Le public est saisi d'étonnement.

Le président s'adresse à lui : on ne lui fera pas prêter serment, on l'entendra à titre d'information sans présager de l'avenir, on lui posera des questions précises auxquelles il devra répondre brièvement. Le mot d'ordre est : « Pas de diversions. » Sur ces paroles, il cède la parole à Laval qui ne va pas la rendre de sitôt.

Paradoxalement, en dépit de sa situation si difficile et des conditions exorbitantes dans lesquelles on lui demande son témoignage, Laval est plutôt mieux préparé que ses interlocuteurs, grâce aux ressassements qu'il agite depuis août 1944. Personne à la Haute Cour, ni accusation ni défense, ne s'attendait à devoir l'interroger. Le bâtonnier Payen a déjà commencé à le faire passer pour le mauvais génie du chef de l'État, ce qui ne veut pas dire qu'il soit capable de l'interpeller de façon percutante. Ni le procureur ni les jurés n'ont mis en ordre les questions qui se bousculent dans la tête des Français depuis cinq ans. Si le président a bien listé des questions simples en suivant l'ordre chronologique, il est d'emblée submergé par la logorrhée lavalienne. Laval démarre en 1934 pour exposer les vertus de sa politique étrangère. On remontera finalement jusqu'à son voyage aux États-Unis de 1931. Sur deux jours, il va parler pendant huit heures, progressant par bonds successifs jusqu'à Sigmaringen. Sibyllin sur ce qui le dérange, intarissable quand il croit tenir un avantage, prolixe en détails insignifiants, il essaie surtout d'anticiper sa propre défense. Il n'est pas là pour faire des révélations, mais pour plaider pour lui-même. « Comme l'opinion, demain, lira la presse, il n'est pas mauvais que j'aie donné un certain nombre de renseignements [...] j'ai le devoir et j'ai le droit légitime et naturel de redresser les faits qui pourraient m'être imputés ou les paroles qui pourraient m'être abusivement prêtées[12]. » Pierre Laval réalise cette véritable prouesse d'orateur par la force de l'habitude et grâce à son invincible certitude d'avoir eu raison sans interruption depuis dix ans. Il en ressort convaincu qu'il a une carte à jouer pour susciter l'intérêt, puis la sympathie.

Après ces deux journées exceptionnelles passées au palais de justice et au dépôt de la préfecture de police, il regagne Fresnes, satisfait d'avoir enfin vu sa fille et de retrouver le calme – relatif – et la propreté de la prison. Sur sa lancée du tribunal, il accroche tout interlocuteur potentiel, détenu ou gardien, pour répéter ce qu'il a dit au procès et faire part de ses impressions. Il plaisante un peu sur les douze balles qui l'attendent. Mais sa performance lui a décidément rendu sa combativité. Il estime que sa déposition « a produit une sensation profonde qui a changé le climat de l'affaire Laval[13] ». Il voudrait qu'on lui permette de s'adjoindre son ancien secrétaire général à la Police, René Bousquet, lui aussi incarcéré à Fresnes. Il sollicite Ménétrel, son voisin de cellule, dix fois par jour pour lui demander de se souvenir d'un fait, d'une date. Ce n'est pas seulement que la solitude lui pèse. C'est bien qu'il prépare sa défense, mais sans documentation, sans dossier. Les lettres qu'il écrit à son épouse – incarcérée au quartier des femmes – sont évidemment destinées à être lues par les autorités, à être conservées pour la postérité, peut-être à « fuiter » dans la presse.

> Mon moral n'est pas entamé […]. Même en prison, j'aime mieux être en France qu'à l'étranger. Les haines finiront bien par tomber. Mais quel destin pour avoir servi mon pays ! Nous traversons la période la plus cruelle de notre existence, mais la justice se lèvera un jour […]. Il est triste, mais il est grand, de souffrir pour son pays[14].

Vers le 15 août, il rédige un « schéma », sorte d'aide-mémoire sur les accusations qu'il prévoit et les éléments de ses réponses. On y remarque son irrépressible tendance à la digression, à commencer par la place excessive faite aux événements antérieurs à 1940. On y remarque surtout que sa défense s'articule autour des « difficultés » dont il a dû s'accommoder et autour des responsabilités qu'il impute à quelques membres de ses gouvernements (Platon, Darnand, Darquier de Pellepoix...).

Pour l'heure, Laval n'a toujours pas d'avocat et ni lui ni sa famille ne semblent se soucier d'y remédier. Il comparaît devant le juge d'instruction de la Haute Cour le 13 août, sans avocat. Il se déclare néanmoins prêt à fournir toutes les informations utiles. Le juge évoque les documents saisis dans sa valise en Autriche, dorénavant placés sous scellés, et lui rend quelques lettres et photographies personnelles. Le 18 août, nouvelle comparution où Laval, toujours seul, explique assez longuement pourquoi il souhaite faire un exposé préalable sur sa politique antérieure à 1940. Il donne quelques réponses à des questions posées par le magistrat, annonce des réponses écrites pour d'autres, renvoie éventuellement à sa déposition au procès Pétain. Sur ce dernier point, le juge semble être d'accord, suggérant que sur l'ensemble des sujets on s'en tienne à cette déposition, sauf s'il y a quelque chose de particulier à ajouter. Laval ne remarque pas que cette proposition indique que tout aurait déjà été dit[15].

Les avocats

L'attitude de Laval est étonnante à bien des égards. Le juge d'instruction lui a, dès le 1er août, demander de se choisir un défenseur et, presque trois semaines plus tard, il ne l'a toujours pas fait. Ses codétenus se sont empressés de lui faire savoir que cette démarche est aussi essentielle qu'urgente, pour des raisons non seulement judiciaires, mais aussi pratiques. En effet, les avocats se chargent, en vertu d'une certaine tolérance, du courrier entre l'intérieur et l'extérieur de la prison, ainsi que des journaux. Ils peuvent effectuer des visites quotidiennes, là où la famille est limitée à une fois par semaine. Ainsi, pendant ces premières semaines, Ménétrel et Benoist-Méchin font passer des messages de Laval par l'intermédiaire de leurs propres avocats. Les moyens financiers de la famille de Laval sont importants : elle pourrait lui assurer les services d'un ou deux jeunes avocats, chargés des visites fréquentes et du courrier, et d'un ténor du barreau, qu'il s'agisse d'une vedette des assises ou d'un homme politique d'envergure, l'un ou l'autre susceptible d'attirer l'attention de la presse et du public. D'ailleurs, Josée de Chambrun rencontre le 6 août Me Floriot, un fameux avocat pénaliste. La veille, elle s'est entretenue avec deux bâtonniers qui, dans les circonstances inhabituelles de l'épuration, s'entremettent pour proposer des confrères. C'est pourtant une tout autre solution qui va être retenue, pour le plus grand malheur de l'accusé.

Pierre Laval, suivi en cela par sa fille Josée qui est à sa dévotion, s'est convaincu que lui-même, ancien avocat non dénué de succès, débatteur exceptionnel et, qui plus est, dans son bon droit, sera le mieux à même d'assurer sa propre défense. Il lui faut juste des collaborateurs aptes à se charger de la communication avec l'extérieur et des aspects juridiques obligatoires. Les avocats seraient des comparses destinés à entretenir le décorum pendant le « grand procès ». La mémoire de Laval, la force de ses arguments, les éléments constructifs apportés par ses anciens collaborateurs fourniraient la matière des plaidoiries. Il n'y aurait qu'à se laisser porter[16].

Pour ce faire, on recrute donc le plus jeune des collaborateurs du bâtonnier Poignard, Yves-Frédéric Jaffré, âgé de seulement 24 ans. Il passera presque ses journées à la prison et servira de secrétaire. L'étage supérieur est dévolu à deux trentenaires : Jacques Baraduc, un Auvergnat, fervent admirateur de Laval, lié à sa fille et à son gendre, et Albert Naud, qui, de par son parcours personnel, fournira la caution résistante. Dans la défense des inculpés pour faits de collaboration, ce dernier s'est caractérisé par une prudence dilatoire non dénuée d'efficacité : il n'aura pas ici à prendre d'initiatives. Pour faire bonne mesure, ils sont commis d'office. Laval les accueille avec plaisir, en tant qu'hommes sympathiques et dévoués, sans s'intéresser outre mesure à leurs compétences professionnelles. « Les avocats que vous et Josée avez choisis sont parfaits, écrit-il à son gendre. Ils m'aideront beaucoup et ils sont humains. Je me sens moins isolé avec leurs visites[17]. »

Les avocats, enfin, se présentent au président de la commission d'instruction de la Haute Cour qui leur donne des informations : l'essentiel des interrogatoires se fera en septembre et octobre. Il y aura vingt-cinq séances, selon un plan aussi simple que vaste : origines, consommation et exécution de la trahison… Tout le monde semble avoir oublié qu'un réquisitoire définitif a été pris le 13 juin (par contumace) et que la procédure à suivre ne sera par définition qu'un complément d'information. Baraduc planifie donc ses vacances, ainsi d'ailleurs que certains des juges d'instruction.

Les avocats rencontrent leur client pour la première fois le 22 août. L'administration de la prison leur ouvre une cellule voisine de celle de Laval pour servir de parloir réservé. C'est une appréciable faveur en temps de surpopulation carcérale. Néanmoins, l'ancien chef du gouvernement se plaint que le bruit fait par ses jeunes voisins, miliciens ou SS français, l'empêche de se concentrer sur l'écriture de ses notes de défense. Les trois avocats sont encouragés par l'allant, l'activité et la conviction de leur client. Ils prennent pour des manifestations de son tempérament aimable les questions qu'il leur pose sur eux-mêmes et sa tendance irrépressible au bavardage.

L'instruction

Laval a été profondément choqué par la lecture de l'acte d'accusation. Il le trouve mensonger, superficiel et infondé. Il entreprend de le réfuter point par point : sa fortune d'origine douteuse, sa haine contre l'Angleterre, ses affinités avec l'Italie fasciste, ses machinations en faveur de l'armistice, son action pour mettre à mort la République, l'intelligence avec l'ennemi, son retour au pouvoir sur diktat allemand, les persécutions contre les Juifs, les francs-maçons, les communistes, les résistants, sa fameuse déclaration « Je souhaite la victoire de l'Allemagne », sa politique pour contribuer à cette victoire, il peut tout expliquer. Il y consacre autant de soin que de temps, retravaillant ses textes avec Jaffré, tout en ayant promis à Baraduc de ne pas prendre le risque d'« instruire par correspondance » en remettant aux juges d'instruction trop de notes écrites[18].

Sans s'attarder sur le détail des arguments de Pierre Laval, on peut constater qu'on retrouve dans ces textes l'essence même et la faiblesse de sa défense : le ressassement d'une poignée d'idées fixes qu'il prend à tort pour des faits massifs emportant l'adhésion, l'insistance sur la justesse de sa politique des années 1930 qui aurait pu empêcher la guerre, la certitude que sa bonne foi excuse tout. Les premiers interrogatoires s'avèrent d'ailleurs inquiétants, si l'on veut bien y regarder de près. Le président de la commission d'instruction, Pierre Bouchardon, pose une question ou lit un document. Laval se lance dans un interminable monologue que le magistrat interrompt à peine. Il a apporté ses dossiers, fouille dedans, extrait un document ou une note. Il relit soigneusement les procès-verbaux, rectifie quelques formulations. Mais le silence de Bouchardon ne signifie ni qu'il est bienveillant, ni qu'il s'attache à réussir un « procès historique ». Il rejoue tout bonnement une partie déjà jouée vingt-cinq ans plus tôt, quand il instruisait contre un autre ancien président du Conseil, Joseph Caillaux, lui aussi accusé d'intelligence avec l'ennemi, mais durant la Première Guerre mondiale.

> Dès ses premiers mots, je compris à merveille le système de défense. Sous quelque éloquence ou quelque indignation de commande qu'il l'ait masqué, ce fut toujours le même refrain [...]. J'ai entendu l'ancien président du Conseil cinquante-trois fois et je ne crois pas que l'interrogatoire le plus court ait duré moins de quatre heures. Que de temps perdu et de

papier inutilement noirci ! [...] Rien qu'à entendre,
M. Caillaux était agaçant à un degré rare. À le relire,
il me donnait des crispations. Pourtant, dans ses
réponses, il y avait des faits, des dates, des noms
propres. Et tout cela n'était que mirage [...]. Il avait
l'art de saisir au vol l'incident, de déplacer immédiatement le débat, avec la prestesse d'un escamoteur[19].

L'analogie est établie par Laval lui-même, qui
demande qu'on lui apporte le livre que Caillaux lui
avait dédicacé, *Mes prisons*, où l'homme politique
protestait de son innocence douloureuse, brocardait
fielleusement Bouchardon, démolissait la thèse du
complot avancée par ce même procureur Mornet qui
la développe aujourd'hui contre Laval, et présentait
comme un acquittement sa condamnation à trois ans
de prison. Mais Laval, au lieu de suivre son instinct,
y compris dans ce qu'il peut lui suggérer d'inquiétant,
préfère espérer pour lui-même un triomphe semblable
à celui que Caillaux s'attribue devant la Haute Cour :

> La parole me fut enfin donnée. Quand mon dis-
> cours fut terminé, j'aperçus dans le Sénat une de ces
> vastes oscillations, une de ces grandes houles que je
> connais, qui secouent les réunions d'hommes quand
> une conviction les a pénétrés. J'entendis retentir les
> cris de « Vive Caillaux ! ». Je vis des larmes dans la
> salle, tandis que les tribunes éclataient en applaudis-
> sements[20].

Car c'est cela dont Laval a rêvé : le Sénat de la
IIIe République érigé en Haute Cour, dont il sortirait
blanchi et même applaudi. « Si mon procès devait
avoir lieu au Sénat, je m'y sentirais tout à fait à l'aise.

Je pourrais indifféremment parler de la tribune ou de ma place[21]. »

« C'est l'acquittement que nous voulons », a effectivement déclaré Josée de Chambrun aux avocats. Laval envisage un éventuel bannissement comme celui qui a frappé le ministre de l'Intérieur Malvy en 1918. Mieux encore, il aimerait pouvoir être jugé par un panel de cent Français pris au hasard. Pour lui, c'est un leitmotiv qu'il ne résiste pas à l'envie de tester sur les rares Français qu'il a sous la main : gardiens de prison et inspecteurs de police assurant les transferts. « Il m'a fait beaucoup de confidences, témoignera un gardien, m'a fait lire des lettres, m'expliquant le grand nombre de services rendus à des personnes qui avaient des ennuis avec les autorités allemandes[22]. » Il reconstitue sur une échelle minuscule l'ambiance électorale ou les conciliabules de couloir qui sont son univers depuis trente ans. Avec d'apparents succès qui le confortent dans ses choix. Toute approbation, même due à l'indifférence, à la politesse ou à la pitié, lui semble une significative victoire. Il essaie ses arguments et ses formules mêmes, monnayant de la chaleur humaine contre des bavardages et des cigarettes[23]. En plus de ses avocats, il parle amicalement avec tous ceux que la nécessité de voir un client amène au parloir. De tous ses entretiens informels, sa confiance sort grandie au-delà du raisonnable.

Le 6 septembre, Laval est confronté aux membres de la commission d'instruction issus de l'Assemblée consultative provisoire. L'interrogatoire est finalement assez bref, car ils marquent leur impatience lors des longs tunnels de réponses.

Un second magistrat instructeur, Pierre Béteille, a succédé à Bouchardon. Lui aussi s'abstient d'interrompre Laval, qui dicte littéralement au greffier, comme si l'exercice était devenu une pure formalité. En fait, à la mi-septembre 1945, l'instruction semble enlisée. Laval, qui n'a jamais été un homme de dossiers, relâche son effort et passe le plus clair de son temps à bavarder avec ses avocats. Des rumeurs commencent à filtrer dans la presse, qui annonce la prochaine clôture de l'instruction. Les interrogatoires se multiplient et se prolongent, menés par les magistrats en charge, à la Haute Cour, des différents départements ministériels. On interroge Laval sur la flotte marchande, les Antilles, la mise en liberté des assassins de Marx Dormoy, la livraison aux Allemands de l'*Agneau mystique* de Van Eyck, des actions des mines de Bor, sur la législation antisémite. La dispersion est totale, manifestant l'abandon du plan initial. Le 22 septembre, après une journée entière d'interrogatoire, Laval proteste : « Je ne veux pas quitter votre cabinet sans exprimer ma profonde surprise et mon amer regret d'apprendre que mon instruction serait brusquement close[24]. » Effectivement, le 26, l'additif à l'acte d'accusation du 13 juin 1945 vient clore ce qui ne fut jamais qu'un complément d'information. Ce document prend en compte le système de défense adopté par Laval, en le résumant de façon pertinente :

> Dans ces conditions, dit [Laval], j'ai fait la seule politique possible, celle qui consistait à s'entendre avec le vainqueur [...]. Au surplus, ajoute-t-il, tout ce que j'ai concédé, les Allemands l'auraient imposé de

force. J'ai jugé plus habile de me donner l'apparence de le faire de mon propre gré, afin d'obtenir des compensations.

Mais c'est pour mieux le réfuter en arguant que Laval a commis, au moins, un crime moral contre la Nation :

> Cette politique nous a mis dans une position avilissante, chose impardonnable [...]. Elle nous a causé un préjudice moral et matériel dont la France, malgré ses immenses sacrifices et sa contribution à la victoire commune, supporte aujourd'hui les conséquences[25].

L'auteur de ces lignes, le procureur Mornet, est convaincu que la trahison de Laval s'est déroulée sous les yeux des Français depuis 1940. Point n'est besoin d'enquêter plus longtemps quand le flagrant délit a été commis devant le monde entier.

Le début du procès est fixé au 4 octobre 1945. La consternation s'empare des avocats de Laval, bien près de céder à la panique en constatant qu'ils sont incapables de faire face. Ils ont huit jours pour rassembler les documents, établir la liste des témoins, écrire leurs plaidoiries. C'est évidemment impossible. D'où leur idée de forcer l'obtention d'un report en jouant de la violation des droits de la défense. S'emparant des vacances du juge Béteille, qui les empêcheraient d'accéder au dossier, ils décident qu'une fois devant la Haute Cour, ils demanderont le renvoi à une date éloignée. De ce fait, ils négligent de préparer la défense de leur client, qui ne s'en préoccupe pas non plus. Laval n'en aurait d'ailleurs pas le temps : il est sans cesse convoqué par les juges d'instruction qui semblent bien persuadés de tenir là leur ultime chance de recueillir son témoignage. Il est aussi souvent amené à voir le dentiste qui lui prépare à la hâte une prothèse avant son procès.

Le procès

Au jour dit, le procès commence devant la Haute Cour de justice, avec, au préalable, le tirage au sort des jurés.

Pendant des décennies, la famille de Laval a soutenu que, parmi les nombreuses irrégularités dont est entaché le procès, figure la constitution factice du jury. À cette époque, la Haute Cour comprend un jury de vingt-quatre titulaires et huit suppléants, composé pour moitié de parlementaires de la IIIe République n'ayant pas voté les pleins pouvoirs à Pétain le 10 juillet 1940, et, pour l'autre moitié, de personnalités issues de la Résistance. Il est formé par tirage au sort dans ses deux « collèges ». La famille de Laval prétend que le nombre de jurés nécessaire fut à peine réuni et que le tirage au sort fut purement formel. Ce qui est vrai, c'est qu'alors que la campagne électorale pour la désignation de l'Assemblée constituante touche à sa fin, les jurés potentiels ne sont pas très motivés à l'idée de consacrer leur temps à juger Laval dont la cause, de l'avis général, est d'ores et déjà entendue. Ce qui est vrai aussi, c'est que Laval a pour sa part décidé de ne récuser personne, pour faire la démonstration de sa bonne volonté à être jugé par n'importe quel Français. Il est suivi par ses avocats, qui commettent la même erreur que ceux de Pétain en n'essayant pas de limiter la présence des communistes dans le jury. Ce qui est faux, toutefois, c'est qu'il y ait eu exactement autant de jurés potentiels présents que de jurés à tirer au sort. Sauf à considérer que les procès-verbaux ont été falsifiés, il y avait dix-huit jurés parlementaires présents pour douze jurés et quatre suppléants à désigner. Et il y avait vingt-quatre jurés résistants présents pour seize jurés à désigner. La marge était étroite, mais elle existait[26].

Pour autant, le résultat de ce tirage au sort est très défavorable à Laval. Parmi les jurés parlementaires figurent six communistes, cinq socialistes SFIO et seulement deux ou trois parlementaires « à l'ancienne » dans lesquels Laval avait placé ses espoirs. Quant aux jurés résistants, ils offrent un profil plus varié, mais plusieurs ont vu des membres de leur famille exécutés sous l'Occupation. Certains vont exprimer pendant le procès leur animosité à l'encontre de Laval. Enfin, onze des jurés ont déjà siégé au procès de Pétain, qui s'est conclu par une condamnation à mort. En compensation, les proches de Laval ont essayé de composer une salle favorable qui manifestera à plusieurs reprises, accroissant la méfiance des jurés.

À ce mauvais jury s'ajoutent les conditions mêmes du procès. Il s'ouvre le 4 octobre. Les élections auront lieu le 21. Le président de la Haute Cour a déclaré à la presse : « Nous siégerons s'il le faut le matin, l'après-midi et le soir, mais tout sera terminé avant les élections. »

À l'ouverture du procès, les avocats de Laval sont absents. Ils font connaître par lettre que la sérénité des débats n'étant pas assurée, ils ne veulent pas y prendre part. On peut croire à une position de principe, mais à la reprise, en dépit d'une commission d'office, ils ne sont toujours pas là. Or, contre toute attente, le président, avec l'assentiment du procureur et d'une majorité du jury, décide de passer outre. Le premier volet de la stratégie a échoué.

D'emblée, les incidents se multiplient entre l'accusé et la cour. Laval, très provocant sur le mode pratiqué au Parlement, veut susciter des troubles qui justifieront suspensions et report. La cour, très prévenue contre lui, est tout aussi décidée à ne pas le laisser prendre l'avantage. Pourtant, l'entregent de Laval est tel qu'il parvient à s'emparer de la parole. Il affirme à plusieurs reprises que, dès lors qu'il aura pu s'expliquer, on lui rendra justice. Il expose longuement et commence la lecture de nombreux documents, jusqu'à susciter un nouvel incident quand le président décide qu'il a assez parlé pour le moment.

Les questions du président et du procureur le mettent parfois en difficulté, mais il retrouve la prolixité de sa déposition au procès Pétain et fait jeu égal avec les jurés parlementaires. Confronté aux documents qu'il a signés, aux discours qu'il a prononcés, il se défend en prétextant ne pas s'en souvenir et déclare qu'on lui impute plus qu'il n'a fait ou dit : « Vous n'y étiez pas, M. le président, vous ne pouvez pas authentifier ces paroles[27]. » À l'issue d'une courte suspension, Laval, arguant d'une fatigue assez naturelle et de sa solitude, commence à négocier, sans que l'on comprenne s'il veut du repos, de l'aide, un délai, un complément d'information, un report, et mêlant à sa longue intervention des éléments de sa défense, avant de finir par dénoncer les conditions de son procès. Au fur et à mesure qu'il s'échauffe, des jurés le coupent par des commentaires incisifs, mais c'est le président qui, à bout de patience devant l'emportement de l'accusé devenu intarissable, qui crie et frappe son pupitre, ordonne qu'on l'expulse. Dans la salle, un jeune homme applaudit Laval tandis qu'on le fait sortir*. Des jurés réagissent :

— Arrêtez-le.
— C'est la Cinquième colonne, la clique.
— Il mérite, comme Laval, douze balles dans la peau.

Laval cherchait l'incident. Il l'a obtenu. Il croit avoir ainsi trouvé le moyen de faire remettre le procès où il vient de découvrir, contre toutes ses illusions, qu'on va bel et bien le juger sur les lois qu'il a signées et les propos qu'il a publiquement tenus.

Le lendemain, le procès reprend sur des bases, semble-t-il, nouvelles. Laval est revenu dans le box des accusés avec ses avocats à ses côtés. Le président le met en garde contre de nouveaux dérapages. La Haute Cour paraît avoir gagné. Les avocats commencent par expliquer avec force détails les raisons de leur retour, non sans provoquer plusieurs incidents sérieux avec des jurés, le président, le procureur et même le bâtonnier, en essayant tout à la fois de contester la Haute Cour, le procès, l'instruction, les conditions de détention de Laval au dépôt et l'indépendance des magistrats. On comprend qu'ils ne sont pas revenus pour assurer la défense de leur client,

---

* Il s'agit du fils de l'ancien ministre de Vichy très proche de Laval, Pierre Cathala.

mais pour obtenir par tous les moyens que le procès soit repoussé. Laval lui-même se met de la partie, comme s'il participait à un débat parlementaire agité, et non à son propre procès. Le procureur le rappelle soudain à la réalité :

> Que vient-on nous parler de témoignages nécessaires ? Que vient-on nous parler de faire appel au témoignage de tel ou tel parlementaire, de rechercher tel ou tel document, que sais-je encore ? Mais tous ces documents, ils sont sous vos yeux comme ils sont sous les yeux du public depuis le mois de septembre 1939 et depuis le mois de juillet 1940 [...]. On fait le procès de sa politique, en ce que cette politique avait de criminel en elle-même, sans qu'il soit nécessaire d'en chercher les dessous, sans qu'il soit nécessaire de chercher quels mobiles plus ou moins tortueux pouvaient l'inspirer [...]. Non, Messieurs, l'instruction est terminée. Elle a été terminée le jour de la Libération[28].

Laval est acculé. Ni lui ni ses avocats ne veulent plaider sur le fond. De toute façon, ils ne sont pas prêts. Alors, au rythme des successifs dépôts de conclusions, arrêts de la cour, demandes de publication des débats au *Journal officiel*, contestations de la validité des pièces, des témoignages, l'interrogatoire ne reprendra jamais. Laval et ses défenseurs ne cessent de revenir toujours et encore sur la nécessité de recommencer l'instruction, de retrouver des archives en France ou à l'étranger, de faire venir des kyrielles de témoins, de parler des années d'avant guerre. Il devient de plus en plus clair qu'ils vont faire tout leur possible pour éviter d'aborder ce que fut l'action de Laval entre 1940 et 1944. L'accusé s'adresse même directement aux jurés pour leur demander s'ils ne souhaitent pas une suspension. Il y aura toujours une sollicitation, une récrimination, un incident pour interrompre les débats qui reprennent avec peine ou en dévier le cours.

Laval :	Vous avez dans les scellés un document que je vous ai demandé hier, M. le Premier, de bien vouloir communiquer à ces messieurs [...]. Il s'agit du compte rendu de la séance secrète de l'Assemblée nationale qui a eu lieu le 10 juillet, dans la matinée, à Vichy. Ce compte rendu est officiel – non pas celui que vous avez mais celui qui est aux scellés. Car celui que vous avez – j'ai aussi une mémoire visuelle – a été fait en mon absence. [...] J'avais cru avoir perdu à un moment donné mon document. Je croyais qu'on me l'avait volé. Je l'ai retrouvé plus tard. Entre-temps, j'avais fait faire aussi, comme l'instruction a voulu le faire, un compte rendu de cette Assemblée et j'ai constaté des différences [...]. Vous verriez si vous aviez mon scellé que vous n'avez pas. Je crois qu'il est sous clef dans un placard et que le propriétaire de la clef est en vacances. C'est M. Béteille, c'est dommage.
Le procureur :	Le voilà.
Laval :	Non, ce n'est pas ça. Faites voir. Ah ! c'est peut-être ça tout de même.

| Le procureur : | Oui, c'est ça. |
| Laval : | Mais je n'en suis pas sûr. Je vais vous dire, si c'est ça. C'est bien celui-là, il n'y a plus de question[29]. |

Comme lors du procès du maréchal Pétain – dont tant de protagonistes étaient identiques –, l'interrogatoire, quand il parvient à s'engager, se consacre au vote de l'Assemblée nationale qui, le 10 juillet 1940, a confié les pleins pouvoirs à Pétain, à l'instigation de Laval. Pour ce dernier, la partie est compliquée par la présence dans le jury de parlementaires qui ont participé aux séances de l'Assemblée et pris part au vote. Ils le contrecarrent par des questions embarrassantes et des contradictions qui le laissent sans argument. C'est une situation inédite, en termes de droit, que ces jurés témoins que le législateur a voulus pour surmonter la complexité des grands procès politiques.

À chaque fois qu'il reprend la parole, Laval fait des digressions, place des morceaux de sa défense, n'en retrouve pas d'autres dans ses dossiers, essuie quelques passes d'armes avec le procureur, le président ou des jurés. Au fil des heures, les incidents s'espacent, puis disparaissent. Au soir du deuxième jour d'audience, tout porte à croire que le procès va aller à son terme sous une forme presque normale.

Au début de la troisième audience, le 6 octobre, le président essaie de reprendre l'interrogatoire là où il avait été interrompu. Mais Laval, profitant qu'il a la parole, recommence à se plaindre des défauts de l'instruction et à réclamer qu'elle reprenne. Le procureur réplique, pour prouver qu'il n'est pas dupe : « S'il était besoin de montrer, une fois de plus, le désir de Pierre Laval de continuer indéfiniment ces débats... » L'accusé perd alors son sang-froid ou, peut-être, choisit de le perdre : on lui reproche les lois qu'il a signées ? Mais les magistrats les ont appliquées ! Ses avocats embrayent : les pièces du dossier ne leur ont pas été communiquées. Des cris fusent dans la salle. Des jurés protestent : assez de mesures dilatoires, il faut en revenir à l'interrogatoire sur le fond. En quelques minutes, le procès dégénère. Laval refuse de répondre aux questions, veut parler d'autre chose, s'exclame qu'on l'empêche de se défendre. Le président multiplie les mises en garde. Des jurés sortent de leurs gonds en voyant Laval s'enfermer dans une obstruction systématique.

Laval :	Je ne me crois pas assuré de l'impunité, mais il y a quelque chose qui est au-dessus de nous tous, au-dessus de vous, c'est la vérité et c'est la justice dont vous devez être l'expression...
Bedin (juré) :	Elle passera, la justice !
Laval :	Elle passera, oui ! Mais la vérité subsistera.
Un juré :	Elle sera française !
Le président :	Quelqu'un aura le dernier mot : c'est la Haute Cour.
Laval :	Vous l'avez !
Le président :	Vous ne voulez plus répondre ?
Laval :	Non.

Le président :	Réfléchissez bien à l'attitude que vous prenez... Vous ne voulez pas répondre à mes questions ?
Laval :	Non, M. le président, devant votre agression, devant la manière dont vous m'interrogez ; vous formulez les questions et les réponses.
Le président :	L'audience est suspendue.

Dans le brouhaha de la sortie de la cour, Laval et certains jurés s'invectivent :

— C'est vous, le provocateur.
— Salaud.
— Douze balles.
— Il n'a jamais changé !
— Non, je ne changerai pas maintenant ! Les jurés ! Avant de me juger ! C'est formidable !
— On vous a déjà jugé et la France vous a jugé aussi[30] !

En fait, durant la soirée et la nuit précédentes, Laval a décidé de revenir à la stratégie initiale : faire interrompre et reporter le procès, quel qu'en soit le moyen. Le 5 octobre, il s'est prêté à l'interrogatoire et a dû en déduire que, ni sur le fond ni sur la forme, il n'avait de quoi se défendre. Aussi, dès le début de la nouvelle audience, il a délibérément provoqué l'incident et cherché une rupture décisive. Ses efforts semblent couronnés de succès : il s'est fait menacer d'expulsion, des jurés l'ont publiquement insulté et menacé de mort. Il pense tenir sa remise et, à la reprise de l'audience, il annonce se retirer et ses avocats avec lui : « Je peux être la victime d'un crime judiciaire. Je n'en veux pas être le complice. J'aime mieux me taire[31]. »

Or le président décide de passer outre leur absence et de poursuivre les débats. Le procès prend une tournure fantomatique durant les deux dernières journées. Les quelques témoins à charge ne savent quelle contenance adopter, les témoins à décharge ne sont pas là. On meuble en faisant lire par le greffier des dépositions et des interrogatoires de Laval. Les débats se résument à un dialogue entre le président et le procureur. Ce dernier prononce, comme si de rien n'était, un réquisitoire argumenté et efficace. Il demande la peine de mort. Aucun avocat n'est présent pour plaider. L'accusé absent ne peut avoir le dernier mot, mais il a fait tenir une lettre au président qui en donne lecture. Contrairement à ce qu'on aurait pu croire, les jurés délibèrent plusieurs heures. Le 9 octobre 1945, Pierre Laval est condamné à mort pour complot contre la sûreté de l'État et intelligence avec l'ennemi.

La course à la grâce

Pendant que le procès se poursuivait hors de leur présence, Laval et ses avocats ne sont pas restés inactifs, ne sachant, en définitive, s'ils avaient fait le bon choix. Après leur retrait, ils ont retrouvé Me Isorni, l'un des défenseurs de Pétain, qui les a encouragés dans leur décision. Peut-être même a-t-il pesé en amont, car il était en relation avec les Chambrun depuis plusieurs mois. Or Isorni est non seulement un habitué des stratégies de rupture, mais c'est un militant qui n'hésite pas à sacrifier l'intérêt individuel de ses clients aux causes qu'il estime supérieures[32]. Les avocats de Laval doutent et se divisent. Baraduc aurait voulu que les jurés soient remplacés, ce qui aurait conduit à un report. Naud aurait souhaité plaider, redoutant la catastrophe finale. Le déroulement du procès est si inhabituel que le ministre de la Justice a reçu les avocats à la veille du verdict pour les inciter à revenir dans le prétoire. Laval lui-même a hésité, avant de s'accrocher encore à sa certitude d'avoir raison. La condamnation à mort a répondu à sa stratégie.

Sur le principe, Pierre Laval ne refuse pas de signer un recours en grâce. Il croit encore en une tout autre logique selon laquelle le général de Gaulle, chef du gouvernement provisoire, casserait l'arrêt de la Haute Cour de justice pour vices de forme. Il rêve toujours de voir la procédure reprise au début, depuis l'instruction, et d'imposer sa vision des événements, dans le procès qu'il a imaginé. Il s'attelle à une longue réfutation de l'arrêt de la Haute Cour. Durant la traditionnelle audience accordée par de Gaulle aux avocats d'un condamné à mort, le 12 octobre, les défenseurs de Laval demandent d'ailleurs l'annulation, n'ayant guère d'autres arguments pour sauver la vie de leur client. Effectivement, le Général, qui a, dans son dossier, la sténographie de plusieurs audiences, consulte son ministre de la Justice sur l'opportunité de refaire le procès. Le ministre tranche dans le sens de l'application de la sentence, puisque les incidents qui ont émaillé les audiences, pour regrettables qu'ils soient, ont été en fait provoqués par Laval dans l'espoir d'un report, suivant l'interprétation que le président de la Haute Cour donne jusque dans ses interviews à la presse[33].

Le lendemain de leur entrevue avec le Général, les avocats lui adressent encore trois lettres d'arguments éperdus[34]. Pendant ces quelques jours, les avocats et plus encore la famille de l'ancien chef du gouvernement se démènent pour gagner à leur cause des hommes politiques de renom ou des autorités morales. Certains se montrent accessibles à la pitié, d'autres restent lucides : « Vous ne pensez tout de même pas sauver votre père[35] ? » La lecture des journaux, hostiles ou avides de sensationnel, prouve que les circonstances n'ont en rien amélioré l'image de Laval. Chacun attend l'exécution comme une évidence.

Le samedi 13 octobre, on apprend qu'il n'y aura pas de grâce. Laval se presse de mettre la dernière main à sa défense posthume. Il écrit à de Gaulle une lettre de huit pages (qu'il n'enverra pas), dans laquelle il proteste contre cette hâte à vouloir le fusiller pour le faire taire : « Rien pourtant n'empêchera les Français de comprendre qu'on a voulu leur cacher quelque chose [...] je ne craignais rien et j'aurais désarticulé et détruit tous les griefs retenus[36]. »

L'exécution

Après sa condamnation, Laval a été transféré au quartier des condamnés à mort de la prison de Fresnes. On l'a dispensé du port des chaînes (parce qu'il souffrait de volumineuses varices) et les habituelles mesures de précaution ont été allégées. Il passe ses journées avec ses avocats, singulièrement le plus jeune d'entre eux, qui lui décrit tout ce qu'il sait du déroulement des exécutions. « L'ennui, conclut Laval après cet exposé, c'est qu'on vous tue salement[37]. » Il insiste auprès de tous pour être prévenu du jour de sa mort, mais ni les gardiens ni les avocats ne s'y risquent. C'est l'ancien journaliste et conseiller municipal de Paris, en préventive pour intelligence avec l'ennemi, Georges Prade, qui, mis au courant de par ses fonctions de délégué du service social, l'avertit le 14 octobre vers 18 heures qu'il sera fusillé le lendemain matin[38]. Laval le retient, lui parle de sa femme et de sa fille, de son amour pour la terre, de son patriotisme. Dans la nuit, il écrit plusieurs lettres d'adieu.

Le matin du lundi 15 octobre 1945, des forces de police nombreuses sont positionnées aux abords de la maison d'arrêt. À 8 h 20, le major de la place de Paris se présente à la prison de Fresnes, accompagné du procureur Mornet et du président de la commission d'instruction de la Haute Cour. Les avocats de Laval sont là. Les formalités de levée d'écrou accomplies, le petit cortège se dirige vers la cellule où le procureur entre le premier. Le condamné est étendu sur sa couchette, le visage tourné vers le mur. Quand Mornet lui annonce qu'il va lui falloir du courage, car son heure est venue, il paraît ne pas réagir. Mᵉ Albert Naud intervient, craignant, confessera-t-il, que Laval ne soit pris de terreur et qu'il faille le traîner au poteau : « Pour vous, pour vos avocats, pour l'Histoire, soyez courageux ! » À sa consternation, Laval réplique : « On ne me dit pas des choses comme ça, à moi » et sa tête disparaît sous la couverture. L'avocat insiste, affolé : « Je vous en prie, monsieur, un peu de dignité ! Il ne vous reste plus qu'à bien mourir. » Laval tourne alors difficilement la tête et les hommes entrés dans la cellule, découvrant ses yeux éteints, sa bouche ouverte dans un rictus, comprennent aussitôt qu'il s'est suicidé. Une petite ampoule tombe sur le sol. Bientôt on trouve, sur la tablette, une lettre confirmant que Laval a choisi de s'empoisonner avec un produit qu'il avait en sa possession avant même d'être incarcéré. On dira que, par cette précision, il a voulu protéger celui qui, au dernier moment, lui avait procuré le poison. Mais il semble qu'il se soit muni de cyanure pendant l'Occupation, peut-être même au moment de rencontrer Hitler à Berchtesgaden en novembre 1942. En tout cas, le jour où il avait été sommé par le gouvernement espagnol de quitter le pays, ses compagnons étaient intervenus pour l'empêcher d'attenter à sa vie, ce qui suggère qu'il était bien en possession d'un poison[39]. Cette longue détention de l'ampoule de cyanure pourrait expliquer que le produit ait été altéré et n'ait pas suffi, en octobre 1945, pour tuer l'ancien chef du gouvernement.

> Je n'accepte pas, a-t-il expliqué, la souillure d'une exécution puisqu'il s'agit d'un meurtre. J'entends mourir à ma manière, par le poison, comme les Romains. C'est mon dernier acte pour protester contre la sauvagerie.

Mais, dès ce moment, il n'est pas question pour les autorités ni de lui laisser réussir son suicide, ni de surseoir à l'exécution. L'interne en médecine, toujours présent pour les départs des condamnés en cas de malaise, et le médecin légiste commis pour assister à l'exécution examinent Laval. L'interne recueille l'ampoule pour faire analyser le contenu résiduel. Une heure plus tard, on aura la confirmation qu'elle contenait du cyanure de potassium.

Laval pousse de terribles râles. L'agonie est-elle commencée ou la mort se refuse-t-elle ? Décision a été prise de tenter de le réanimer. Le légiste s'étant récusé, l'interne et deux médecins de la prison pratiquent pendant presque trois heures des lavages d'estomac, tout en lui injectant des toniques cardiaques. Par moments, Laval reprend conscience et demande qu'on le laisse tranquille, mais il répond de bonne grâce aux questions des médecins. Magistrats, avocats, directeurs de la prison et de l'administration pénitentiaire, préfet de police arrivés en renfort font les cent pas dans le couloir, puis se dispersent dans les bureaux pour téléphoner et se concerter dans une intense fébrilité.

Pendant ce temps, la routine de la prison a été interrompue. Les portes des cellules, ouvertes pour la distribution du Viandox du matin, ont été précipitamment refermées, les œilletons ont été occultés. Les détenus tendent l'oreille, mais après un fort remue-ménage perceptible au rez-de-chaussée, ils n'entendent plus rien. À 9 h 45, un gardien vient derrière les portes de la 1re division (quartier de la Haute Cour) chuchoter que Laval s'est empoisonné. Pendant ce temps, le procureur Mornet est en ligne avec le ministre de la Justice pour l'informer de la tentative de Laval :

Depuis une heure et demie, il paraît entre la vie et la mort. Cependant, à l'instant même, c'est-à-dire à 9 heures 15, on annonce que son pouls remonterait un peu. En tout cas, pour l'instant, si l'absorption n'était pas suivie d'effet mortel, il paraît transportable sur le lieu de l'exécution. La question se pose de savoir s'il en sera autrement d'ici quelques heures[40].

Vers 10 heures, le pain et le Viandox sont distribués de cellule en cellule. Une heure plus tard, quelques rares avocats sont autorisés à entrer pour voir leurs clients au parloir. La nouvelle se propage.

Peu après 11 heures, Laval recouvre ses esprits. Il est interrogé par un commissaire de police qui cherche à savoir qui lui a procuré le cyanure. Laval répond qu'il le cachait depuis longtemps dans la poche intérieure recousue de son manteau.

Le processus qui préside aux exécutions reprend son cours. Laval se confesse et reçoit l'absolution. Deux religieuses l'aident à passer difficilement ses vêtements civils, y compris la célèbre cravate blanche dont il avait fait sa marque. Au vu de son état de faiblesse, il semble improbable de lui faire atteindre le fort de Châtillon, distant de huit kilomètres, où sont fusillés les condamnés. Après qu'un magistrat a piteusement suggéré de le transporter en brancard et de le fusiller assis sur une chaise, on adopte, sans doute avec l'accord du gouvernement, le compromis consistant à l'exécuter dans l'enceinte de la prison, au lieu-dit du Château d'eau où il est conduit en voiture cellulaire. Il remonte le couloir en s'appuyant sur ses avocats, parfois secoué de violents haut-le-cœur.

Un gardien suit avec une chaise. On se hâte, au cas où il ferait un nouveau malaise : en six minutes, le transfert est effectué. Il dit quelques derniers mots, embrasse ses avocats, se tourne vers l'aumônier. Il est conduit au poteau, on lui lie les mains, la salve retentit, le coup de grâce est donné. Pierre Laval a bien été exécuté[41].

Une clameur monte de la prison : « Assassins ! » Les badauds, qui attendaient à l'extérieur de la maison d'arrêt le passage du fourgon cellulaire, ont eux aussi entendu les coups de feu. Un jeune reporter radio, nommé Pierre Sabbagh (fils de la résistante déportée Agnès Humbert) les a même enregistrés au cours de son reportage. « 12 h 39, conclut-il. Pierre Laval a expié[42]*. »

La presse issue de la Résistance se félicite dans son ensemble de la mort du traître, sans trop s'attarder sur les circonstances inouïes de son exécution. « Nous ne nous laisserons pas aller, commente la célèbre chroniqueuse judiciaire Madeleine Jacob, à un accès de sensiblerie déplacée sur les conditions de l'exécution. Nous ne sommes pas de ceux qui oublient que les meilleurs d'entre nous sont tombés sous les balles nazies des pelotons d'exécution ou sous le couperet du bourreau de Vichy[43]. »

L'exécution de Pierre Laval clôt de manière catastrophique la première phase des grands procès de l'épuration, installant dans le public un indéfectible sentiment de déception. Pour autant, rien ne semble pouvoir réhabiliter la mémoire de l'ancien chef du gouvernement, le « traître », le « négrier ».

---

* La mort de Pierre Laval a en fait eu lieu à 12 h 31 ou 32.

Notes

Abréviations utilisées

ADY   Archives départementales des Yvelines

AJM   Archives de la justice militaire

AN   Archives nationales

BDIC   Bibliothèque de documentation internationale contemporaine

CDJC   Centre de documentation juive contemporaine

SHD   Service historique de la Défense

1. Vichy, une capitale improbable
1940-1944

1. Maurice Martin du Gard, *La Chronique de Vichy*, Flammarion, 1948, p. 147.

2. AN-2AG459. Sous cette cote sont regroupés les documents des cabinets du maréchal Pétain ayant trait à l'organisation du travail et à la gestion des locaux.

3. *Ibid.*

4. AN-F^{60}291.

5. Entretien du 1er décembre 1941 à Saint-Florentin-Vergigny [entre Pétain et Goering], exemplaire n° 3/6, secret et personnel (AN-2AG673/1).

6. Scellé n° 42. Extraits du livre découvert chez Gueydan de Roussel (AN-Z6/289).

7. ADY-300W11 et AN-F⁶⁰291.

8. AN-F⁶⁰291. Voir le chapitre 4.

9. Maurice Martin du Gard, *La Chronique de Vichy, op. cit.*, p. 183-184.

10. AN-2AG459.

11. AN-F⁶⁰291.

12. AN-2AG459.

13. *Ibid.*

14. René Benjamin, *Les Sept Étoiles de France*, Plon, 1942, p. 67.

15. Direction des Renseignements généraux, procès-verbal d'audition d'Henry du Moulin de Labarthète, 19 octobre 1946 (AN-3W359).

16. Chiffre confirmé par le témoignage de son directeur de cabinet civil, Henry du Moulin de Labarthète, entendu par les Renseignements généraux le 19 octobre 1946, doc. cit.

17. Jacques Saint-Germain, « Une journée du Maréchal à l'hôtel du Parc », *Le Maréchal*, n° 203, 2001. Il s'agit à l'origine d'un article pour le bulletin d'un organisme de propagande gouvernemental de Lille, publié en 1942.

18. *Sept jours*, 22 mars 1942.

19. Lettre du Dr Paul Voivenel au Dr Bernard Ménétrel, 23 juin 1942 (AN-2AG77).

20. Henry Bordeaux, *Histoire d'une vie*, t. 12, Plon, 1971, p. 122 (13 mai 1941).

21. AN-2AG136. Cette cote comprend la liste de tous les participants aux audiences du jeudi.

22. Ses revenus déclarés sont de 158 500 francs en 1939, 963 800 francs en 1940 et environ 1,8 million de 1941 à 1943 (Herbert Lottman, *Pétain*, Seuil, 1984, p. 281).

23. Direction de la sécurité du territoire. Synthèse des renseignements possédés sur Jean Degans, 21 mars 1947 (AN-F⁷15300).

24. SHD-GR28P2/121.

25. Renseignements généraux. Le commissaire de police de Vichy-Sud au juge d'instruction de Cusset, Vichy, 26 novembre 1944 (AN-F⁷15300).

26. Charles de Gaulle, *Mémoires*, Gallimard, 2000, p. 568.

2. Les discours du Maréchal en quête d'auteur(s)
1940-1944

1. Général Serrigny, *Trente ans avec Pétain*, Plon, 1959, p. 82-83.

2. Georges Loustaunau-Lacau, *Mémoires d'un Français rebelle*, Robert Laffont, 1948, p. 76.

3. Lettre de Philippe Pétain à Charles de Gaulle, 25 juillet 1929, *En ce temps-là de Gaulle*, n° 15, 1972.

4. Henry du Moulin de Labarthète, *Le Temps des illusions*, À l'enseigne du cheval ailé, 1946, p. 92, et M.-A. Pardee, *Le maréchal que j'ai connu*, Éd. André Bonne, 1952, p. 21.

5. Charles Rist, *Une saison gâtée*, Fayard, 1983, p. 199.

6. Lettre du maréchal Pétain, chef de l'État, à Jules Jeanneney, Vichy, 17 août 1944 et « Le Maréchal de France, chef de l'État », 2 pages dactylographiées, signature manuscrite (AN-2AG673).

7. « Souvenirs de Clotilde Madelin », *Le Maréchal*, n° 223, décembre 2007.

8. Jérôme Carcopino, *Souvenirs de sept ans*, Flammarion, 1953, p. 309.

9. Présentation du message du 13 octobre 1941, Philippe Pétain, *Discours aux Français, 1940-1944*, édition critique établie par Jean-Claude Barbas, Albin Michel, 1989, p. 194.

10. Discours du 8 juillet 1942, *ibid.*, p. 263.

11. Réaction à craindre sur ce discours. Projet, 9 octobre 1940, EL [Émile Laure], 3 février 1941 (AN-3W282).

12. Henry du Moulin de Labarthète, *Le Temps des illusions, op. cit.*, p. 160.

13. Lettre de Jean Rolin au commandant Tracou, Clermont, 20 avril 1944 (AN-2AG439).

14. Carnets d'André Lavagne, 10 novembre 1942, cités par Benoît Lavagne, *Auprès du maréchal Pétain*, université Pierre Mendès France, 2001, p. 104.

15. Message de Noël 1941 (AN-2AG439).

16. AN-2AG439.

17. Vente Galileo du 18 juin 2008, lot n° 104, tapuscrit du 8 juillet 1940.

18. Divers projets et brouillons datés de septembre et octobre 1940 (AN-3W282).

19. Philippe Pétain, *Discours aux Français, op. cit.*, p. 116, et projet du 15 mars 1941 (AN-2AG439).

20. Cinq feuillets manuscrits de la main de Philippe Pétain (AN-3W282).

21. Cabinet civil du chef de l'État, note pour la presse et la radio, Vichy, 10 avril 1941 (AN-3W282).

22. Robert Aron, *Histoire de Vichy*, Fayard, 1954, p. 208 ; Emmanuel Berl, *La Fin de la Troisième République*, Gallimard, 2007, p. 40-41 et 364-368.

23. Vente Galileo du 18 juin 2008, lot n° 104, tapuscrit du discours du 30 octobre 1940 avec corrections manuscrites de Pétain.

24. Henry du Moulin de Labarthète, *Le Temps des illusions, op. cit.*, p. 408.

25. Discours, 23 novembre 1942 (AN-2AG439).

26. 3 août 1944 (AN-3W282).

27. Note de l'antenne du secrétariat particulier du maréchal Pétain à Paris, 27 mars 1941 (AN-2AG119).

28. BDIC-FΔrés925/175.

29. Fêtes anniversaires de la Légion française des combattants, 31 août 1941 (AN-2AG439).

30. Pierre Limagne, *Éphémérides de quatre années tragiques*, t. 3, Éd. de Candide, 1988, p. 1983.

31. Maurice Martin du Gard, *La Chronique de Vichy, op. cit.*, p. 193.

32. BDIC-FΔrés925/176.

33. Henry du Moulin de Labarthète, *Le Temps des illusions, op. cit.*, p. 224, et Bénédicte Vergez-Chaignon, *Pétain*, Perrin, 2014, p. 640-641.

34. Haute Cour de justice, procès-verbal d'interrogatoire, 8 mai 1945 (AN-3W300).

35. Vichy, 18 avril 1944, signature manuscrite de Pétain (AN-3W288).

36. Général Serrigny, *Trente ans avec Pétain, op. cit.*, p. 238.

37. Discours du Maréchal à Châteauroux. Mentions manuscrites : « 28-5-42 » et, en face du premier paragraphe : « non diffusé ».

38. AN-2AG439.

3. Qui a écrit le premier statut des Juifs ?
Octobre 1940

1. Voir Bénédicte Vergez-Chaignon, *Pétain, op. cit.*, p. 46-52.

2. « Une protestation morale », 16 novembre 1938 (AN-415AP5). Finalement, cette protestation n'a pas été publiée, apparemment sur pression du gouvernement, car le ministre allemand des Affaires étrangères est alors en pleine visite officielle à Paris.

3. Laurent Joly, *Xavier Vallat. Du nationalisme chrétien à l'antisémitisme d'État*, Grasset, 2001, p. 201 et 207.

4. Projet préparatoire de la conférence épiscopale de la zone libre et compte rendu de la première conférence épiscopale de la zone libre, Lyon, 31 août 1940, cités par Sylvie Bernay, *L'Église de France face à la persécution des Juifs, 1940-1944*, CNRS Éditions, 2012, p. 133-134.

5. Robert Paxton, *La France de Vichy*, Éd. du Seuil, 1973, p. 73 ; Philippe Burin, *La France à l'heure allemande*, Éd. du Seuil, 1995, p. 87 ; Barbara Lambauer, *Otto Abetz et les Français ou l'envers de la Collaboration*, Fayard, 2001, p. 167.

6. Charles Pomaret, « Bordeaux 40 ou Bazaine II », texte dactylographié, p. 130-131 (AN-3W246).

7. Allocution du 13 août 1940, Philippe Pétain, *Discours aux Français, op. cit.*, p. 72.

8. Projet de discours pour le maréchal Pétain, sans date ni en-tête, probablement septembre 1940 (AN-2AG439 et 3W282).

9. Paul Baudouin, *Neuf mois au gouvernement,* La Table ronde, 1948, p. 341.

10. *Ibid.,* p. 365.

11. Déposition du cardinal Gerlier pour le procès de Raphaël Alibert devant la Haute Cour de justice, 7 mars 1947 (BDIC-FΔ1832/5).

12. Lettre de Raphaël Alibert à Xavier Vallat, 28 septembre 1959, citée par Laurent Joly, *Vichy dans la Solution finale,* Grasset, 2006, p. 85.

13. *Pétain et les Allemands. Mémorandum d'Abetz sur les rapports franco-allemands,* Gaucher, 1948, p. 16.

14. Haute Cour de justice, déposition de Marcel Peyrouton, (AN-3W42) ; Marcel Peyrouton, *Du service public à la prison commune,* Plon, 1950, p. 154 ; Déposition de Marcel Peyrouton, 7 août 1945, *Le Procès du maréchal Pétain,* t. 2, Albin Michel, 1945, p. 670.

15. Témoignage d'un collaborateur de R. Alibert donné à Denis Broussolle, « L'élaboration du statut des Juifs de 1940 », *Le Genre humain,* mai 1996, p. 131.

16. AN-AJ[40]548.

17. Le document numérisé peut être vu sur le site www.memorialdelashoah.org.

18. Vente Galileo du 18 juin 2008.

19. Résumé du Conseil de cabinet du 30 septembre 1940, 1er octobre 1940 (AN-F[60]588).

20. Jean Berthelot, *Sur les rails du pouvoir,* Robert Laffont, 1967, p. 106.

21. Paul Baudouin, *Neuf mois au gouvernement, op. cit.*, p. 266.

22. Déclaration gouvernementale reproduite dans Jean Thouvenin, *Une année d'histoire de la France,* Sequana, 1941, p. 257.

23. Le grand rabbin de France, chevalier de la Légion d'honneur, déclaration, Vichy, 22 octobre 1940 (CDJC-CCXIII-1).

24. Lettre du maréchal Pétain au grand rabbin de France, 12 novembre 1940 (CDJC-CCXIX-114).

25. Procès-verbal de la réunion tenue le 16 décembre 1940 à l'hôtel Thermal pour l'examen des questions soulevées par l'application de la loi du 3 octobre 1940 portant statut des Juifs (AN-F[60]490).

4. Le retour des cendres de l'Aiglon
Décembre 1940

1. Georges Poisson, *Le Retour des cendres de l'Aiglon*, Nouveau Monde éditions, 2006, p. 123-133 ; Roger Langeron, *Paris juin 40*, Flammarion, 1946, p. 208-211 ; André Desfeuilles, *Autour d'un centenaire manqué*, Paris, 1950 ; Journal de Marcel Déat, 14 décembre 1940 (AN-F⁷15342).

2. Thierry Lentz et Jacques Macé, *La Mort de Napoléon*, Perrin, 2009, p. 76-91.

3. Jacques Benoist-Méchin, *De la défaite au désastre*, t. 1, Albin Michel, 1984, p. 38-40. Sa version est confirmée par les propos tenus par Otto Abetz le 14 décembre 1940 devant les journalistes et les officiels, et rapportés dans le journal de Marcel Déat : « Abetz rend d'abord hommage à Benoist-Méchin qui a suggéré au Führer l'idée de rendre le corps du duc de R. » (14 décembre 1940, doc. cit.).

4. Arno Breker, *Paris, Hitler et moi*, Presses de la Cité, 1970, p. 105-106.

5. Cédric Gruat, *Hitler à Paris*, Tiresias, 2010.

6. Message pour le président Laval, Vichy, 11 décembre 1940, vers 18 heures (AN-F⁶⁰291).

7. Yves Bouthillier, *Le Drame de Vichy*, t. 1, Plon, 1950, p. 297 ; Alfred Mallet, *Pierre Laval*, t. 1, Amiot-Dumont, 1954, p. 301 ; Paul Baudouin, *Neuf mois au gouvernement*, *op. cit.*, p. 411 ; télégramme d'Abetz au ministère des Affaires étrangères du Reich, 18 décembre 1940 (AN-3W311).

8. ADY-300W11. Voir le chapitre 1.

9. AN-72AJ249.

10. Information donnée par Jean Luchaire à Marcel Déat qui la note dans son journal à la date du 15 décembre 1940 (doc. cit.).

11. *Le Dossier Rebatet*, Robert Laffont, « Bouquins », 2015, p. 640.

12. Journal de Marcel Déat, 14 décembre 1940, doc. cit.

13. Cour de justice de la Seine. Procès-verbal d'interrogatoire de Sacha Guitry, 25 juillet 1946 (AN-Z6NL206).

14. *Le Dossier Rebatet*, *op. cit.*, p. 640-641.

15. Général de La Laurencie, Les Journées historiques de décembre 1940, Vichy, 18 avril 1941 (AN-72AJ249).

16. Roger Langeron, *Paris juin 1940*, *op. cit.* ; *Les Carnets du cardinal Baudrillart*, 11 avril 1939-19 mai 1941, Éd. du Cerf, 1998, p. 743-744.

17. *Lettres et Notes de l'amiral Darlan*, Economica, 1992, p. 254-258.

18. Scellé n° 42. Extraits du livre découvert chez Gueydan de Roussel, 16 décembre 1940, doc. cit.

19. *Lettres et Notes de l'amiral Darlan*, *op. cit.*, p. 259.

20. Barbara Lambauer, *Otto Abetz et les Français ou l'envers de la Collaboration*, op. cit., p. 263.

21. Police générale. Séjour du chef de l'État à Versailles, décembre 1940 (ADY-300W11).

22. Barbara Lambauer, *Otto Abetz et les Français ou l'envers de la Collaboration*, op. cit., p. 264 ; Jean-Paul Cointet, *Hitler et la France*, Perrin, 2014, p. 242-243.

5. L'attentat (impromptu) de Versailles
Août 1941

1. Jacques Doriot, *L'Agonie du communisme*. Discours prononcé à Lyon le 22 juin 1941 (ADY-1W366).

2. Bénédiction donnée par Mgr Baudrillart, directeur de l'Institut catholique, 18 juillet 1941.

3. Procès-verbal de première comparution de Paul Collette, 27 août 1941 (ADY-1374W29).

4. Tribunal de première instance de Versailles, procès-verbal de comparution de Paul Collette, 29 août 1941 (ADY-1374W29).

5. Procès-verbal de première comparution, 27 août 1941, doc. cit.

6. *Ibid.*

7. Voir le journal de Marcel Déat, 12 septembre 1941 (AN-F⁷15342), et Marcel Déat, *Mémoires politiques*, Denoël, 1989, p. 629, confirmé par Collette lui-même (*J'ai tiré sur Laval*, Ozanne et Cie, 1946, p. 33-39). Sur les attentats communistes, se reporter au chapitre 6.

8. Journal de Marcel Déat, 12 septembre 1941, doc. cit.

9. Paul Collette, *J'ai tiré sur Laval*, op. cit., p. 22.

10. Procès-verbal de comparution de Paul Collette, 29 août 1941, doc. cit.

11. Le commissaire divisionnaire chef de la 6ᵉ brigade régionale de police mobile au juge d'instruction près le tribunal de première instance de Clermont-Ferrand, 5 septembre 1941 ; copie du rapport établi le 1ᵉʳ septembre 1941 par M. Spotti de la 9ᵉ brigade régionale de la police mobile à Marseille ; le commissaire de police judiciaire Dury à M. le commissaire principal à Paris, 9 septembre 1941 (ADY-1374W29).

12. Procès-verbal de première comparution de Paul Collette, 27 août 1941, doc. cit.

13. Marcel Déat, *Mémoires politiques*, op. cit., p. 629.

14. *Ibid.*, p. 630-631.

15. Philippe Burrin, *Hitler et les Juifs. Genèse d'un génocide*, Éd. du Seuil, 1989, p. 140-141.

16. Paul Collette, *J'ai tiré sur Laval*, op. cit., p. 19.

17. Yves-Frédéric Jaffré, *Les Derniers Propos de Pierre Laval*, Éd. André Bonne, 1953, p. 281.

18. Carte interzone expédiée le 28 août 1941 à Paul Collette par « un groupe d'anciens combattants des deux guerres » (ADY-1374W29).

19. Journal de Marcel Déat, 12 septembre 1941, doc. cit.

20. Le comité caennais du Front national, « Honneur au jeune Paul Collette », 30 juillet [*sic*] 1941 (ADY-1374W29).

21. Discours de Jean Bassompierre à un meeting de la LVF du 16 avril 1944. Propos rapportés dans un compte rendu des Renseignements généraux, Argenteuil, 17 avril 1944 (ADY-300W112).

22. L'action communiste, Paris, 25 août 1941 (AN-F[60]1485) : « Toutes les cellules des réseaux ont été alertées pour créer un accident sur le passage des premiers wagons de la Légion française, ce qui a amené les intéressés à retarder le départ pour accroître le dispositif de sécurité. »

23. *La France continue*, octobre 1941.

24. Cité dans *Le Petit Parisien*, 4 octobre 1941.

25. Rapport du commissaire divisionnaire au secrétaire général à la Police, Rouen, 18 juin 1942, et notes manuscrites de S. (ADY-1374W29).

26. François-Jean Armorin, « Paul Collette qui a tiré le premier nous dit… », *Le Franc-Tireur*, 11 octobre 1945.

27. Voir le chapitre 12.

6. « On dira : c'était des communistes »
Octobre 1941

1. Récit de l'entrevue des avocats de Pierre Pucheu avec le général de Gaulle, le 19 mars 1944, par Me Trappe, reproduit par Paul Buttin, *Le Procès Pucheu*, Amiot-Dumont, 1947, p. 233.

2. Les derniers moments de Pierre Pucheu. « Son assassinat ». Entrevue de Gaulle-Giraud avec Mes Gouttebaron-Traps (défenseurs de Pucheu), s.d. (SHD-GR28P9/426).

3. Note du major Boemelburg, officier de liaison entre le MBF et la délégation du gouvernement français dans les territoires occupés, 22 août 1941, citée par Gaël Eismann, *La Politique de « maintien de l'ordre et de la sécurité » conduite par le* Militärbefehlshaber in Frankreich *et ses services, 1940-1944*, thèse de doctorat d'histoire, IEP Paris, 2005, p. 413.

4. Haute Cour de justice, déposition de Georges Dayras, 9 décembre 1944 ; déposition de Jean Cournet, 27 décembre 1944 ; déposition de Louis Rousseau, 17 janvier 1945 ; note de l'avocat général Victor Dupuich, s.d. (AN-3W54).

5. Haute Cour de justice, déposition de Georges Dayras, 9 décembre 1944, doc. cit.

6. Note manuscrite de P. Pucheu à Joseph Barthélemy, s.d. (AN-F^{1a}3689).

7. Lucien Steinberg, *Les Allemands en France*, Albin Michel, 1980, p. 61.

8. Note du chef de section de l'Abwehr, 9 décembre 1941, citée par *ibid.*, p. 87.

9. Inspection générale des services administratifs. Rapport à M. le ministre secrétaire d'État à l'Intérieur, 18 janvier 1942 (AN-F^{7}14889).

10. MBF. Officier de liaison pour le gouvernement français. Objet : liste des communistes français de Châteaubriant, Paris, 24 novembre 1941. (Jean-Marc Berlière et Franck Liaigre, *Le Sang des communistes*, Fayard, 2004, p. 82).

11. Rapport du sous-préfet de Châteaubriant au préfet de Loire-Inférieure, 26 octobre 1941 (AN-F^{60}1571) ; Inspection générale des services administratifs. Rapport à M. le ministre secrétaire d'État à l'Intérieur, 18 janvier 1942, doc. cit.

12. Le directeur de cabinet du ministre secrétaire d'État à l'Intérieur à M. le major Bœmelburg, Paris, 20 octobre 1941 (Dépôt des archives de la justice militaire-cotes 362 et 363), document reproduit *in* Thomas Fontaine et Denis Peschanski, *La Collaboration, Vichy-Paris-Berlin, 1940-1945*, Tallandier/Archives nationales/Ministère de la Défense, 2014, p. 135.

13. Au commandant de l'EM. Objet : FK Nantes, 21 octobre [1941], (Jean-Marc Berlière et Franck Liaigre, *Le Sang des communistes, op. cit.*, p. 82).

14. Louis Oury, *Rue du Roi-Albert. Les otages de Nantes, Châteaubriant et Bordeaux*, Le Temps des cerises, 1997, p. 102-103.

15. Journées des 22 octobre et 15 décembre 1941, s.d. (AN-F^{7}14889).

16. Claudine Cardon-Hamet, *Mille otages pour Auschwitz*, Fondation pour la mémoire de la déportation, 2000, p. 90.

17. Direction des services de l'armistice, synthèse des rapports des préfets de la zone occupée pour octobre 1941 (ihtp.cnrs.fr/préfets).

18. AN-F^{1a}3689.

19. Circulaire du MBF aux chefs de district, 27 octobre 1941 citée par Gaël Eismann, *La Politique de « maintien de l'ordre et de la sécurité »*, *op. cit.*, p. 473.

20. AN-F^{60}1571.

21. Note verbale sur la demande du gouvernement (M. Pucheu) et remise au Dr Best par M. Pucheu le 4 novembre 1941 (AN-F^{7}14889).

22. Henry du Moulin de Labarthète, *Le Temps des illusions, op. cit.*, p. 354-355.

23. « Journées des 22 octobre et 15 décembre 1941 », doc. cit.

24. Rapport cité par Louis Oury, *Rue du Roi-Albert, op. cit.*, p. 141.

25. Éric Alary, *Un procès sous l'occupation au Palais-Bourbon, mars 1942*, Assemblée nationale, 2000.

26. Gaël Eismann, *La Politique de « maintien de l'ordre et de la sécurité »*, op. cit., p. 418 et 458.

27. Lettre d'Adrien Agnès à sa femme, 21 octobre 1941, (Louis Oury, *Rue du Roi-Albert*, op. cit., p. 105).

28. Courrier FN apporté par M. Lambert, s.d. [vers septembre 1943] (AN-3AG1/330).

29. *Liberté* (Alger), 9 septembre 1943.

30. Général Schmitt, *Toute la vérité sur le procès Pucheu par un des juges*, Plon, 1963, p. 171.

31. [Capitaine Henri Beigbeder], Mémoire personnel pour le général de Gaulle, Alger, 21 juillet 1943 (AN-3AG1/330).

32. *La Croix*, 25 octobre 1941.

33. Lettre du général Giraud à Pierre Pucheu, 15 février 1943 (Pierre Pucheu, *Ma vie*, Amiot-Dumont, 1948, p. 117).

34. Lettre de Pierre Pucheu à l'amiral Philippe Auboyneau, Madrid, 14 avril 1943 (AN-3AG2/327).

35. Lettre de Pierre Pucheu au Dr Binet, Ksar es-Souk, 26 mai 1943 (SHD-GR28P9/426).

36. Réponse à la lettre des 27 députés communistes publiée dans le journal *Liberté* du 30 septembre 1943, s.d. (AN-3AG1/330).

37. Général Schmitt, *Toute la vérité sur le procès Pucheu par un des juges*, op. cit., p. 177-179. Le 11 de la rue des Saussaies dans le VIIIe arrondissement était le siège de la Gestapo à Paris.

38. Lettre in Paul Buttin, *Le Procès Pucheu*, op. cit., p. 243-244.

39. Lucien Steinberg, *Les Allemands en France*, op. cit., p. 80-81.

7. Journée de dupes à Saint-Florentin
Décembre 1941

1. Fernand de Brinon, *Mémoires*, LLC, 1949, p. 94.

2. Thème de conversation, s.d. (AN-415AP4).

3. www.ina.fr/video, 1er décembre 1941.

4. Note verbale et notes sur la ligne de démarcation, l'Ostland, le contrôle sur le gouvernement et l'administration, les frais d'occupation, les besoins en charbon, les besoins en produits pétroliers, la livraison de produits alimentaires pour l'entretien des armées d'occupation, les prélèvements de matériel ferroviaire, les prisonniers de guerre et les questions militaires (AN-2AG656).

5. Ministère des Affaires étrangères. Compte rendu de Schmidt [l'interprète]. Entretien entre le *Reichsmarschall* Goering et le maréchal Pétain

le 1er décembre 1941 à Saint-Florentin-Vergigny, Paris, 3 décembre 1941 (AN-3W359).

6. Entretien du 1er décembre 1941 à Saint-Florentin-Vergigny, exemplaire n° 3/6, secret et personnel (AN-2AG656/1).

7. *Ibid.*

8. Cabinet civil du maréchal Pétain, Vichy, 16 décembre 1941 (AN-415AP4).

9. Déjeuner du 1er décembre 1941 dans le train du *Reichsmarschall* Goering à Saint-Florentin-Vergigny, exemplaire n° 3/5, secret et personnel (AN-2AG656/1).

10. Entretien du 1er décembre 1941 à Saint-Florentin-Vergigny, exemplaire n° 3/6, doc. cit.

11. Déjeuner du 1er décembre 1941 dans le train du *Reichsmarschall* Goering à Saint-Florentin-Vergigny, exemplaire n° 3/5, doc. cit.

12. Paul-Otto Schmidt, *Sur la scène internationale avec Hitler*, Perrin, 2014, p. 371.

13. *Die politische Lage (Stand 25.1.1942)* [La situation politique. État au 25 janvier 1942] (AN-AJ⁴⁰443).

14. Journal de Marcel Déat, 2 décembre 1941 (AN-F⁷15342).

15. Victor Barthélemy, *Du communisme au fascisme*, Albin Michel, 1978, p. 268-269.

16. Témoignage de l'ancien sénateur Henri de Rézé, membre du Conseil national, lu par Mᵉ Payen lors de sa dernière plaidoirie au procès du maréchal Pétain devant la Haute Cour de justice, audience du 14 août 1945.

17. Amiral Fernet, *Aux côtés du maréchal Pétain*, Plon, 1953, p. 180-182 ; « Compte rendu d'une déclaration faite par le maréchal Pétain aux membres de la commission d'information du Conseil national réuni du 3 au 10 décembre 1941 », *Le Maréchal*, n° 201, 1er trimestre 2001.

18. Entrevue de Saint-Florentin, s.d. (BDIC-Q pièce 6167 et AN-72AJ249).

19. Texte lu par Mᵉ Payen lors de sa dernière plaidoirie au procès du maréchal Pétain, audience du 14 août 1945.

20. Mémorandum de l'ambassade d'Allemagne à Paris sur l'entrevue du maréchal Pétain et du *Reichsmarschall* Goering à Saint-Florentin-Vergigny le 1er décembre 1941, (*Pétain et les Allemands. Mémorandum d'Abetz, op. cit.*, p. 121-122) ; Entrevue de Saint-Florentin, doc. cit.

21. Lettre d'Otto Abetz, 11 décembre 1941, (*Pétain et les Allemands. Mémorandum d'Abtez, op. cit.*, p. 124-125).

22. Questions annexes, s.d. (AN-3W283).

23. Cabinet civil du maréchal Pétain, Vichy, 16 décembre 1941, doc. cit.

24. Note verbale, 22 décembre 1941 (AN-3W283) ; Note sans titre et sans date [fin décembre 1941-début janvier 1942] (Hervé Coutau-Bégarie et Claude Huan, *Lettres et Notes de l'amiral Darlan, op. cit.*, p. 441-442).

25. Cabinet du maréchal Pétain, Semaine du 25 au 31 janvier 1942 (AN-415AP4). Voir Robert O. Paxton, *La France de Vichy, op. cit.*, p. 131.

26. Lettre de l'amiral Leahy au président Roosevelt, 22 novembre 1941 (Jean-Raymond Tournoux, *Pétain et la France*, Plon, 1980, p. 331).

8. Le rôle de Vichy
dans la Solution finale en France
1941-1944

1. Voir le chapitre 5.

2. Déposition du général Héring devant la Haute Cour de justice, 1er août 1945, *Le Procès du maréchal Pétain*, t. 1, Albin Michel, 1945, p. 448.

3. Rapports cités par Serge Klarsfeld, *Vichy-Auschwitz. Le Rôle de Vichy dans la Solution finale de la question juive en France. 1942*, t. 1, Fayard, 1983, p. 27-31.

4. AN-F^{7}14895.

5. Lettre de l'amiral Darlan à Henri Moysset [ministre d'État chargé des institutions nouvelles], 15 janvier 1942 (AN-2AG536).

6. Jérôme Carcopino, *Souvenirs de sept ans, op. cit.*, p. 359.

7. Notes manuscrites prises pendant le Conseil des ministres du 26 juin 1942 (AN-3W281).

8. [Hagen] Le chef supérieur des SS et de la police dans la zone du commandement militaire en France. Note, Paris, 4 juillet 1942. Objet : Entretien du 2 juillet 1942 avec le secrétaire général à la Police Bousquet (Serge Klarsfeld, *Vichy-Auschwitz, op. cit.*, t. 1, p. 227-232). Original en allemand au CDJC-XXVb-49. C'est moi qui souligne.

9. Notes manuscrites prises pendant le Conseil des ministres du 3 juillet 1942 (AN-3W281).

10. Conseil des ministres du 10 juillet 1942 sous la présidence de M. le Maréchal Pétain (AN-3W281).

11. Journal d'André Lavagne [chef du cabinet civil de Pétain], 23 juillet 1942 (Benoît Lavagne, *Auprès du Maréchal Pétain*, vol. 1, *op. cit.*).

12. Mgr Chappoulie, Compte rendu de l'entretien avec Lucien Romier et Léon Bérard, 2 septembre 1942 (Sylvie Bernay, *L'Église de France face à la persécution des Juifs, op. cit.*, 2012, p. 135).

13. Serge Klarsfeld, *Vichy-Auschwitz, op. cit.*, t. 1, p. 136, 141 et 148.

14. Journal d'André Lavagne, 6 septembre, cité par Benoît Lavagne, *Auprès du maréchal Pétain*, vol. 1, *op. cit.*, p. 76.

15. Lettre du consistoire au maréchal Pétain, 25 août 1942 (Denis Peschanski, « Que savait Vichy ? », in *Qui savait quoi ? L'extermination des Juifs*, La Découverte, 1987, p. 56).

16. Télégramme de l'ambassade d'Allemagne à Paris au ministère des Affaires étrangères à Berlin, 30 septembre 1942 [entretien entre le consul Krug von Nidda et le maréchal Pétain du 29 septembre 1942] (AN-3W303).

17. Compte rendu de l'entretien du 2 septembre 1942 entre Laval et Oberg (Serge Klarsfeld, *Vichy-Auschwitz*, *op. cit.*, t. 1, p. 167).

18. Note à Fernand de Brinon, Vichy, 24 août 1943 (AN-2AG673).

19. Compte rendu de l'entretien entre Laval et Knochen du 7 août 1943 (Serge Klarsfeld, *Vichy-Ausnchwitz*, t. 2, Fayard, 1985, p. 99).

20. Note remise au général Oberg par Fernand de Brinon le 23 novembre 1943, *ibid.*, p. 133.

21. Lettre du professeur Pierre Mauriac au Dr Bernard Ménétrel, 16 janvier 1944 (AN-2AG77).

9. Qui ne voulait pas la mort de l'amiral Darlan ?
Décembre 1942

1. Alain Darlan, *L'amiral Darlan parle*, Amiot-Dumont, 1952, p. 184-186.

2. Lettre de l'amiral Darlan à « mon cher ami », 16 décembre 1942, *Lettres et Notes de l'amiral Darlan*, *op. cit.*, p. 621. Voir aussi « Résumé de la politique française à l'égard de l'Allemagne de l'armistice au 30 novembre 1942 », « La France depuis l'armistice » et « Histoire intérieure de Vichy », *ibid.*, p. 587, 599 et 609.

3. Télégramme du général Eisenhower au président Roosevelt, 14 novembre 1942 (Michael R. D. Foot, *Des Anglais dans la Résistance*, Tallandier, 2008, p. 322).

4. Lettre de Staline à Roosevelt, 13 décembre 1942, *ibid.*, p. 323.

5. Lettre du général de Gaulle au général Béthouart, 14 décembre 1942 (Général Béthouart, *Cinq années d'espérance*, Plon, 1968, p. 333).

6. Télégramme du général de Gaulle aux délégations de la France combattante dans l'Empire et à l'étranger, Londres, 16 novembre 1942 (Charles de Gaulle, *Lettres, notes et carnets, juillet 1941-mai 1943*, Plon, 1982, p. 435).

7. Télégramme du général de Gaulle au colonel Pechkoff à Accra, Londres, 1er décembre 1942, *ibid.*, p. 454.

8. Lettres de l'amiral Darlan au président Roosevelt, 2 décembre 1942 et à M. Churchill, 4 décembre 1942 (Alain Darlan, *L'amiral Darlan parle*, *op. cit.*, p. 226 et 229).

9. Note du 23 décembre 1942, *ibid.*, p. 240 et Note du 9 décembre 1942, p. 231.

10. Rick Atkinson, *An Army at Dawn*, Abacus, 2003, p. 251 ; Alain Darlan, *L'amiral Darlan parle, op. cit.*, p. 232-233.

11. Bruno Goyet, *Henri d'Orléans, comte de Paris. Le prince impossible*, Odile Jacob, 2001, p. 265-272 ; Arnaud de Chantérac, *L'Assassinat de Darlan*, Perrin, 1995, p. 182.

12. Bruno Goyet, *Henri d'Orléans, comte de Paris, op. cit.*, p. 274.

13. Lettre de Marc Jacquet à Henri d'Astier de La Vigerie, Alger, 16 novembre 1942 (Arnaud de Chantérac, *L'Assassinat de Darlan, op. cit.*, p. 270-271).

14. Journal du Proton [groupe des conseillers bénévoles du comte de Paris] (Hervé Coutau-Bégarie et Claude Huan, *Darlan*, Fayard, 1989, p. 696).

15. Philippe Delorme, *L'homme qui rêvait d'être roi*, Buchet-Chastel, 2006, p. 161.

16. Jean-Bernard d'Astier de La Vigerie, *Qui a tué Darlan ?*, Éd. de l'Atlanthrope, 1992, p. 30.

17. Colonel Passy, *Mémoires du chef des services secrets de la France libre*, Odile Jacob, 2000, p. 464.

18. Télégramme du général de Gaulle aux généraux de Larminat et Koenig à Beyrouth, Londres, 18 novembre 1942 (Charles de Gaulle, *Lettres, notes et carnets, juillet 1941-mai 1943, op. cit.*, p. 438), et conférence de presse du général François d'Astier de La Vigerie à Londres, 25 novembre 1942.

19. Général de Gaulle, ordre de mission, Londres, 18 décembre 1942 (Geoffroy d'Astier de La Vigerie, *François, Henri et Emmanuel d'Astier de La Vigerie, compagnons de la Libération*, Argel, 1990, p. 60) ; Télégramme du général de Gaulle au colonel Pechkoff à Accra, Londres, s.d. [entre le 6 et le 9 décembre 1942] (Charles de Gaulle, *Lettres, notes et carnets, juillet 1941-mai 1943, op. cit.*, p. 458).

20. Charles de Gaulle, *Mémoires*, Gallimard, 2000, p. 330.

21. Notes prises par le général François d'Astier de La Vigerie après ses entretiens avec le général de Gaulle, 1er octobre 1943 (geoffroy. dastier.free.fr).

22. Bénédicte Vergez-Chaignon, *Une juvénile fureur. Bonnier de la Chapelle, l'assassin de l'amiral Darlan*, Perrin, 2019, p. 189 et *sq.*

23. Témoignage donné à Alain Darlan, *L'amiral Darlan parle, op. cit.*, p. 245.

24. Déclaration du général Bergeret le 24 décembre 1942 (AN-3AG2/251).

25. Tribunal militaire d'Alger. Procès-verbal d'interrogatoire du commissaire Nicolas Garidacci, 10 janvier 1943 (AJM-Dossier d'Astier de La Vigerie et autres).

26. Lettre d'Eugène Bonnier de la Chapelle au général de Gaulle, 9 novembre 1943 (AN-3AG1/327) ; rapport du capitaine de gendarmerie Gaulard affecté à la garde de Bonnier de la Chapelle dans la nuit du 25 au 26 décembre 1942, Alger, 31 décembre 1942 ; lettre de Simone [Bourgès-Maunoury] à Fernand Bonnier de la Chapelle, 24 septembre 1942 et Menées antinationales. Renseignements, 17 février 1942 (SHD-GR28P9/110).

27. Général A. S. Van Hecke, *Les Chantiers de la jeunesse au secours de la France*, Nouvelles Éditions latines, 1970, p. 263.

28. Bénédicte Vergez-Chaignon, *Une juvénile fureur*, *op. cit.*, p. 116 et *sq.*

29. 19ᵉ région. Rapport du capitaine Gaulard, Alger, 31 décembre 1942 (SHD-GR28P9/110).

30. *Ibid.*

31. Procès-verbal signé de Fernand Bonnier de la Chapelle, 24 décembre 1942, conservé par le commissaire Garidacci (AJM-Dossier d'Astier de La Vigerie et autres).

32. 19ᵉ région. Rapport du capitaine Gaulard, Alger, 31 décembre 1942, doc. cit.

33. *Ibid.* Voir Bénédicte Vergez-Chaignon, *Une juvénile fureur*, *op. cit.*, p. 177 et *sq.*

34. Correspondance du 1ᵉʳ bureau des Affaires criminelles et des grâces du ministère de la Justice, brouillon d'une réponse, s.d. [juin 1945] (AN-BB¹⁸3661¹).

35. Général Giraud, *Un seul but, la victoire*, Julliard, 1949, p. 75.

36. Compte rendu d'audience. Affaire Bonnier de la Chapelle (SHD-GR28P9/110).

37. 19ᵉ région. Rapport du capitaine Gaulard, 31 décembre 1942 ; 19ᵉ région. Rapport du lieutenant Schilling sur les déclarations faites par M. de la Chapelle la nuit du 25 au 26 décembre 1942, 31 décembre 1942 (SHD-GR28P9/110).

38. Tribunal militaire d'Alger, procès-verbal de déposition du commissaire André Achiary, 9 janvier 1943 (AJM-Dossier d'Astier de La Vigerie et autres).

39. Interceptions téléphoniques des 25 et 26 décembre 1942 (AN-3W64).

40. [Compte rendu de l'entretien du général Giraud avec la presse étrangère du 31 décembre 1942], sans titre ni date (AN-3AG1/251).

41. Alain Darlan, *L'amiral Darlan parle*, *op. cit.*, p. 255.

42. Commissariat national à l'Intérieur, Écoutes radio. L'assassinat de Darlan, 26 décembre 1942 (AN-F¹ᵃ3723).

43. Général Giraud, *Un seul but, la victoire*, *op. cit.*, p. 77.

44. Général Bergeret, Mémoire relatif aux inculpations d'arrestations arbitraires et d'atteinte à la sûreté intérieure de l'État, 2 juin 1944 (AN-3W64).

45. [Compte rendu de l'entretien du général Giraud avec la presse étrangère le 31 décembre 1942], doc. cit.

46. Albert Voituriez, *L'Affaire Darlan. L'instruction judiciaire*, J. C. Lattès, 1980, p. 130 et *sq*.

47. Tribunal militaire d'Alger. Procès-verbal d'interrogatoire de Louis Pierre Marie Cordier, 10 janvier 1943 (AJM-Dossier d'Astier de La Vigerie et autres).

48. Marc Jacquet, Rapport sur l'affaire monarchiste, 18 mars 1943 (Arnaud de Chantérac, *L'Assassinat de Darlan, op. cit.*, p. 251).

49. Source inconnue, transmis par l'abbé Lalenée, s.d. (SHD-GR28P1/198).

50. Lettre de Gaston Palewski à Eugène Bonnier de la Chapelle, Alger, 1er décembre 1943 ; Projet de communiqué du ministère à la Justice, 9 décembre 1943 (AN-3AG1/327).

51. Dépêche d'Associated Press sur l'hommage à Bonnier de la Chapelle du 26 décembre 1943 (Alain Darlan, *L'amiral Darlan parle, op. cit.*, p. 232).

52. AN-BB[18]3661[1].

53. Charles de Gaulle, *Mémoires, op. cit.*, p. 330-331.

54. Témoignages de Louise d'Astier de La Vigerie (Jean-Bernard d'Astier de La Vigerie, *Qui a tué Darlan ?, op. cit.*, p. 77).

55. Tribunal militaire d'Alger. Procès-verbal de déposition du commissaire André Achiary, 9 janvier 1943, doc. cit.

56. Tribunal militaire d'Alger. Procès-verbal d'interrogatoire de Louis Pierre Marie Cordier, 10 janvier 1943, doc. cit.

10. Le SS-*Sturmbahnführer* Darnand
Août 1943

1. Télégramme de Ribbentrop à Abetz, 31 décembre 1943 et télégramme d'Abetz à Ribbentrop, 6 janvier 1944 (AN-3W355).

2. Haute Cour de justice. Procès-verbal d'interrogatoire de Joseph Darnand, 30 juillet 1945 (AN-3W140).

3. Service départemental des Renseignements généraux. Renseignements au sujet de Joseph Darnand, Marseille, 18 mai 1945 (AN-3W139).

4. Haute Cour de justice, procès de Joseph Darnand, audience du 3 octobre 1945.

5. Règlement intérieur des SOL, janvier 1942 (Dominique Olivesi, « La prestation de serment du Service d'ordre légionnaire aux arènes de Cimiez le 22 février 1942 », *Cahiers de la Méditerranée*, n° 62, 2001).

6. Lettre de Joseph Darnand, inspecteur général des SOL, à François Valentin, directeur général de la Légion française des combattants, Vichy, 4 février 1942 (AN-F[7]15545).

7. Lettre de Joseph Darnand au maréchal Pétain et à Pierre Laval, Vichy, 20 avril 1942 (AN-3W141).

8. Direction des Renseignements généraux. Audition de M. Darnand Joseph, 3 juillet 1945 (AN-3W140).

9. Discours du 12 juillet 1942 pour l'investiture des SOL de Lyon.

10. Témoignage du général Gaston Schmitt, mouvement Combat à Marseille (Raymond Tournoux, *Le Royaume d'Otto*, Flammarion, 1982, p. 351-352). Henri Frenay, qui dirigeait le mouvement Combat, place cet événement en décembre 1942 et dit avoir refusé par principe (« Vous direz à Darnand qu'il a été trop loin, ses responsabilités sont trop lourdes. La porte s'est refermée derrière lui, il est condamné à poursuivre la route que librement il a choisie », *La nuit finira*, Robert Laffont, 1973, p. 267).

11. Lettre de Joseph Darnand, inspecteur général aux SOL, à Raymond Lachal, directeur général de la Légion française des combattants, Vichy, 18 novembre 1942, citée par Jacques Delperrié de Bayac, *Histoire de la Milice*, Fayard, 1969, p. 148-149.

12. Hervé Coutau-Bégarie et Claude Huan, *Darlan, op. cit.*, p. 694-695.

13. Télégramme de Schleier, de l'ambassade allemande à Paris, 1er février 1943, rapportant les propos du consul allemand à Vichy (AN-3W352).

14. Journal de Marcel Déat, cahier n° 8, fol. 161, 164 et 165, 10 et 12 février 1943 (AN-F[7]15342).

15. Télégramme d'Achenbach de l'ambassade d'Allemagne, Paris, 19 mars 1943 (AN-3W356).

16. Télégramme du 21 avril 1943, reçu le 10 mai 1943 (AN-3AG2/326).

17. Direction des Renseignements généraux, audition de Roland Nosek, 23 novembre 1947 (AN-3W358).

18. Lettre de Joseph Darnand, secrétaire général à la Milice française, aux chefs régionaux de la Milice, 7 juin 1943 (SHD-GR28P2/122).

19. Télégramme de Rex [Moulin] à FFC, 4 juin 1943, arrivé le 9 juin 1943 (AN-3AG2/400). Des copies de ce télégramme figurent dans les archives militaires (SHD-GR 28P2/121 et GR 28P9/774).

20. Joseph Darnand, « Réaction et révolution », *Combats*, 29 mai 1943.

21. Henri Amouroux, *La Grande Histoire des Français sous l'Occupation*, t. 6, Robert Laffont, 1983, p. 347-348. Amouroux ne donne pas le nom de Cance, qu'il désigne comme « Pierre C. ».

22. Témoignage d'un chef de la Milice donné en 1967 à Jacques Delperrié de Bayac (*Histoire de la Milice*, Fayard, 1969, p. 173).

23. Georges A. Groussard, *Service secret, 1940-1945,* La Table ronde, 1964, p. 465.

24. *Paris-Soir*, 11 juin 1943.

25. Jacques Delperrié de Bayac, *Histoire de la Milice, op. cit.*, p. 203. Parmi les témoins présents à Londres figurait Jean-Pierre Bloch dont les souvenirs sont malheureusement très imprécis (*De Gaulle ou le temps des méprises*, La Table ronde, 1969, p. 61-62, et *Jusqu'au dernier jour*, Albin Michel, 1983, p. 216-217).

26. Télégramme de FFC à Rex [Moulin], n° 21, ZNO, 12 juin 1943, parti le 13 (AN-3AG2/401).

27. Charles de Gaulle, *Mémoires, op. cit.*, p. 837.

28. BCRA. Section NM. MCPA. Darnand et la Milice. Date de l'information : octobre 1943 (SHD-GR28P2/121).

29. Haute Cour de justice. Procès-verbal d'interrogatoire de Joseph Darnand, 4 août 1945 (AN-3W140).

30. Lettre de Joseph Darnand à Pierre Laval, 14 juillet 1943 (AN-3W141).

31. Protocole sur la réunion tenue à Stuttgart le 16 juillet 1943 concernant le recrutement de volontaires français pour la Waffen-SS (AN-3W357).

32. Direction des Renseignements généraux, audition de Karl Oberg, Paris, 15 janvier 1946 (AN-3W358).

33. Voyage de Darnand en Allemagne, Paris, 3 décembre 1943. [Informations venant de Joseph Lécussan, chef régional de la Milice à Lyon] (AN-3W141).

34. Télégramme de Schleier de l'ambassade d'Allemagne, Paris, 5 juin 1943 (AN-3W352).

35. Direction des Renseignements généraux, audition de Karl Oberg, Paris, 15 janvier 1946, doc. cit.

36. La lettre autographe de Joseph Darnand au général de Gaulle, datée de Fresnes, le 8 octobre 1945, se trouve dans les archives de celui-ci (AN-3AG4/48).

37. Surveillance du territoire. Interrogatoire de Joseph Darnand, 3 juillet 1945 ; Direction des Renseignements généraux. Audition de M. Joseph Darnand, 3 juillet 1945 (AN-3W140).

38. Joseph Darnand, « Adieu à ceux qui s'en vont à pas feutrés », *Combats*, 23 octobre 1943 ; Allocution de Joseph Darnand à la radio le 2 novembre 1943 (*Le Petit Parisien*, 3 novembre 1943).

39. Lettre de Joseph Darnand à Max Knipping, chef régional de Marseille, 23 septembre 1943 (SHD-GR28P2/121).

40. Haute Cour de justice. Procès-verbal d'interrogatoire de Joseph Darnand, 4 août 1945, doc. cit.

41. Haute Cour de justice. Procès-verbal d'interrogatoire de Joseph Darnand, 20 juillet 1945 (AN-3W140).

42. Discours de Joseph Darnand au meeting de Nice, 28 novembre 1943 (Jacques Delperrié de Bayac, *Histoire de la Milice, op. cit.*, p. 219).

43. CNI. Orientation actuelle de l'activité de la Milice et des organisations collaborationnistes. Conférence de Séraillée à Toulon, 22 octobre 1943 (SHD-GR28P2/122).

44. CNI. Une étude sur la Milice et Darnand (Note émanant du cabinet du maréchal Pétain), 18 avril 1944 (SHD-GR28P2/122).

45. Télégramme de Ribbentrop à Abetz, 31 décembre 1943 (AN-3W355).

11. « Il disait la vérité... Ils l'ont tué ! »
Juin 1944

1. Analyse balistique par le service technique de la Sipo-SD (Jean-Marc Berlière et François Le Goarant de Tromelin, *Liaisons dangereuses. Miliciens, truands, résistants. Paris, 1944,* Perrin, 2013, p. 177-178).

2. Ce récit se fonde sur deux témoignages donnés par le chef du commando, Charles Gonard, dit Morlot, dans *Action*, 22 septembre 1944, et dans Henri Noguères (avec Marcel Degliame-Fouché), *Histoire de la Résistance en France de 1940 à 1945*, t. 5, Robert Laffont, 1981, p. 187-190. Selon Jean Frydman, très jeune membre du commando, Henriot aurait dit : « Je savais que ça se terminerait comme ça » et Morlot aurait eu le temps de préciser qu'il agissait sur ordre de l'état-major FFI (témoignage de Jean Frydman recueilli en 1973, Alain Guérin, *Chronique de la Résistance*, Omnibus, 2010, p. 1504).

3. www.ina.fr/video, 7 juillet 1944.

4. Mémoires de Pierre Gallet, membre du cabinet de la délégation du secrétariat au Maintien de l'ordre en zone Nord (Jean-Marc Berlière et François Le Goarant de Tromelin, *Liaisons dangereuses, op. cit.*, p. 144).

5. Victor Barthélemy, *Du communisme au fascisme, op. cit.*, p. 404.

6. Jean-Louis Clément, *Les Évêques au temps de Vichy*, Beauchesne, 1999, p. 243.

7. Rapports des Renseignements généraux (AN-F[7]15483).

8. Charles de Gaulle, *Mémoires, op. cit.*, p. 577 ; Adrien Dansette, *Histoire de la Libération de Paris*, Fayard, 1946, p. 415-421.

9. « Comment fut exécuté Philippe Henriot », *Action*, 22 septembre 1944.

10. Alain Guérin, *Chronique de la Résistance, op. cit.*, p. 1504.

11. Jean-Louis Crémieux-Brilhac, *La France libre*, Gallimard, 1996, p. 717.

12. « Le chien est mort », *Libération* (édition de zone Sud), 20 juillet 1944.

13. « Philippe Henriot, fusillé par la France, est tombé au service d'Hitler », *Le Franc-Tireur* (édition de Paris), 14 juillet 1944.

14. Le commissaire principal des Renseignements généraux du Tarn. Rapport. Conférence de M. Philippe Henriot sous les auspices de la Milice française, Albi, 14 octobre 1943 (AN-3AG2/338).

15. Par exemple à Tarbes en mai 1943 (AN-3AG2/326). Voir les divers comptes rendus de ses conférences (SHD-GR28P2/122).

16. *C'est la France qu'il s'agit de sauver. Discours prononcé à Lille le 29 janvier 1944 par M. Philippe Henriot, secrétaire d'État à l'Information et la à Propagande*, s.l.n.d.

17. AN-F[1a]3742.

18. Témoignage de Marcel Degliame-Fouché *in* Henri Noguères, en collaboration avec Marcel Degliame-Fouché, *Histoire de la Résistance en France de 1940 à 1945*, t. 5, *op. cit.*, p. 187.

19. Jean-Louis Crémieux-Brilhac et Hélène Eck, « France », in *La Guerre des ondes*, Armand Colin, 1985, p. 126 ; Jean-Paul Grémy, *Les Sondages clandestins de la Résistance en France occupée au début de l'année 1944*, cahier n° 4 (halshs.archives-ouvertes.fr).

20. AN-F[1a]3720 et 3723.

21. Francis Bout de l'An, *Combats*, 1er juillet 1944.

22. Service départemental des Renseignements généraux de Saône-et-Loire. Note de renseignements, Mâcon, 29 juin 1944 (AN-F[7]15483) ; Jeanne Gillot-Voisin, *La Saône-et-Loire sous Vichy. La Milice française*, Clea, 2004.

23. Mémoires de Pierre Gallet, membre du cabinet de la délégation du secrétariat au Maintien de l'ordre en zone Nord (Jean-Marc Berlière et François Le Goarant de Tromelin, *Liaisons dangereuses, op. cit.*, p. 144).

24. Léon Blum, « De Bourrassol à Buchenwald », *Le Populaire*, 23 mai 1945.

25. Le commissaire divisionnaire Marc Bergé de la direction des Renseignements généraux à M. le procureur de la République, Paris, 23 juin 1949 (AN-Z6/778).

26. Commissaire Lucien Pinault, procès-verbaux du 16 au 20 septembre 1944. Auditions de Pierre Boero, Georges Neroni et Pierre Lambert (AN-Z6/778) ; lettre de Georges Neroni au commandant [non identifié], Fresnes, 18 novembre 1944 (AN-544AP77).

27. Cour de justice de la Seine. Exposé, 7 avril 1949 (AN-Z6/778).

28. Le lieutenant-colonel Brunetière, chef du 2e bureau FFI, 20 septembre 1944 (AN-Z6/778) ; CHDGM. Témoignage de Gérard Jacquet, député SFIO de Paris, vu par L. Lecorvaisier, 7 octobre 1946 (AN-

72AJ70) ; Jean-Marc Berlière et François Le Goarant de Tromelin, *Liaisons dangereuses, op. cit.*, p. 39-48.

29. Procès de Pierre Boero, Georges Neroni et Pierre Lambert devant la cour de justice de la Seine, 1945. Sténographie. (BDIC-F rés 334/17).

30. Commissaire Lucien Pinault, procès-verbal du 14 septembre 1944 et cour de justice de la Seine, exposé, 7 avril 1949 (AN-Z6/778).

31. Renseignements généraux. Procès-verbal d'audition de Max Knipping, 14 juillet 1945 (AN-F^{7}15327).

32. Transcription d'une conversation par téléscripteur entre Clemoz, directeur du cabinet de Darnand, Gaucher et Knipping, s.d. [8 juillet 1944] (AN-Z6/120 dossier 1734).

33. François Delpla, *Qui a tué Georges Mandel ?*, L'Archipel, 2008.

34. Police nationale. Procès-verbal d'audition d'Ernest Marcadet, grande caserne de Saint-Denis, 27 octobre 1944 (AN-Z6/120 dossier 1734).

35. Le commissaire de police Courtant au commissaire divisionnaire chef du service régionale de la PJ, Paris, 31 octobre 1944 (AN-Z6/120 dossier 1734).

36. « Communiqué du secrétariat d'État au Maintien de l'ordre », *La Tribune républicaine*, 21 juillet 1944.

37. Cour de justice de la Seine, procès-verbal d'interrogatoire de Jean Bassompierre, 29 mai 1947 (AN-Z6/1201734).

38. Lettre de Marguerite Hugues au R.P. Mouren, maison d'arrêt de Pau, 24 mai 1953 (BDIC-FΔrés 675/339).

39. Conseil supérieur de la magistrature. Demandes de grâces. Affaire Jean Bassompierre (AN-552AP69).

40. *Carnets secrets de Jean Zay publiés et commentés par Philippe Henriot*, Les Éditions de France, 1942.

41. Archives de Jean Zay. Affaire des « Carnets secrets » (AN-667AP126), et Gérard Boulanger, *L'Affaire Jean Zay. La République assassinée*, Calmann-Lévy, 2013, p. 399-411.

42. AN-F^{7}15483.

43. Lettre de Me Louis Guitard à l'avocat général près la 1re chambre de la cour d'appel, Paris, 2 mai 1958 (AN-Z6/120 dossier 1734).

12. Les cent derniers jours de Pierre Laval
Juillet-octobre 1945

1. Témoignage de Paul Faure *in* Hoover Institute, *La Vie en France sous l'occupation*, t. 2, Plon, 1957, p. 1396.

2. Préface à mes notes, Sigmaringen, octobre-novembre 1944 (AN-3W210).

3. Lettre citée par Guy Bechtel, *Laval vingt ans après*, Robert Laffont, 1963.

4. André Lasserre, *Frontières et Camps. Le refuge en Suisse de 1933 à 1945*, Payot, 1995, p. 197 et 199 ; Luc Van Dongen, *Un purgatoire très discret. La transition helvétique d'anciens nazis, fascistes et collaborateurs depuis 1945*, Perrin, 2008, p. 222.

5. Lettre du général Franco à Pierre Laval, 2 mars 1939 (Yves-Frédéric Jaffré, *Il y a cinquante ans, Pierre Laval*, Albin Michel, 1995, p. 274).

6. Anne Dulphy, *La Politique de la France à l'égard de l'Espagne de 1945 à 1955*, ministère des Affaires étrangères, s.d.

7. « Le carnet de Martha », Igsl, 2 août 1945, 16 heures (bertrand. auschitzky.free.fr).

8. Le capitaine Perrussel, directeur adjoint de la Sûreté du gouvernement militaire français en Autriche, au général Béthouart, commandant en Autriche, Innsbrück, 3 août 1945 (AN-3W215).

9. Haute Cour de justice, procès-verbal de première comparution, 1er août 1945 (AN-3W215) ; Ministère de l'Intérieur. Inspection générale des services administratifs. Rapport de M. Pinatel sur la tentative d'empoisonnement de Pierre Laval, 30 octobre 1945 (archives privées).

10. Jean-Paul Cointet, *Laval*, Fayard, 1993, p. 516.

11. Archives privées.

12. *Le Procès du maréchal Pétain*, t. 1, *op. cit.*, p. 524 et 614.

13. Albert Naud, *Pourquoi je n'ai pas défendu Pierre Laval*, Fayard, 1948, p. 16.

14. Lettre du 6 août 1945 (Yves-Frédéric Jaffré, *Il y a cinquante ans, op. cit.*, p. 276).

15. Haute Cour de justice, procès-verbal d'ouverture de scellés, 13 août 1945 ; procès-verbal d'interrogatoire, 18 août 1945 (AN-3W215).

16. Albert Naud, *Pourquoi je n'ai pas défendu Pierre Laval, op. cit.*, p. 16-19.

17. Yves Pourcher, *Pierre Laval vu par sa fille*, Le Cherche-Midi, 2002, p. 357.

18. Yves-Frédéric Jaffré, *Il y a cinquante ans, op. cit.*, p. 28 ; Jacques Baraduc, *Dans la cellule de Pierre Laval*, Self Éditions, 1948, p. 27. Les textes de Laval sont reproduits par René de Chambrun, *Et ce fut un crime judiciaire. Le « procès » Laval*, France-Empire, 1984, p. 53-182.

19. Pierre Bouchardon, *Souvenirs*, Albin Michel, 1953, p. 374-376.

20. Joseph Caillaux, *Mes prisons*, Éditions de la Sirène, 1920, p. 304.

21. Yves-Frédéric Jaffré, *Il y a cinquante ans, op. cit.*, p. 26.

22. Lettre de Paul Slarensky à René de Chambrun, juillet 1983 (René de Chambrun, *Mes combats pour Pierre Laval*, Perrin, 1990, p. 99).

23. Albert Naud, *Pourquoi je n'ai pas défendu Pierre Laval, op. cit.*, p. 18 ; Yves-Frédéric Jaffré, *Les Derniers Propos de Pierre Laval*, Éd. André

Bonne, 1953, p. 112, et *Il y a cinquante ans, op. cit.*, p. 27 ; Ministère de l'Intérieur. Inspection générale des services administratifs. Rapport de M. Pinatel sur la tentative d'empoisonnement de Pierre Laval, 30 octobre 1945, doc. cit.

24. Haute Cour de justice. Procès-verbal d'interrogatoire de Pierre Laval, 22 septembre 1945 (AN-3W215).

25. BDIC-FΔrés875/III.

26. Haute Cour de justice. Affaire Laval. Procès-verbal de tirage des jurés, 3 octobre 1945 (AN-3W215).

27. *Le Procès Laval. Compte rendu sténographique*, Albin Michel, 1946, p. 85.

28. *Ibid.*, p. 117-118.

29. *Ibid.*, p. 133-134.

30. *Ibid.*, p. 206-207.

31. *Ibid.*, p. 208.

32. Bénédicte Vergez-Chaignon, *Pétain, op. cit.*, p. 949-950, 958-967, 985-986.

33. AN-3AG4/48. et « Le président Montgibeaux justifie son attitude », *Le Franc-Tireur*, 13 octobre 1945.

34. AN-3AG4/48.

35. Yves Pourcher, *Pierre Laval vu par sa fille, op. cit.*, p. 368.

36. René de Chambrun, *Et ce fut un crime judiciaire, op. cit.*, p. 377-378.

37. Yves-Frédéric Jaffré, *Les Derniers Propos de Pierre Laval, op. cit.*, p. 295.

38. Georges Prade, 19 septembre 1955 *in* Hoover Institute, *La Vie en France sous l'Occupation*, t. 3, Plon, 1957, p. 1553.

39. Maurice Gabolde, *Écrits d'exil*, Éditions Emmanuel Gabolde, 2009, p. 487.

40. Télégramme reproduisant [le coup de] téléphone de Mornet [au] garde des Sceaux, 15 octobre 1945, 9 h 30 (AN-F^{1a}3309).

41. Ministère de l'Intérieur. Inspection générale des services administratifs. Rapport de M. Pinatel sur la tentative d'empoisonnement de Pierre Laval, 30 octobre 1945, doc. cit.

42. Pierre Sabbagh, « 12 h 39. Pierre Laval a expié », *L'Année radiophonique 1945*, n° 46, septembre-décembre 1995.

43. *Le Franc-Tireur*, 16 octobre 1945.

Bibliographie sélective

Ne figurent ici que les principaux ouvrages utilisés. Les autres peuvent être retrouvés dans les notes.

L'Entrevue Pétain-Goering en gare de Saint-Florentin-Vergigny, Actes du colloque, 3 décembre 2011.

Otto ABETZ, *Histoire d'une politique franco-allemande. Mémoires d'un ambassadeur*, Stock, 1953.

Jean-Bernard D'ASTIER DE LA VIGERIE, *Qui a tué Darlan ?*, Éd. de l'Atlanthrope, 1992.

Jacques BENOIST-MÉCHIN, *De la défaite au désastre*, 2 t., Albin Michel, 1984 et 1985.

Jean-Marc BERLIÈRE et Franck LIAIGRE, *Le Sang des communistes. Les Bataillons de la jeunesse dans la lutte armée, automne 1941*, Fayard, 2004.

Jean-Marc BERLIÈRE et François GOARANT DE TROMELIN, *Liaisons dangereuses. Miliciens, truands, résistants. Paris, 1944*, Perrin, 2013.

Sylvie BERNAY, *L'Église de France face à la persécution des Juifs, 1940-1944*, CNRS Éditions, 2012.

Jean-Pierre BESSE et Thomas POUTY, *Les Fusillés. Répression et exécutions pendant l'Occupation*, Éd. de l'Atelier, 2006.

François BROCHE, *Le Comte de Paris. L'ultime prétendant*, Perrin, 2001.

Arnaud de Chantérac, *L'Assassinat de Darlan*, Perrin, 1995.

Jean-Paul Cointet, *Laval*, Fayard, 1993.

Michèle Cointet, *Vichy capitale 1940-1944*, Perrin, 1993.

Michèle Cointet, *La Milice française*, Fayard, 2013.

Bernard Costagliola, *Darlan. La collaboration à tout prix*, CNRS Éditions, 2015.

Hervé Coutau-Bégarie et Claude Huan, *Darlan*, Fayard, 1989.

Jean-Louis Crémieux-Brilhac, *La France libre*, Gallimard, 1996.

Jean Débordes, *À Vichy, la vie de tous les jours sous Pétain*, Éd. du Signe, 1994.

Alain Decaux, *Morts pour Vichy*, Perrin, 2000.

Jacques Delperrié de Bayac, *Histoire de la Milice*, Fayard, 1969.

François Delpla, *Qui a tué Georges Mandel ?*, L'Archipel, 2008.

Christian Delporte, *Philippe Henriot. La résistible ascension d'un provocateur*, Flammarion, 2018.

Gaël Eismann, *Hôtel Majestic. Ordre et sécurité en France*, Tallandier, 2010.

Bruno Goyet, *Henri d'Orléans, comte de Paris. Le prince impossible*, Odile Jacob, 2001.

Cédric Gruat, *Hitler à Paris*, Éd. Tirésias, 2010.

Alain Guérin, *Chronique de la Résistance*, Omnibus, 2010.

Laurent Joly, *Vichy dans la « Solution finale ». Histoire du commissariat général aux Questions juives, 1941-1944*, Grasset, 2006.

Serge Klarsfeld, *Vichy-Auschwitz. Le rôle de Vichy dans la Solution finale de la question juive en France*, 2 t., Fayard, 1983 et 1985.

Fred Kupferman, *Le Procès de Vichy : Pucheu, Pétain, Laval*, Éd. Complexe, 1980.

Fred Kupferman, *Laval*, Tallandier, 2006.

Barbara Lambauer, *Otto Abetz et les Français ou l'envers de la Collaboration*, Fayard, 2001.

Thierry Lentz et Jacques Macé, *La Mort de Napoléon. Mythes, légendes et mystères*, Perrin, 2009.

Franck Liaigre, *22 octobre 1941. Le Drame des cinquante otages*, Geste éd., 2002.

Renaud Meltz, *Pierre Laval. Un mystère français*, Perrin, 2018.

Ahlrich Meyer, « Les débuts du cycle attentats-répression en automne 1941 », *La Résistance et les Français : villes, centres et logiques de décision*, Actes du colloque international, 16-18 novembre 1995.

Henri Noguères, avec Marcel Degliame-Fouché et Jean-Louis Vigier, *Histoire de la Résistance en France de 1940 à 1945*, 5 t., Robert Laffont, 1967-1981.

Robert O. Paxton, *La France de Vichy*, Éd. du Seuil, 1972.

Georges Poisson, *Le Retour des cendres de l'Aiglon*, Nouveau Monde éditions, 2006.

Yves Pourcher, *Pierre Laval vu par sa fille*, Le Cherche-Midi, 2002.

Jacques Sémelin, *La Survie des Juifs en France (1940-1944)*, CNRS Éditions, 2018.

René Terrisse, *Bordeaux 1940-1944*, Perrin, 1993.

René Terrisse, *Face aux pelotons nazis. Souge, le Mont-Valérien du Bordelais*, Aubéron, 2000.

Bénédicte Vergez-Chaignon, *Les Vichysto-résistants de 1940 à nos jours*, Perrin, 2008.

Bénédicte Vergez-Chaignon, *Pétain*, Perrin, 2014.

Bénédicte Vergez-Chaignon, *Une juvénile fureur. Bonnier de la Chapelle, l'assassin de l'amiral Darlan*, Perrin, 2019.

Hervé Villeré, *L'Affaire de la Section spéciale*, Fayard, 1973 (livre réédité en 1975 sous le pseudonyme d'Hervé Lamarre).

Albert Voituriez, *L'Affaire Darlan. L'instruction judiciaire*, J.C. Lattès, 1980.

Thierry Wirth, *Guide rues par rues. Vichy capitale 1940-1944*, Les Trois Roses, 2014.

Table

Avant-propos 9

1. Vichy, une capitale improbable
   1940-1944 11
2. Les discours du Maréchal en quête d'auteur(s)
   1940-1944 39
3. Qui a écrit le premier statut des Juifs ?
   Octobre 1940 73
4. Le retour des cendres de l'Aiglon
   Décembre 1940 91
5. L'attentat (impromptu) de Versailles
   Août 1941 123
6. « On dira : c'était des communistes »
   Octobre 1941 139
7. Journée de dupes à Saint-Florentin
   Décembre 1941 173
8. Le rôle de Vichy dans la Solution finale en France
   1941-1944 199
9. Qui ne voulait pas la mort de l'amiral Darlan ?
   Décembre 1942 235
10. Le SS-*Sturmbahnführer* Darnand
    Août 1943 277
11. « Il disait la vérité... Ils l'ont tué ! »
    Juin 1944 307
12. Les cent derniers jours de Pierre Laval
    Juillet-octobre 1945 341

Notes 385
Bibliographie sélective 409

collection tempus
Perrin

Déjà paru

764. *Les couples illustres de l'histoire de France* (dir. Patrice Gueniffey et Lorraine de Meaux).
765. *Hitler* – Peter Longerich.
766. *Les derniers secrets du IIIe Reich* – François Kersaudy.
767. *Les derniers jours de Paris* – Alexander Werth.
768. *Aumônier de la France libre* – René de Naurois.
769. *Régner et gouverner* – Thierry Sarmant et Mathieu Stoll.
770. *Napoléon* – Élie Faure.
771. *Speer* – Martin Kitchen.
772. *Histoires extraordinaires* – Alain Decaux.
773. *Juliette Récamier* – Catherine Decours.
774. *La traque du* Bismarck – François-Emmanuel Brézet.
775. *Les Présidents et la guerre* – Pierre Servent.
776. *Au palais Farnèse. Souvenirs d'une ambassade à Rome* – André François-Poncet.
777. *La guerre civile russe* – Alexandre Jevakhoff.
778. *Journal 1932-1943* – Ivan Maïski.
779. *L'Empire du Bien* – Philippe Muray.
780. *Baudelaire* – Marie-Christine Natta.
781. *Nouvelle histoire de la Révolution française* – Jean-Clément Martin.
782. *Le soldat oublié* – Guy Sajer.
783. *Une ligne dans le sable* – James Barr.
784. *Le pape qui a vaincu le communisme* – Bernard Lecomte.
785. *Joseph Bonaparte* – Thierry Lentz.
786. *1989, l'année qui a changé le monde* – Pierre Grosser.
787. *Les derniers feux de la monarchie* – Charles-Éloi Vial.
788. *Les secrets de Vichy* – Bénédicte Vergez-Chaignon.

Pour en savoir plus
sur les Éditions Perrin
vous pouvez consulter notre site Internet

www.editions-perrin.fr

et nous suivre sur les réseaux sociaux

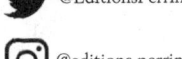 Editions Perrin

 @EditionsPerrin

 @editions.perrin